项目资助

国家社会科学基金教育学青年课题"高校创业教育教师的创业能力提升机制研究"成果（CIA150201）

新时代高校创业教育师资队伍建设实证研究

黄扬杰 / 著

中国社会科学出版社

图书在版编目（CIP）数据

新时代高校创业教育师资队伍建设实证研究／黄扬杰著.—北京：
中国社会科学出版社，2018.12
　　ISBN 978 - 7 - 5203 - 3594 - 2

　　Ⅰ.①新⋯　Ⅱ.①黄⋯　Ⅲ.①高等学校—创业—师资培养—研究—
中国　Ⅳ.①G647.38

中国版本图书馆 CIP 数据核字（2018）第 265650 号

出 版 人	赵剑英
责任编辑	赵　丽
责任校对	张依婧
责任印制	王　超

出　　　版	中国社会科学出版社
社　　　址	北京鼓楼西大街甲 158 号
邮　　　编	100720
网　　　址	http://www.csspw.cn
发 行 部	010 - 84083685
门 市 部	010 - 84029450
经　　　销	新华书店及其他书店

印　　　刷	北京明恒达印务有限公司
装　　　订	廊坊市广阳区广增装订厂
版　　　次	2018 年 12 月第 1 版
印　　　次	2018 年 12 月第 1 次印刷

开　　　本	710×1000　1/16
印　　　张	19.5
插　　　页	2
字　　　数	310 千字
定　　　价	79.00 元

凡购买中国社会科学出版社图书,如有质量问题请与本社营销中心联系调换
电话:010 - 84083683

目　　录

第 一 章

绪　　论

第一节　研究背景

深化高校创新创业教育改革是当前和今后一个时期推进高等教育综合改革的重要内容。2015 年国务院办公厅印发了《关于深化高等学校创新创业教育改革的实施意见》，教育部瞄准这 9 项改革任务，随后推出 30 余条具体举措，力争到 2020 年建立健全高校创新创业教育体系。未来几年，高质量创业师资短缺将成为阻碍中国高校创业教育发展的主要瓶颈，提升教师创业能力尤其是差异化来提升无疑是当前紧迫又有意义的课题。当然本书所指的教师有一重要前提假设条件：有优秀的师德师风。其次才是本书关注的能力问题。

一　高校创新创业教育进行深化改革阶段

（一）国外高校创业教育的历史演进轨迹（1947 年至今）

国外高校创业教育大约经历了三个阶段：

1. 萌芽阶段（1947—1970 年）：从 1947 年哈佛大学首次由迈尔斯·梅斯（Myles Mace）在商学院开设创业教育课程，到 1953 年纽约大学开设由彼得·德鲁克主讲的创业教育讲座，再到 1968 年百森商学院第一次引入创业教育学士学位是这阶段的关键性标志事件。

2. 发展阶段（1970—2000 年）：这个阶段创业教育逐渐从美国当年的商学院、工学院等扩展到各大学与学院。提供与创业有关的课程的学院或大学的数量也从 20 世纪 70 年代的少数发展到 2005 年的 1600 多所（Galvão，A.，Ferreira，J. J.，Marques，C.，2017）。与此同时，一些重要的创业学术期刊也相继出现。如《小企业管理期刊》（*The Journal of Small Business Management*），《创业理论与实践》（*Entrepreneurship Theory and Practice*）等。

3. 逐渐成熟阶段（2000 年至今）：这阶段主要有三个标志：（1）创业教育师资高速增长：如美国管理学会大力推进创业学博士项目，考夫曼基金会（Kauffman Foundation）举办的"创业教育者终身学习计划"来加强高校创业教育师资队伍建设等。（2）社会关注度日益增加：各种报纸新闻报道，各种创业相关排行榜相继出现，如美国大学校友创业排行榜、USNews 美国大学创业学专业排名等，以及各种学术团体发布的创业监测报告，如 GEM 等。（3）创业相关研究百家争鸣。

（二）国内高校创业教育的历史演进轨迹（1997 年至今）

中国高校的创业教育始于 1997 年，以清华大学创业计划大赛作为标志事件，之后经历了四个发展阶段：高校自发探索阶段（1997—2002 年），多元探索阶段（2002—2010 年），全面推进阶段（2010—2015 年），以及国家统一领导下的深入推进阶段（2015 年至今）（王占仁，2016）。尤其是 2015 年的大众创业、万众创新将创新创业视为了中国经济增长的新引擎，之后相关部门又陆续发布文件，推进深化改革，中国高校创业教育用 20 多年的时间进入了历史发展新机遇。百森商学院（美国）和伦敦商学院（英国）等联合发起的项目全球创业监测（GEM）报告 2015—2016年显示，在全球 60 多个经济体中，中国的政府政策支持（Government policies：support and relevance）指标高居第 2 位（得分 5.8，与韩国并列，排名第一位的是比利时 6.5 分）。学校创业教育指标（Entrepreneurial education at school stage）在 2015 年排名第 43 位（得分 2.6 分），但在 2017—2018 年报告中，该指标已升至第 24 位，在政府的努力下表现出强劲的后发优势。

刘贵芹（2016）也指出：在中国，深化高校创新创业教育改革大致经历四个阶段：第一，高校自主探索阶段。标志是清华、北航等高校开展的自发性探索。第二，政府试点先行阶段。标志是教育部在清华大学、中国人民大学等高校开展的创业教育试点工作。以及教育部联合财政部建设的 30 个创新创业教育类实验区等。第三，全面推进阶段。标志是2010 年政府印发《国家中长期教育改革和发展规划纲要（2010—2020年）》等文件都对加强高校创新创业教育做出新的更高要求。第四，深化改革阶段。标志是国务院印发的《关于深化高等学校创新创业教育改革的实施意见》，对我国高校的创新创业教育工作作了全面动员部署。目前，中国高校创新创业教育改革工作正处于第四个阶段，需要更多高水平的本土化研究。

二　师资短缺是新时代高校创业教育改革的主要瓶颈

党的十九大胜利召开表明中国特色社会主义进入了新时代，这是中国发展的新历史方位。新时代的到来以及中国社会主要矛盾的转化势必伴随着广泛深刻的变革。马克思主义哲学指出，世界上唯一不变的是变化。面对不断变化的环境，新思维、新技术、新模式等层出不穷，中国高校创业教育想要更好地发展，自身也必须不断进行变革突破。在国家统一领导下，中国高校用20年（1997年至今）的时间追赶国外高校70多年（1947年至今）的创业教育历程，取得了巨大的成功，但这种跨越式发展也难免会存在一些不足。因此无论是新时代变革的呼唤还是创业教育自身的历史演进，中国高校创业教育想要更好更快地发展必须有效把握新时代高校创业教育的瓶颈和突破策略。而创业教育师资短缺就是这首要瓶颈。

2015年国务院办公厅印发的《关于深化高等学校创新创业教育改革的实施意见》（以下简称《实施意见》）提出力争到2020年建立健全高校创新创业教育体系。时任教育部高等教育司副司长刘贵芹（2016）进一步总结了其中关于创业教育教师的建设举措：一是推动各地各高校明确全体教师创新创业教育责任。二是推动高校配齐配强创新创业教育与创业就业指导专职教师队伍。三是推动高校聘请各行各业优秀人才，担任专业课、创新创业课授课或指导教师，在此基础上，教育部将建成全国万名优秀创新创业导师人才库。四是加强高校教师创新创业教育意识和能力培训，建立相关专业教师、创新创业教育专职教师到实务部门、科研院所、行业企业挂职锻炼制度。五是完善高校科技成果处置和收益分配机制，鼓励教师带领学生创新创业。2016年教育部推出的全国万名优秀创新创业导师人才库建设等活动，也培养了一批又一批的具有较高理论水平和实践经验的高校创业教育教师。但未来几年，专业创业师资短缺无疑将成为阻碍中国高校创业教育发展的瓶颈，这也一定程度上间接导致了创业教育的普及度仍不高。笔者在2016—2017年对A省内81所高校创业学院（受调查高校含独立学院、高职等）调查的样本数据也显示创业教育师资短缺是首要瓶颈，频次百分比高达91.4%，即九成以上高校创业教育遇到最主要的障碍就是创业教育师资（详见第四章第四节的案例分析）。

三 高校创业教育教师的创业能力提升面临严峻挑战

高校创业教育教师的创业能力和创业教育工作绩效显著相关（后续课题在第六章会进一步证实）。中国高校创业教育教师多数来自：一是有着经营管理、市场营销或战略管理理论背景的教师；二是高校辅导员、思想政治、就业指导或团委等工作的教师转型而来；三是部分自身有兴趣的教师和热衷公益、教育的企业家、政府官员等转型而来，因此数量和质量上与欧美高校都有一定差距，创业能力亦普遍薄弱。如据调研发现，目前中国高校专任的创业教师有数量较少、学历较高、职称偏低等特点，并且在数量方面，大部分高校虽有自己的创业师资队伍，但专任教师数较少，且基本以兼职为主。而导致这些一个重要的原因也在于创业教育教师创业能力的提升面临着严峻挑战，具体表现在以下几方面。

（一）教师对创业教育理念未能充分认同，对创业能力的特征不明晰

1. 对创业教育理念未能充分认同。角色认同理论研究个体自我概念的形成和作用机制，即对"我是谁""我将走向何方"等问题的回答，使个体获得一种不再惶惑迷失的感受，如果个体自身对创业本身就不认同，创业能力自然无从进一步提升。当前，中国高校创业教育教师由于对创业教育理念未能充分认同，处于惶惑状态，角色认同一般有3个层面：最基本层面、个人认同层面和社会认同层面。因此要争取在创业教育教师群体中形成一种认同创业教育理念的文化，需要在宏观、中观和微观上提供有效的认同和保障。欧洲大学在这方面也有类似的问题，因此德国慕尼黑工大的创业教育的前三步就是"感知（sense）""接触（touch）"和"评估（Assess）"，即创业教育教师和学生都要分别去分析自己："除了做雇员，还能做什么？"，然后"接触真正的创业者！"，再考虑"我想不想创业？有多想？"。

2. 对创业能力的特征不明晰。首先学术型的创业能力和企业型的创业能力有着一定的联系和区别，要有效区分经济管理教育（BME）与创业教育（EE）和培训（EET）的内涵。其次当前中国还没有高校创业教

育教师的职业标准体系，怎么科学遴选、评价以及影响中国高校教师创业能力提升的关键因素也值得进一步更多、更深入地研究。

（二）高校创业教育教师创业能力提升缺乏保障

1. 政策断层，活力不足。Rasmussen 等的研究结论指出，有效的创业政策和行动应该是多层次的，这些政策应该被嵌入组织、个体的内部和外部中去（Rasmussen E.，2014）。当前国务院、教育部相关政策措施极大地促进了中国创业教育的发展，但一些创业教育教师的活力依然未能充分被激发，这与这些政策未能充分嵌入各层次并保持连续有关，并且学术创业分为国家/区域/大学、机构/学科、个人等层次。个体层次创业能力的提升亦离不开区域、大学、学科组织等层次的创业能力的系统提升。

2. 科研导向，动力不足。由于现有多数的创业教育教师是以管理学学院派或团委、就业指导等兴趣派的老师转型而来，大部分高校的考核、晋升机制仍是科研导向，也没有设置创业教育学科，势必导致这些教师只有岗位归属，而缺乏学科归属感、事业感，自然就缺乏把创业教育当作事业来奋斗的内在动力。近年来，创业教育研究的相关学者亦不断呼吁通过制度创新建设专家化师资队伍，推动创业教育的专业化发展，建议建立创业教育学科、打破体制性流动障碍等策略。

（三）高校教师创业能力提升缺乏针对性帮扶

1. 角色冲突，未能分类发展。高校教师创业角色的多样性决定了其创业能力提升的不同路径。但当前创业教育仍有着"千人一面"的现状，未能充分立足自身办学特色与优势开展创业教育，相对应创业教育教师的发展更是如此。现有的 KAB 项目的师资培训和教育部委托一些高校开展的培训项目与高校创业教育的多样化需求相比，这些项目显得单薄乏力。

2. 缺乏榜样，未能分段发展。高校创业教育教师创业能力受多层次因素影响，不同年龄、不同职称的教师有自主发展目标，影响因素必定有所不同。凯文·菲尔波特（Philpott）研究指出大学要提高创业产出，大学的管理者要更加关注教师个体层次，因此大学要克服缺乏创业楷模、缺乏统一的创业文化、缺乏创业相关的学术晋升机制的三大障碍（Philpott K.，2011）。范达姆·凯伦（Van Dam K）的研究指出影响教师创业行为的几个因素中，职业适应性最关键（Van Dam K.，2010），因此在创业教育教师的职业发展生涯过程中，若能有榜样，有良师益友给予针对性帮扶，势必能更有效提升其创业能力。

第二节　研究意义

一　有助于推动中国创业教育的专业化和普及化

李克强总理提出，"大众创业、万众创新"是中国经济新的发动机，刘志迎（2015）指出在创新 2.0 模式下，创新的主体不再是传统的企业，而是没有明确指向的普通大众。因此个体层次的创业能力重要性将凸显。以往对个体创业能力的研究多集中在管理学（企业家创业）、社会学（农民工创业）等领域，近年来，因为传统制造业创新能力太低，政府迫切希望高校教师、学生更多来参与来提升，高校教师创业能力的相关研究亦日趋增多。美国、欧盟都高度重视创业教育师资队伍能力培训，实践证明熟悉创业、具有创业意识或创业能力强的教师对学生创业影响更大（曾天山，2015）。教育部文件提出要"明确全体教师的创新创业教育责任""配齐配强创新创业专职教师"，2017 年就要普及创新创业教育。普及型的创业教育对师资需求十分巨大，而高校创业教育教师的创业能力又普遍较弱，矛盾突出。因此专业化的、强创业能力的高校创业型师资队伍建设迫在眉睫。可见，本书的研究对提升高校教师的创业能力及创业教育的专业化、普及化具有重要的理论和实践意义。

二　有助于优化创业教育教师的管理体制改革和机制创新

党的十九大报告明确提出要"加强师德师风建设，培养高素质教师队伍，倡导全社会尊师重教"。2018 年初中共中央、国务院印发了《关于全面深化新时代教师队伍建设改革的意见》（以下简称《意见》）。这是第一个专门面向教师队伍建设的里程碑式政策文件。文件中提到"全面深化新时代教师队伍建设改革，目的是要培养造就党和人民满意的高素质专业化创新型教师队伍，形成优秀人才争相从教、教师人人尽展其才、好老师不断涌现的良好局面。为此，需要在确保方向、强化保障、突出师德、深化改革、分类施策五大原则之下，通过一系列政策举措，经过五年左右努力，实现教师培养培训体系基本健全，职业发展通道比较畅通，事权人权财权相统一的管理体制普遍建立，待遇提升保障机制更加完善，教师职业吸引力明显增强，教师队伍规模、结构、素质能力基本满足各级各类教育发展需要。"教育部长陈宝生将之总结为：主要办六件事：一提、二改、三育、四用、五保、六尊。一是提，就是提高地位，提高待遇。二是改，就是要改革教师编制配备制度。三是育，就是振兴师范教育，培育未来的教师，培训现有的教师，提高他们的素质。四是用，就是对教师提高他们的地位待遇。最好的是要使用他们，给他们压担子、指路子、出点子、给位子、发票子，让他们能有实现自身价值这样的机会。五是保，保障就是提供经费保障，过去我们的经费更多用于硬件改善，今后要更多用于人的全面发展，用于教师队伍建设，保障他们的合法权益。六是尊，即全社会提倡尊师重教。

可见，该文件较明确提出了要以教师能力素质提升为重点，把教师队伍的管理体制改革与机制创新作为突破口。本书的落脚点就是创业教育教师的创业能力，而把提升创业能力的各种激励考核、学习培养机制等作为重要的影响因素，对于优化新时代高校创业教育教师的管理体制改革和机制创新有着重要意义。

三　有助于提高创业人才培养质量

高校创业教育的教师普遍会遇到学生提出的这个问题："老师你教创业，有本事你自己创办一个企业给我们看看？"创业教育教师是高校创业教育的核心，教师的创业能力（知识、态度、技能）直接关系到学生的培养质量。

国务院 2015 年的《实施意见》中也明确要求各地区、各高校要落实立德树人根本任务，主动适应经济发展新常态，以推进素质教育为主题，以提高人才培养质量为核心，以完善条件和政策保障为支撑，促进高等教育与科技、经济、社会紧密结合，加快培养规模宏大、富有创新精神、勇于投身实践的创新创业人才队伍。《意见》明确了要重点抓好的 9 个任务：一是完善人才培养质量标准，其中提到了明确创新创业教育目标要求。二是创新人才培养机制，提到了要建立需求导向的学科专业结构和创业就业导向的人才培养类型结构调整新机制，建立校校、校企、校地、校所以及国际合作的协同育人新机制，建立跨院系、跨学科、跨专业交叉培养创新创业人才的新机制。三是健全创新创业教育课程体系。四是改革教学方法和考核方式。提到了要注重新型的教学方法，考查学生能分析解决问题的能力。五是提出要强化创新创业实践。六是改革教学和学籍管理制度。如设置合理的创新创业学分，为有意愿有潜质的学生制定创新创业能力培养计划。实施弹性学制，允许保留学籍休学创新创业。七是加强教师创新创业教育教学能力建设。明确全体教师创新创业教育责任。聘请各行各业优秀人才，担任专业课、创新创业课授课或指导教师，形成全国万名优秀创新创业导师人才库。八是改进学生创业指导服务。建立健全学生创业指导服务专门机构。九是完善创新创业资金支持和政策保障体系。可见，国务院文件非常明确地为我们指明了今后创业教育教师的发展方向，即要紧紧围绕立德树人根本任务，提高创业人才培养质量。但进一步而言这些措施相互间的关系如何，哪些因素又是影响当前创业教育教师能力最关键的因素；教师自身的教学（学术）能力、创业技能、创业态度间有何相互作用的机理，有哪些新型的创业教育教学方法？都有待我们进一步深入地研究。本书有助于充实这方面的相关理论。

第三节　研究价值

一　本书的学术价值

1. 从教师专业发展等多理论视角结合切入，构建高校创业教育教师创业能力提升机制模型的新理论框架：个体创业能力从不同的视角展开目前在国内外已有大量的研究，但课题针对高校创业教育教师这群体提出了新的理论框架。有助于充实学术创业、教师专业发展、创业能力的相关理论，为后续应用提供理论依据。

2. 跨学科实证了高校创业教育教师创业能力提升影响因素的相对重要性：研究表明，创业能力是可培养的（徐小洲，2012）。本书借鉴了社会心理学的角色认同理论（教师角色分类）、管理学的创业能力理论、学术创业理论等，以教师专业发展理论为主，以创业能力为因变量（创业能力又进一步分为三维），宏观、中观及微观层面因素为自变量，跨学科实证分析，判断影响因素的相对重要性，有针对性地提升教师的创业能力。

3. 基于问卷调查分析了创业教育教师不同类型、不同专业发展阶段的特征及提升策略：中国高校的创业教育应改变"千人一面"的现状，立足自身办学特色与优势开展创业教育（黄兆信，2013），相对应创业教育教师的发展更是如此。本书基于相关理论把创业教育教师分为不同的类型，通过访谈及内容分析，问卷调查，概括了各类各阶段的差异特征及相应的提升策略。

二　本书的应用价值

1. 深化高校创新创业教育改革，新时代师资队伍建设政策文件的提出背景下，为培养高质量的创业师资提供新思路。高质量创业师资短缺已经成为阻碍中国高校创业教育发展的主要瓶颈，"创业能力提升机制模型（保障模型和帮扶模型）"对高校创业型师资建设提供具体操作策略。本书最后也就多元主体提出了针对性的政策建议。

2. 对高校创业教育教师职业发展、创业能力提升和相关管理部门制定政策具有实际的指导意义：本书在理论和实证研究的基础上提出高校创业教育教师创业能力的内涵与各种能力类型的提升机制，对培训提升高校教师的创业能力具有直接的指导意义和应用价值，成果也将直接产生社会效应，并为兄弟院校、上级教育行政部门提供参考。

第四节　问题的提出

一　本书拟解决的问题

本书拟解决的四个问题层层递进如下：

问题1：高校创业教育教师的创业能力内涵是什么？有什么特征？

问题2：高校创业教育教师创业能力的提升影响因素有哪些？

问题3：高校创业教育教师创业能力的提升机制模型（影响机制—创业能力—绩效三者间的关系）是什么？

问题4：新时代高校创业教育师资队伍建设的对策是什么？

二　本书的主要研究内容

与上述四个问题相对应，本书的核心内容可以概括为："一核两翼三维四机制五对策。"

1. 基本概念和特征研究

什么是广义的创业？什么是创业能力？高校创业教育教师的创业能

力的基本概念是什么。结合了创业和学术特征的这种创业能力有何典型特征。这是本书的基础，也是最重要的因变量。

2. 文献述评与理论基础的分析

在本书的第二章我们主要进行文献述评和理论基础分析。主要从六个方面展开：第一节和第二节是围绕标题中的关键词"创业教育"和"创业教育教师"，第三节到第六节是本书的理论基础，分别是来自管理学、心理学、教育学等不同学科的学术创业理论、创业能力理论、教师专业发展理论和角色认同理论。

在第二章的分析中，本书运用了 CiteSpaceV 软件，通过该软件可以非常直观迅速地把握本领域的关键文献和关键学者等信息，也为其他读者快速进入本领域提供了便利。

3. 高校创业教育教师的创业能力识别研究

在本书的第三章，笔者将紧紧围绕高校创业教育教师的创业能力进行深度解析，明确界定了其内涵构成和特征，是本书"一核两翼三维四机制五对策"首要的"一核"。

在第三章的分析中，笔者运用了行为事件访谈研究，访谈调查了包括美国高校在内的 32 位创业教育教师或管理者，通过访谈为本书对高校创业教育教师创业能力的构成和影响因素的研究收集了更多有价值的信息，也为问卷量表的设计提供了理论和经验支撑。

4. 案例研究：国内外创业教育教师创业能力提升策略

师资是世界各国在开展创业教育过程中遇到的共性问题。创业教育教师的数量是否能够满足创业教育蓬勃发展的需求，其质量是否能够达到创业教育目标的定位，其师资队伍的结构是否合理等问题，是各国"创业型教师"队伍建设的关键所在。美国、欧盟等各国都制定了大量的创业政策，并取得不少成功经验；中国各省高校也进行了大量实践探索，虽然仍有不少问题，但正在大步追赶。本部分选取一些典型的案例，基于第三章中访谈研究提出的"学习—激励—合作—支持"分析框架，根据第二章中创业教育知识图谱的国家节点，选取美国、欧盟等创业教育先进国家进行案例剖析，以期能更好把握创业教育教师创业能力的内涵和提升策略。由于创业教育教师的创业能力受多层次的因素影响，所以本部分的案例偏向于中观或宏观的综合分析（尤其是欧盟和中国等案例），涉及的创业教育理念、创业教育课程、创业教育师资、创业教育生态系统、创业教育政策等方方面面，以期能更好更全面地把握各种能力提升的影响因素。

5. 保障之翼：教师创业能力提升机制模型实证研究

通过上述的访谈和案例分析，笔者对创业教育教师创业能力提升有两点基本思路：一翼（保障之翼）指"有创业的活力、有创业的动力、有创业的能力"的"三有"保障机制。另一翼（帮扶之翼）指基于教师多样化和自主式发展原则，针对不同类型和不同发展阶段，制定针对性帮扶机制。

在第五章将重点以创业能力为因变量，以创业能力提升影响因素的四个维度为自变量，运用 SPSS25.0 实证分析教师创业能力的提升机制模型。目的在于构建更复杂细化的保障机制模型。借鉴赫茨伯格的双因素理论，笔者称该提升机制模型为保障之翼模型，意在该一般模型中的自变量均要好好构建，但想要更好更有效地提升创业教育教师的创业能力还需另一个差异化模型（在第六章笔者亦称之为帮扶之翼模型）。

6. 帮扶之翼：教师创业能力提升差异化模型研究

由于学校和教师个体的精力、资源有时候是有限的，创业能力能全面提升固然最好，但是在无法面面俱到的情况下，该怎么处理？因此在第六章笔者提出了两翼之中的"帮扶之翼"模型。创业教育教师专业化的核心是引导、帮助和推动他们多样化、自主式发展。在第五章中对因变量创业教育教师的创业能力考察的是总体的维度，即综合考虑了态度、知识、技能三个维度的指标，称为保障之翼。本章将更具体地将创业能力分为三个维度，分别为因变量，考察他们与自变量创业能力影响因素间的关系，这对当前高校创业教育教师差异化培养，自主发展显然有更重要的理论和实践意义，在本章称之为创业能力提升的差异化模型（帮扶之翼）。

本章还基于创业教师基本情况的交叉分析和教师创业能力的单因素方差分析，进一步充实了"帮扶之翼"模型的内容，为提升创业教育教师的创业能力提供了许多具体化的可操作的策略。

7. 对策研究

在本书的第七章，基于文献、访谈、案例、问卷的综合分析，按照两翼的基本思路，最后提出五点对策。并基于《关于全面深化新时代教师队伍建设改革的意见》，分别就政府、高校、行业、个人提出了具体针对性的政策建议。

第五节　研究方法

1. 知识图谱

采用陈超美教授的知识图谱软件 CiteSpaceV 软件进行可视化绘制，展示"创业教育""创业教育教师"等主题的国内外文献信息，在一定程度上可反映本书关键词研究的实践概貌。这是美国德雷克塞尔大学（Drexel）的陈超美教授所开发，也是当前在美国、中国等国家的信息分析中，尤其是文献的图谱分析中最具特色及影响力的可视化信息软件。它基于 Java 应用程序，可以帮助各类学者分析各自知识领域中的研究现状及新趋势，包括分析某一领域（比如创业教育）的研究前沿、被引国家情况、知识基础和关键文献和知识点等各类信息（陈超美，2009）。

2. 内容分析

克劳斯·克里本多夫（Krippendorff）指出内容分析是一种系统和定量描述的研究方法的，主要用来突出或捕捉口语和书面文字中（如创业教育有哪些因素来主导推进）所隐藏的内容（Krippendorff，2004）。在教育相关主题分析中也常被运用。如高耀明就以 CNKI 收录的 1979—2008 年"高等教育专题"论文为研究对象，运用内容分析法，对其中 4000 多篇高被引论文所使用的研究方法进行了分析，显示思辨研究仍是高等教育研究的主要方法（高耀明，2010）。本书在系统梳理创业能力理论、学术创业理论、专业发展理论、角色认同理论的基础上，着重对"创业教育教师的创业能力影响因素"进行内容分析。而在对高校创业教育教师的半结构访谈问卷的数据处理的时候本书将采用演绎类目开发（内容分析的一种），并对相应的编码进行效度和信度检验。

3. 案例研究

罗伯特·因（Robert Yin）指出案例研究采用"分析式概括"，而非"统计式概括"的方法（Yin，2013）。对于"为什么"和"怎么样"的问题，采用案例研究法能给出较为满意的答案，因为从抽象的意义角度看，方法论研究的是一条思考理据的道路，可以在事件不能被控制的情况下调查现象，且关注的焦点在当代事件。从本质上说就是探索关于实践与思维之重大问题的必由之路，案例研究方法作为方法论研究中的一种，它的不断运用标志着人们对社会实践和人类思维认识的一种不可避免的和合乎逻辑的发展。由于创业教育教师创业能力提升的相关研究成果很少，本书的目标是理论构建，而不是理论测试；前者在研究某一主题的早期阶段或需要一个新的视角时很有用，而后者在知识的后期阶段是有用的（Eisenhardt，1989）。鉴于此，本书将对案例研究进行复合应用，即将单案例深入剖析和多案例（如美国多所高校、欧盟多所高校）联合比较相结合，因为从多角度客观地剖析案例，能得到更有价值的结论。主要通过以下途径获得信息：浏览官网材料、年度发展报告、分析二手文献等。

4. 访谈调查（国内外）

本书通过对国外大学（美国威斯康星大学、伊利诺伊大学、华盛顿大学等）、国内高校的创业学院的创业教育教师进行深入的半结构化访谈。中文访谈问卷提纲围绕主要研究问题（不仅限于这些问题），设计如下：①请给我们介绍下贵校的创新创业教育特色和您的关键成功（或失败）经验（理念、课程、师资、管理等）；②提升或推进高校创业教育主要影响因素是什么（或者说关键行为是什么）？③您认为一名合格的创业教育教师，在能力上应该具备哪些素质？（或者更宽泛的，贵校在招聘创业教育教师的时候你们的标准是什么？）④教师的创业能力是质量保证的关键，也是当前创业教育质量提升的主要瓶颈，您认为创业教育教师的创业能力主要应该从哪几个方面去提升或培养？⑤政府、企业、学校、家庭在您进行创业教育过程中各自扮演了什么角色，哪个对您的支持最大？⑥现在贵学校（政府）实际工作中主要有哪些机制或文化建设来提升创业教育教师的创业能力（或者说来培养创业教育教师）？⑦您认为应该从哪几个方面去评价教师的创业教育工作绩效？等等。访谈文本资料运用定量内容分析法。

5. 问卷调查

在文献分析、案例分析完成的前提下，借鉴相关的学术创业成熟量表，本书将设计高校创业教育教师创业能力提升机制的 5 分制李克特量表问卷。问卷按照一定科学程序，首先小规模试调查，然后经多次调整和修缮后，面向从事创业教育工作或有创业经历的高校教师进行大规模调查。问卷的发放将以网络在线调查为主。问卷分析以探索性因子分析、多元回归、方差分析为主，主要软件为 SPSS25.0。

6. 文献梳理

这亦是最基本的方法。围绕本书的关键词"创业教育""创业能力""创业教育教师""学术创业"，按照"关键词树"不断衍生新关键词分枝，如"创业型大学""师资建设""教师专业发展""教师角色"等，综合分析国内外期刊、著作、报告、课题、微博等资料，并进行系统梳理和评述。

第六节　本书技术路线与结构

一　本书的技术路线（见图1—1）

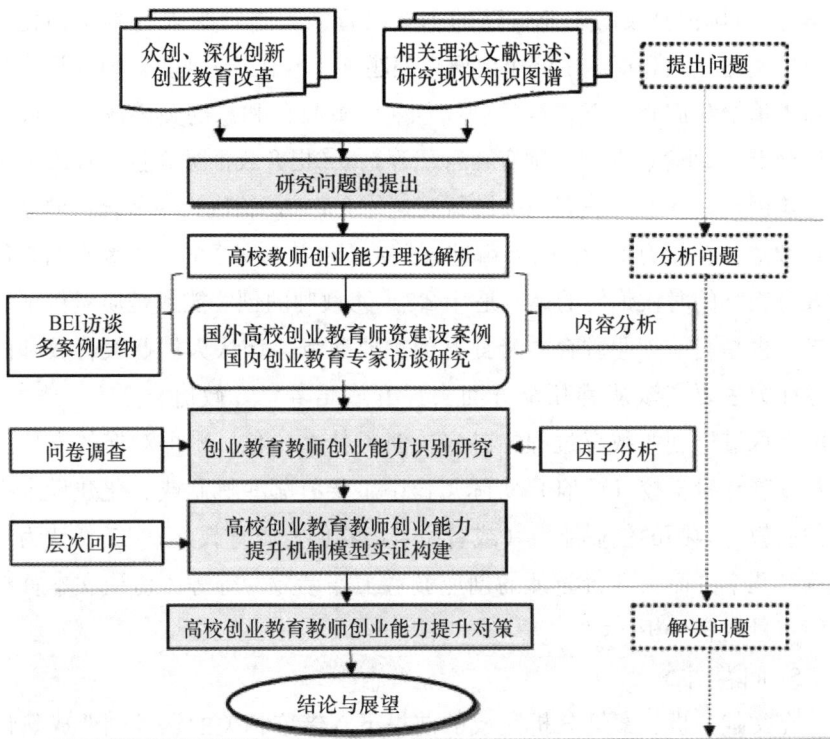

图1—1　本书的技术路线

二 本书的研究结构（见图1—2）

第一章 绪论。主要包括研究背景、研究意义、研究问题、研究方法和预期的创新点等。

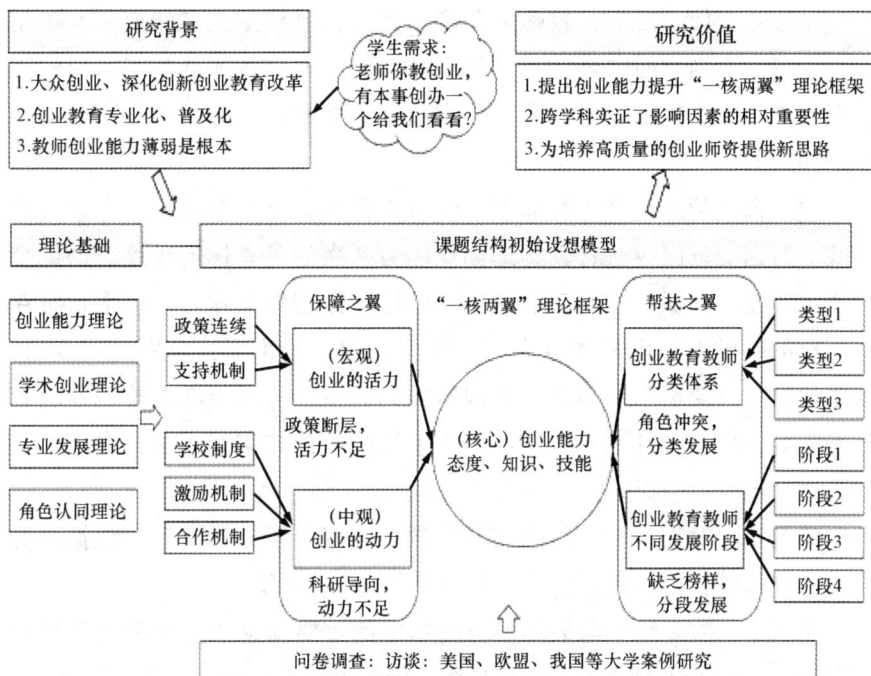

图1—2 本书的研究结构

第二章 文献综述与理论基础。围绕本书的关键词"创业教育""创业能力""创业教育教师""学术创业"，运用内容分析法和知识图谱进行文献综述，同时梳理创业能力理论、学术创业理论、专业发展理论、角色认同理论的主要思想及对本研究的贡献。

第三章 一核：高校创业教育教师的创业能力识别研究。定义高校创业教育教师创业能力的概念，分析其特征及其构成维度。先分析不同层次（国家、大学、组织、团体、个人）学术创业的影响因素，最后整合在个体层次，再结合第二章文献综述的相关结论，融合访谈、问卷调查等方法，通过探索性因子分析识别高校创业教育教师创业能力的公共因子。

第四章　案例研究：国内外创业教育教师创业能力提升策略。以第三章构建的创业能力的内涵和影响因素为理论框架，跨案例综合分析美国、欧盟和中国创业教育教师师资队伍建设实践，充实高校创业教育教师创业能力理论框架，为该能力的有效提升提供启示和文献支撑。

第五章　保障之翼：教师创业能力提升机制模型实证研究。基于第二、第三、第四章的内容，尤其是在高校创业教育教师创业能力影响因素辨析清楚的基础上，通过问卷调查数据的多元回归分析，实证其提升机制模型。

第六章　帮扶之翼：教师创业能力提升差异化模型研究。在第五章中我们对因变量创业教育教师的创业能力考察的是总体的维度，即综合考虑了态度、知识、技能三个维度的指标，称之为保障之翼。本章将在第五章的基础上，更具体地将创业能力分为三个维度，分别为因变量，考察他们与自变量创业能力影响因素间的关系，这对当前高校创业教育教师差异化培养，自主发展显然有更重要的理论和实践意义，在本章我们称之为创业能力提升的帮扶之翼模型。

第七章　对策：新时代高校创业教育师资队伍建设研究。根据前五章的研究，结合定性和定量的分析，提出相应的对策。

第八章　主要结论与展望。分析本书的主要结论"一核两翼三维四机制五对策"和不足之处，给出具体政策建议，并为未来研究提供展望。

第七节　预期创新点

创新点一：构建了高校创业教育教师创业能力提升机制模型："一核两翼三维四机制五对策"。个体创业能力从不同的视角展开目前在国内外已有大量的研究，但课题研究对象为高校创业教育教师，落脚点为创业能力，针对性强，视角独特，更重要的是提出了全新的理论框架和学术观点。有助于充实学术创业、教师专业发展、创业能力的相关理论，是可能的创新点。

创新点二：跨学科研究了高校创业教育教师创业能力的两翼提升机制模型，针对性地、分类、分阶段地促进创业能力的提升：本书通过文献推演，以"创业能力内涵—影响因素—提升机制"为逻辑主线，借鉴了社会心理学的角色认同理论，管理学的学术创业理论、创业能力理论，教育学的教师专业发展，并基于问卷、访谈和案例，跨学科实证了高校创业教育教师创业能力提升机制模型，判断了影响因素的相对重要性，得出政府、学校、社会（产业）、个体等可有针对性地、分类提升教师创业能力的对策，对高校创业教育师资队伍建设和相关管理部门制定政策提供了全新的思路。

创新点三：课题融合知识图谱、内容分析、案例研究、行为事件访谈法（国内外学者中英文访谈）、问卷调查、层次回归等方法，定性和定量实证相结合，在研究方法上可能有一定创新。

第二章

文献综述与理论基础

第一节 创业教育研究述评

一 近10年创业教育研究知识图谱分析

前已述及，在国家统一领导下，中国高校用约 20 年的时间追赶国外高校 70 多年的创业教育历程，取得了巨大的成功。在深化改革阶段，创业教育研究需要更多本土化的研究成果，近 10 年创业教育的研究成果更是呈爆发式增长。王志强等（2017）用知识图谱分析 2000—2016 年教育学文献发现，创业教育成果增长显著，得出主要也是缺乏本土理论创建的结论。总的来说，还较少有学者对国外最新创业教育文献进行知识图谱分析，从而从整体把握其研究知识基础和研究热点。

（一）知识图谱软件简介

引文空间（CiteSpace）是一种分析科学分析中蕴含的潜在知识，是在科学计量学、数据可视化背景下逐渐发展起来的引文可视化的分析软件，由于其可视化图被称为科学知识图谱，所以也称为知识图谱软件。该软件由陈超美教授基于 Java 应用程序开发，并免费分享给各国学者使用，在近几年各国信息分析中极具特色和影响力。相对比传统的一篇篇文献阅读，它可以帮助学者快速分析知识领域中的研究现状及新趋势，主要包括分析某一领域研究前沿、知识基础和关键的知识点（作者、国家、机构）等。其中某个领域（如创业教育、创业教育教师）的研究前沿是由学者积极引用的文献来体现的，由多篇最近发表的文章组成，而某领域的知识基础则是研究前沿的时间映射，由研究前沿的引文形成。因此如果基于文献计量学角度，它们的区别在于，研究前沿由引文构成，知识基础则由被引文献构成，然后通过共引聚类来表示，同时如果共引聚类中的文章数量越多，则代表知识基础越强大（陈超美，2009）。

随着陈超美教授对该软件版本的不断更新完善，如对中文文献的支持，运用该软件分析高等教育相关领域的文献亦是大量增多。如易高峰（2009）用知识图谱对国内《高等教育研究》期刊进行了研究前沿和知识基础的扫描。彭绪梅（2007）对创业型大学的国外研究现状进行了图谱分析。黄兆信（2018）等也运用该软件分析了国内 1997—2016 年教育研究热点。

（二）数据来源与处理步骤

对国外创业教育研究进行知识图谱分析的数据获取是截至 2018 年 1 月 1 日，近 10 年即 2008—2018 年，基于浙江大学图书馆的 Web of Science 核心数据库，主题选"entrepreneurship education"或者"entrepreneurial education"。最终共获得 2008—2018 年的 1674 篇文献（含会议、评论等）。样本文献中去除自引的被引频次总计为 14393 次，去除自引的施引文献总计 10461 次，每项平均引用次数 10.02 次。

知识图谱软件的版本是 CiteSpaceV 版本。程序如下：

第一步，数据的基本处理。知识图谱软件要求输入的文献格式有特地的要求，即要将 1674 篇文献（文献要包含摘要、参考文献等各种记录）保存为 TXT 文本格式，并以"download"命名文件名。

第二步，时区分割（Time slicing）。本书所选取的样本文献的时间跨度为 1 年，即 10 个分割区。

第三步，知识节点按照分析需要自行选择国家、被引作者等。

第四步，阈值的设定。基于研究需要，选择不同的阈值，可选择每年被引次数最多的前 N 项（Top N per slice），也可在引文数量、共被引频次和共被引系数三个指标分别设置。

第五步，运行软件并可视化，在获得的知识图谱上，根据研究需要判断是否进一步聚类分析等各种操作。

（三）国外创业教育的研究热点分析

1. 关键词共现频次分析

对某一领域的研究热点进行分析时，有学者采用关键词共现分析，因为关键词是课题内容、学术观点的缩影和凝练。两个或更多关键词在同一篇文献中同时出现称为关键词共现。通过两两统计一组关键词在同一篇文献中出现的次数，在一定程度上能揭示某一领域学术研究的现状与趋势。因此，本书将节点类型选为关键词，而阈值选择每年被引次数最多的前50项，共得到223个节点，813条连线（见图2—1）。根据图中的节点，可以看出，"创业"（entrepreneurship）是图中最大的节点，频次为489次，其次是"教育"（education），再次是"绩效"（performance）、"创新"（innovation）、"高等教育"（higher education）等。

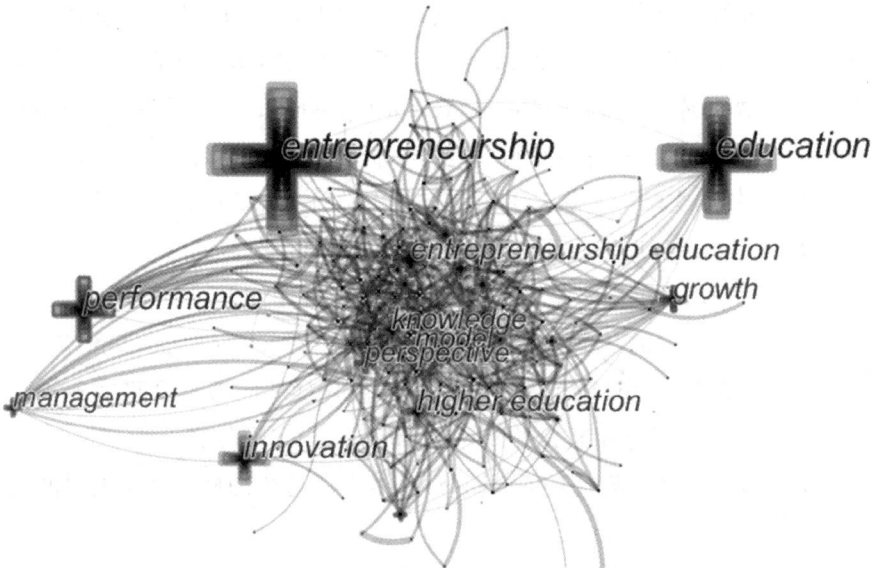

图2—1　2008—2018年国外"创业教育"研究关键词共现图谱

Chen（2012）指出 Burst detection 有突变、突发、剧增等几种翻译。基本意思是一个变量的值在短期内有很大变化。CiteSpace 将这种突变信息视为一种可用来度量更深层变化的手段。CiteSpace 中 Burst detection 用于两种变量：施引文献所用的单词或短语的频次和被引文献所得到的引文频次。进一步研究发现，在关键词引用突变（Burst）数值排名第一位的是行为（behavior），突变值为5.97，其次是创业意向（entrepreneurial intention），突变值为 5.52。一定程度上说明了在关键词领域，近 10 年国外创业教育研究比较关注个体层面的行为、意向等领域的研究。

2. 国外创业教育研究热点的知识基础

（1）基本情况扫描

探析某一领域的知识基础一般用文献共被引分析（Cited Reference）。但为更好探析其知识基础，我们有必要先扫描其基本情况，即把节点类型选择国家、期刊共被引（Cited Journal）、作者共被引。阈值选择每年被引次数最多的前 50 项，结果发现，国家方面被引频次（见图 2—2）前 6 名按高到低依次是美国（USA，481 次）、英国（ENGLAND，225次）、西班牙（SPAIN，141 次）、德国（GERMANY，116 次）、荷兰（NETHERLANDS，86 次），中国排在第 8 位，被引频次为 78 次。Burst

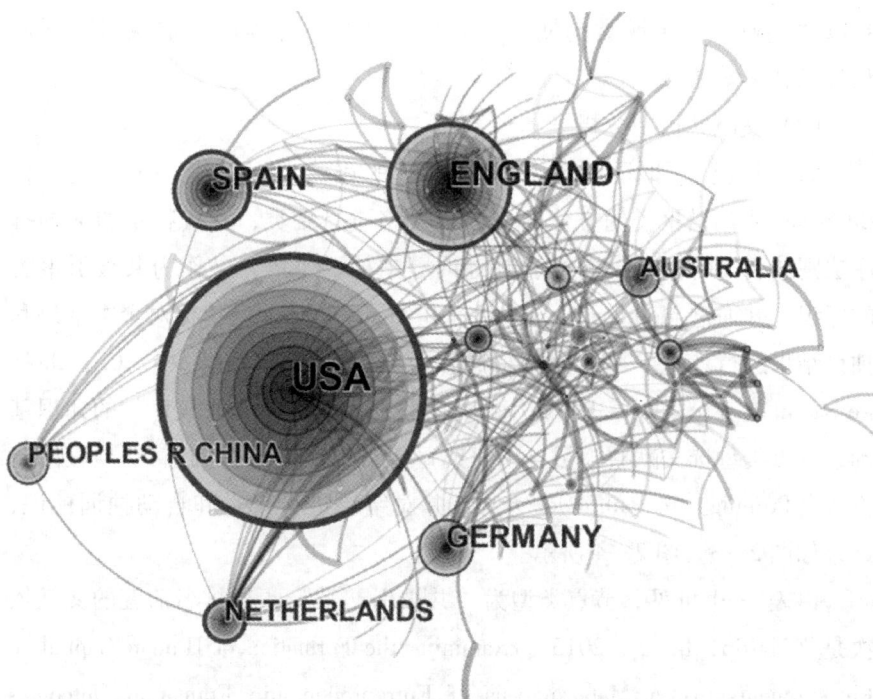

图 2—2 节点类型为"国家"知识图谱（2008—2018 年）

指标排名前三位的是尼日利亚（6.14）、南非（4.84）、罗马尼亚（4.17）。创业教育最发达的美国排第一无疑与现实情况也较吻合，中国学者在国外期刊上的研究成果还有待进一步提高，而值得我们创业教育研究者关注的是非洲的尼日利亚和南非近几年在创业教育研究上的进展。

期刊方面，频次排名前五位的是《创业学杂志》（*J BUS VENTUR-ING*）（726 次）、《创业理论和实践》（*ENTREP THEORY PRACT*）（661 次）、《小企业经济》（*SMALL BUS ECON*）（534 次）、《学院管理评论》（*ACAD MANAGE REV*）（532 次）、《小企业管理杂志》（*J SMALL BUS MANAGE*）（409 次）。这些都是研究"创业教育"领域必看的外文期刊。而按 Burst 指标排名前三的是《国际创业管理》（*INT ENTREP MANAG J*，22.75）、《技术转移杂志》（*J TECHNOL TRANSFER*，19.9）和《小企业经济》（*SMALL BUS ECON*，17.49）。从 Burst 指标排名可以看以"创业"为主题类的期刊，近几年创业教育领域较重视国际创业和技术转移等领域。

（2）文献共被引分析

如上所述，知识基础由研究前沿的引文构成，是其时间映射。CiteSpace 采用谱聚类的方法对共被引网络进行聚类，并按特定的抽词排序法则从引文的标题、摘要、关键词等中抽取术语，来作为共被引聚类的标识，并通过 Modularity，Q. 指标和 Mean Silhouette 指标对聚类结果和抽词结果进行计量，而这两指标越接近 1，结果越好（Chen，C.，Ibek-we-Sanjuan，F.，Hou，J.，2014）。据此，为探析"创业教育"的知识基础，节点类型选文献共被引，阈值选每年被引次数最多的前 50 项，修剪方式（Pruning）选 Pathfinder 方式，并对结果进行聚类和自动抽词标识，结果如图 2—3、图 2—4 所示。

由表 2—1 可见，节点类型为"共被引文献"频次排名前五的文献依次是（Martin，B.C.，2013，Examining the Formation of Human Capital in Entrepreneurship：A Meta-analysis of Entrepreneurship Education Outcomes《研究创业中人力资本的形成：创业教育结果的荟萃分析》）、（Ooster-beek. H.，2010，The impact of entrepreneurship education on entrepreneur-

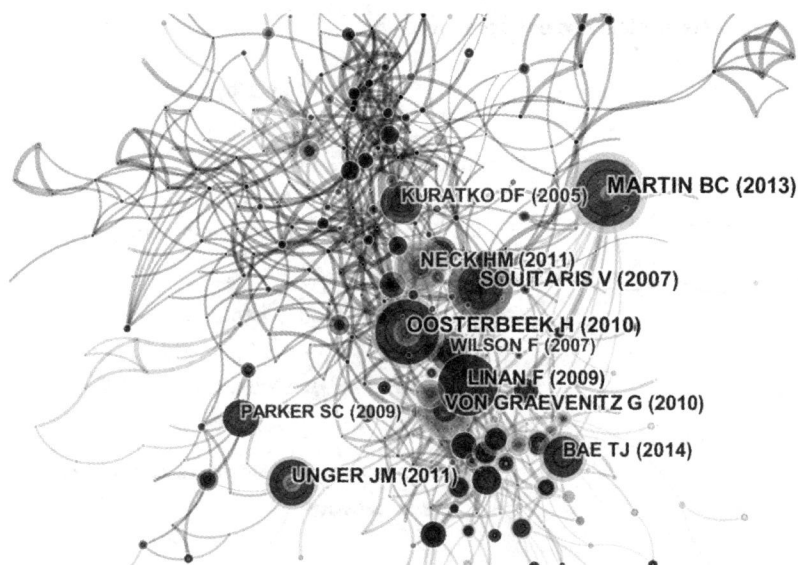

图2—3　节点类型为"共被引文献"知识图谱（2008—2018 年）

表2—1　"创业教育"节点类型为"共被引文献"频次排名前五的文献

作者	年份	文献标题	期刊	频次
Martin, B. C.	2013	Examining the Formation of Human Capital in Entrepreneurship: A Meta-analysis of Entrepreneurship Education Outcomes	*J BUS VENTURING*	77
Oosterbeek, H.	2010	The Impact of Entrepreneurship Education on Entrepreneurship Skills and Motivation	*EUR ECON REV*	71
Souitaris, V.	2007	Do Entrepreneurship Programmes Raise Entrepreneurial Intention of Science and Engineering Students? The Effect of Learning, Inspiration and Resources	*J BUS VENTURING*	65
Linan, F.	2009	Development and Cross-Cultural Application of a Specific Instrument to Measure Entrepreneurial Intentions	*Entrepreneurship Theory and Practice*	58
von Graevenitz, G.	2010	The Effects of Entrepreneurship Education	*J ECON BEHAV ORGAN*	54

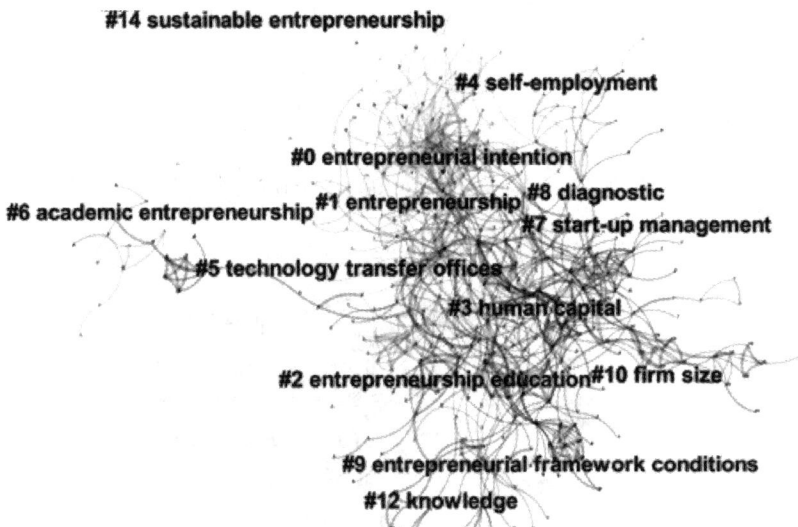

图2—4 "创业教育"文献共被引聚类知识图谱（2008—2018年）

ship skills and motivation《创业教育对创业技能和动机的影响研究》）、（Souitaris，V.，2007，Do entrepreneurship programmes raise entrepreneurial intention of science and engineering students? The effect of learning，inspiration and resources《创业课程是否提高了科学和工程专业学生的创业意向? 学习、灵感和资源的影响》）、（Linan，F.，2009，Development and Cross-Cultural Application of a Specific Instrument to Measure Entrepreneurial Intentions《开发和跨文化应用一种衡量创业意向的具体工具》）、（von Graevenitz，G.，2010，The effects of entrepreneurship education《创业教育的影响》）。研究领域主要聚焦在创业教育的影响因素和结果的研究。尤其是排名第一的 Martin BC 主要研究结论对本书也有一定启示："通过创业教育和培训（EET），有效的人力资本形成是各国政府日益关注的问题，因为 EET 在世界各地迅速发展。遗憾的是，缺乏一致的证据表明，EET 有助于创造更多或更好的企业家。作者通过对文献进行第一次定量分析，在人力资本理论的背景下，发现确实存在对 EET 价值的支持。基于42个独立样本（$N=16,657$），作者发现 EET 与企业家相关的人力资本资产和创业成果之间存在显著关系。对于以学术为重点的 EET 干预措施，EET 和创业成果之间的关系要比以培训为重点的 EET 干预措施更强。作者还在许多相关性中发现了异质性的证据,并建议未来的研究考察潜在的因素,以更清楚地描述 EET 效应的大小。作者同时在一些研究中发现这些研究方法的严格程度较低,夸大了 EET 的影响。"并且通过上述聚类图,可以看出创业教育的知识基础除了最基本的创业和创业教育,还有学术创业、创业意向、人力资本、技术转移办公室等聚类。

3. 作者共被引分析和关键文献内容解读

CiteSpace 的聚类和自动标引是对整体文章进行自动抽取,能客观、全面地映射研究热点,但是也存在过于具体化的缺点。因此有必要对作者共被引进行分析和关键文献内容的解读,有助于我们更全面准确地把握其研究现状,为后续分析提供直接客观的切入点。

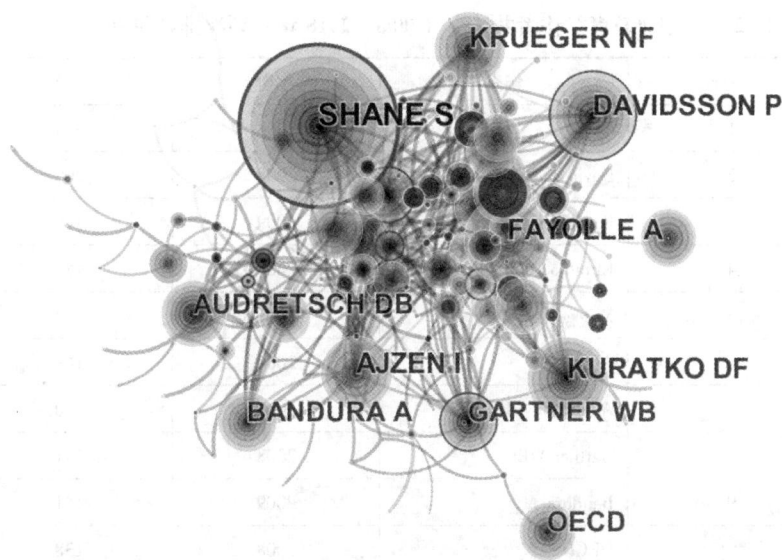

图 2—5 "创业教育"作者共被引知识图谱(2008—2018 年)

综上所述,可以看出近 10 年"创业教育"作者共被引频次排名前面的几位作者都是创业领域非常著名的专家(除了第 10 的 OECD,见图 2—5,表 2—2)。CiteSpace 基于时间段的共被引聚类分析,重点会关注演进过程中出现的关键节点,节点中介中心度(Centrality)体现出这点的"媒介"

能力，它可以发现在整个网络中起战略作用的点，一般是大于或等于 0.1 的节点，中心度越高，意味着它控制的信息流越多（黄扬杰，2013）。共被引作者中中介中心度排名第一的是斯科特·肖恩（Shane S）（值为 0.25），他的著作 *The Illusions of Entrepreneurship：The Costly Myths That Entrepreneurs，Investors，and Policy Makers Live By*《创业的幻想：企业家、投资者和政策制定者所依靠的代价高昂的神话》是近十年创业教育研究领域较有影响力的代表作。Scott Shane，作为美国创业活动的权威专家，在其该书中指出：企业家比大多数人意识到的要多得多。但新企业的失败率高得令人失望，而且大多数企业的经济影响远不符合预期，这表明热情的准企业家和他们的投资者往往都是在一套错误的假设下运作。这本书表明，创业的现实与围绕它的神话截然不同，也是该领域学者必读书籍。

表 2—2　"创业教育"作者共被引（2008—2018 年）频次排名前 10

序号	作者	年份	频次
1	Shane S	2008	348
2	Davidsson P	2008	200
3	Fayolle A	2009	186
4	Kuratko DF	2008	182
5	Krueger NF	2009	172
6	Ajzen I	2009	169
7	Audretsch DB	2008	150
8	Gartner WB	2008	141
9	Bandura A	2009	141
10	OECD	2008	138

二　国外创业教育研究文献综述

结合 CiteSpaceV 软件对 2008—2018 年的"创业教育"领域的文献图谱进行分析，有助于笔者快速便捷地把握国外创业教育研究现状，可以为后续文献阅读找到直接关注点。因此本部分在知识图谱的基础上就国外创业教育的内涵、意义、课程、环境、发展趋势等分别展开文献综述。

（一）关于创业教育内涵及多维视角研究

加里·戈尔曼（Gorman，1997）通过美国创业教育十年文献的综述指出：创业教育是创办新企业以及提升创业者各方面能力的过程。海诺宁等（Heinonen，2007）指出创业教育至少有三层目标：教授学生理解创业；以创业精神行事；成为一名创业者。保罗戴维森·雷诺兹（Paul D. Reynolds，2004）则组织了若干创新性和大规模的关于创业本质及其在经济发展中作用的实证调查，尤其是开发新的实证方法来研究企业家精神。唐纳德·拉特克（Kuratko，2010）指出："在21世纪，创业精神已经成为世界上最强大的经济力量，而随着这种扩张，创业教育领域也出现了类似的增长，其中关于创业和新企业创建的课程和项目的发展都引人注目，尤其是提供与创业相关的课程的学院和大学的数量已经从20世纪70年代的少数几家增长到2005年的1600多家，在这种剧烈扩张的过程中，仍然面临着创业精神完全学术合法性的挑战"。他指出尽管创业教育已经取得了一些合法性，但仍存在一些关键的挑战。Siegel（2006）通过分析技术转移的机制后指出，商学院最好的定位是通过向技术授权官员和希望开办创业公司的校园社区成员提供有针对性的项目来解决创业技能和教育方面的缺陷。

综上所述，创业教育强调创业不仅仅是创办企业，创业教育也不只是教人如何创办企业。高校创业教育还和学术创业密切相关，学术创业活动形式从活动的硬性到软性可分为：从科技园、衍生企业、专利和许可到学术出版和培养高质量的本科生等，这里硬活动多指有形产出，与大学传统也较不相容，而软活动则刚好相反。因此成熟的创业型大学应该追求软硬结合，且早期阶段适合追求软的，高校管理者应注重培育全校都能用的创业活动，而不仅是个别部门。胡塞尔等（Hussler & Piccard et al.，2010）通过对中德等国的学术创业活动比较后发现，没有最佳的创业形式。各国大学创业教育活动应有所差异，忽略所谓的活动类型，应更关注其是否能够提高经济发展的效益。

（二）关于创业教育的意义研究

美国是最早展开创业教育实践与研究的国家。考夫曼基金会（Kauffman Foundation）于2006年在 *Entrepreneurship in American Higher Education* 中阐释了创业对美国高等教育的意义，同时在学生教育、师资选择、专业建设等方面提供了参考意见，该基金会为推动美国高校向创业型大学转型做出了巨大贡献。2008 年的《美国青年的创业教育》报告提出：创业教育要使美国青年具备创新能力、冒险合作精神、机会识别能力、学术能力以及领导能力等。联合国发展规划委员会副主席克劳斯·施瓦布（KlausSchwab，2015）认为，创业教育是经济发展的发动机，将创业和教育融合是未来人力资本发展的重要机遇。如今，美国越来越多的高校参与到创业教育课程和师资建设中去，其创业教育体系也日趋健全完善。

在美国创业教育经验启示下，其他国家也迅速模仿并开展本国的创业教育。如芬兰教育科学部部长海娜·维拉库宁（Henna Virkkunen）2009 年提出芬兰政府要采取措施培养国民的创业精神，并推动创业教育体系的完善。挪威高等教育部长托拉·奥斯兰德（Tora Aasland）2010 年强调了创业教育对挪威社会发展的重要推动作用。安尼特·库尔特（Anette Curth，2011）基于对欧盟 8 个国家调查研究，得出了加强创业教育很重要，关键是靠师资，而师资水平提升需要丰富创业教育教师创业知识，提高教师教学能力以及确保教师培训者的质量等措施。

综上所述，从美国、欧洲各国等的创业教育实践来看，完善的创业教育体系对大学生的创新创业能力，以及国家的经济发展都有重要推动作用，教师作为创业教育的关键要素，全方位提升其创业能力对完善高校的创业教育体系也有重要的促进作用。

（三）关于创业教育的课程研究

较早对创业教育课程进行探索的同样是美国考夫曼的玛里琳·斯基（Marilyn L. Kourilsky，1995）的《创业教育：寻找课程的机会》（*Entrepreneurship Education：Opportunity in Search of Curriculum*）。她指出创业的落实执行需要倡导者、团队和跟随支持者。现有的创业教育课程较少涉及倡导者层面的研究。之后，国外学者对创业课程的研究不断增多。如很多国外学者在创业教育方法上和课程的结合上做了大量的研究探索，如哈克（Huq，2017）等通过案例研究发现运用设计思维，比如整合正义与公平、建构主义、幽默和角色扮演等作为创业教育学的学习原则能显著提高学生的满意度和学习成绩。这种设计的关键是减少学生和教师之间的障碍，创建了师生共同的创业教育学习之旅。不少学者也赞同创业者的思考和行动在某种程度上更像是设计师，因为设计师需要识别可能的机会或问题，设计思维也是从根本上关心人的需要，它不是一个"基于线性、里程碑的过程"。相反，它是三个空间之间的相互作用：灵感、构思和实施。所以在创业教育中运用设计思维往往有较好的教学效果。纳比（Nabi，2016）则通过把创业教育的四种教学方法和教学影响 5 层级模型对应研究表明，四种教学方法（供给、需求、胜任力、混合）对学生的创业态度（1 级）和意图（2 级）都有积极的影响。然而，基于胜任力的教学方法更适合发展更高层次的影响。胜任力模型教学法与 2 级的主观措施（如创业意图）和 3 级的客观目标（例如，五年初创企业）和 4 级（对企业长达 10 年的长期影响）有关。他指出这种更深、更多的体验式教学方法适合在更高水平的影响，注重培养学生解决现实生活中的创业问题并发展实践能力。Kondracka-Szala（2016）通过对位于波兰和芬兰的创业教育课程比较分析提出要想使教育的改变生效，教师应该有一种创业的心态（Entrepreneurial mindset）和能力来培养孩子的这种态度。

综上所述，国外学者关于创业教育课程的相关研究观点基本与国内学者的较一致，都非常强调理论和实践的结合，提倡建立立体式、嵌入式、系统化的创业教育课程。

（四）关于创业环境的研究

首先，创业环境的概念相关研究，学者们提出它是一个多维度的概念。国外对创业环境的研究起步很早，广义的创业环境包括创业的政策环境以及创业政策的环境。前者涉及创业本身的政策环境，比如创业优惠政策环境、创业金融政策环境、创业土地政策环境、创业人力资源政策环境甚至当地创业文化环境等。后者还包括创业政策的制定、运行与实施等环境，涉及公共政策制定与实施这个领域。Dill（1958）、Lawrence 和 Lorsch（1967）、Duncan（1972）等认为创业环境是一个多维度的概念。Porter（1980）提出从进入壁垒、现有竞争者的竞争状态等 5 个方面来定义创业环境。Gartner（1985）认为创业环境由资源的可获得性、周边的大学及科研机构、政府的干预及人们创业态度等组成。Gnyawali & Fogel（1994）开发出包括金融支持、非金融支持、创业与管理技能的培训等五个维度分析框架。Fred（2000）从政治和经济环境、转型冲突、不健全的法律环境、政策的不稳定性等 7 个方面定义创业环境。

其次，创业环境的构成指标研究。Pages 和 Markley（2004）提出了社会文化氛围、公共基础设施和政府支持三大指标。全球创业观察（GEM）在 2005 年研究报告中，提出创业环境模型包括金融支持、政府政策、政府项目、教育培训、研究开发转移、商业环境、国内市场开放程度、基础设施、知识产权九大指标。Lundstrom & Stevenson（2005）以"创业机会论"为基石，将创业环境分为创业教育、创业促进、减少进入障碍、启动支持、启动融资以及目标群体政策六个指标，并建立了创业环境分析框架。Anstin（2006）通过研究，将环境分为宏观经济环境、税收、规则结构和社会政治环境。Shane（2001）将创业环境分为经济环境、政治环境和社会文化环境三个方面，并提出了相应的指标体系。目前国内还较缺乏相应的研究。

最后，创业环境的优化分析。国外一些学者坚信鼓励更多的创业就会促进经济增长、催生创新并创造更多的就业机会。但也有学者持谨慎态度，Shane（2009）认为，鼓励更多的人成为创业者是一个坏的公共政策，多国的数据显示大量典型的初创公司（typical start-ups）所产生的就业岗位及经济贡献总和比不上少量的高成长的初创公司（high-growth start-ups），所以，政策制定者应停止资助典型的初创公司（Hurst & Lusardi，2004），而应重点资助高成长性的初创公司，即"停止将花生酱涂得很薄"（stop spreading the peanut butter so thin）。政府等相关部门对创业要适当予以管理支持，建立合法性机制（Rasmussen & Borch，2010），而且有效的政策和行动应该是多层次的。我国高校创业教育现在处于国家统一领导下的深入推进阶段（2015 年至今），在不同的文化背景、国情校情下，大学生的创业政策环境如何优化需要更多扎根中国大地的研究。

综上可见，国内外学者认为环境因素是分析任何创业活动最合理的切入点，他们关于创业环境构成的研究成果最具影响的有两个：一个是由 Gnyawali 和 Fogel 提出的 5 维度模型；另一个是由 GEM（全球创业观察）提出的模型，这是由英国伦敦商学院和美国百森商学院共同发起并提出的一个旨在研究全球创业活动态势和变化、发掘国家创业活动的驱动力、创业与经济增长之间的作用机制和评估国家创业政策的研究项目。

（五）关于创业教育的发展趋势研究

唐纳德·拉特克（Kuratko）在2010年对创业教育发展趋势研究指出创业教育最大的挑战是合法性。当前，随着创业教育的全球化、全民化、终身化等趋势，各国在创业教育的国家层面、高校层面都推出了一系列的刺激政策，创业教育不仅合法，而且当作一种重大的国家战略来全面推行。内克（Neck，2011）指出作为一门学科，创业教育仍然处于早期发展阶段，因为对于创业教育尚未有一致的标准体系，学者们对于如何教授创业仍有很多不同的意见。创业教育教学模式的本体论维度要求明确界定创业是一个教学领域，在创业环境中教育者和学生应具备什么样的教育意义，学者们往往理所当然地认为没有一种最好的方法来教授创业。如何更有效地开展创业教育还需要更多地研究。加尔旺（Galvão，2017）通过文献综述指出当前创业教育有效促进区域发展的研究分为三大主流：创业型大学、创业精神、公司创造的过程。

综上所述，随着创业教育的不断发展，如何结合本国经济社会实际情况，做本土化的创业教育研究将是今后各国促进完善自身创业教育体系的关键。

总体来看，在国家统一领导下，中国高校创业教育的跨越式发展难免会存在一些不足。无论是新时代变革的呼唤还是创业教育自身的历史演进，中国高校创业教育想要更好、更快地发展必须有效把握新时代高校创业教育的瓶颈和突破策略。因此本书从创业教育最关键的要素教师出发，基于本土化的实证研究，落脚点在创业能力，探讨其提升机制有着重要的理论和现实意义。

三　国内创业教育研究文献综述

与国外对创业教育的研究相比，国内学者的研究相对较为滞后。美国学者对于创业及创业教育的相关研究早在20世纪就已经开始，20世纪五六十年代之后逐渐进入研究的成熟期，而创业教育的实践更是时刻与美国经济社会的变迁以及高等教育的发展保持着一致。反观中国，第一篇创业教育的论文则是胡晓风等人于1989年8月发表在《四川师范大学学报》（社会科学版）的论文"创业教育简论"。最早研究创业型大学的论文则是张岑2002年7月在《江苏高教》发表的"关于欧洲创业型大学特点的论述"。另外，中国创业教育研究虽然起步较晚，但是研究领域和研究成果呈现了高速增长的态势。以 CNKI 数据库为例，截至 2018 年中，以创业教育为主题的期刊论文总计达到了 47893 篇，其中硕博士学位论文 2452 篇，会议论文 654 篇，各类报纸 3763 篇，涉及美国创业教育研究的各类论文 773 篇。从图 2—6 看近 20 年 CNKI 数据库主题为"创业教育"文献年度发表量上尤其可以看出 2015 年是文献的增长拐点，这跟当年《关于深化高等学校创新创业教育改革的实施意见》文件发布有很大的关系。

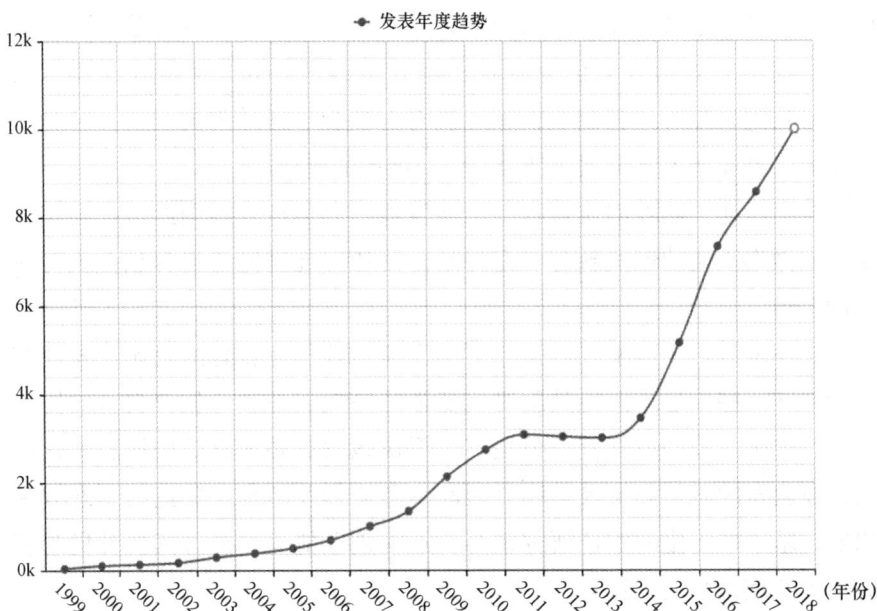

图 2—6　近 20 年 CNKI 数据库主题为"创业教育"文献年度发表量

（一）关于创业教育战略的相关研究

各高校及学者对创业教育的发展战略进行了研究和实践。南开大学张玉利教授（2007）在《创业管理》一书中从中国经济社会转型和高等教育体系变革的关系出发，对创业教育的内涵、定位、创业教育与创业活动之间的关系等关键性问题进行了大量研究。雷家骕教授（2007）在《国内外创新创业教育发展分析》中认为中国创业教育具有八大特点，特别是在政府的主导下，各高校创业教育的发展已经初具规模。但是从总体上来看，中国高校创业教育的发展依旧面临着诸如缺乏系统研究、创业教育的观念存在误区、创业教育的学科地位边缘化等现实性问题。浙江大学梅伟惠、徐小洲（2009）在《中国高校创业教育的发展难题与策略》中认为，中国高校创业教育面临着发展理念和实施路径方面的难题，提出高校创业教育的发展要紧扣师资和课程两个核心环节。徐小洲等（2010）比较了美国模式和欧盟模式，提出要根据中国高校创业教育需要，选择适合中国国情的发展模式。清华大学史宗恺（2016）提出高校创新创业教育工作要坚持育人为本、问题导向、协同推进，鼓励和引导学生进行深入的技术创新、模式创新，实现从创新到创业的转化。曾骊（2017）在《高校创新创业教育服务"双创"战略需要协同发展》提出完善机制是深化高校创新创业教育改革、实现协同育人的支撑点，主要有协同驱动机制、共享驱动机制、特色驱动机制和考评驱动机制。

而关于地方院校在创业教育的发展战略研究上，温州医科大学创新创业教育学院院长黄兆信教授（2012）探讨了各高校创业教育在课程、实践以及培养目标上的转变，分析了当今创业教育发展的背景及趋势，并指出"提升就业层次、培养'专业＋创业'复合型人才、培养岗位创业者"是当今高校创业教育面临的三大转型趋势。黄兆信教授还在《以岗位创业为导向：高校创业教育转型发展的战略选择》中对高校创业教育的新模式进行了研究。在当前结合高校实际设计创业体系的趋势下，提倡经由就业走向创业，以当前岗位为基地，展开创业活动，开创了就业与创业相结合的新模式。马晓春（2012）以《构建面向区域经济的地方高校创业教育体系研究》为题，对创业教育进行了分析。李储学（2017）提出民办高校加快实施创新创业教育生态圈战略有四个着力点：筑牢教育教学子系统，培养学生创新创业精神；扩展实践平台子系统，强化学生创新应用能力；打造协同创新子系统，汇聚多元要素形成合力；完善公共服务子系统，提供一站式全方位支持。

（二）关于创业教育模式的相关研究

高校创业教育开始以来，并未形成一个独立的创业体系或者一个普适的教学模式，初期多依赖于商学院或组织的几次创业大赛等。而随着创业教育的发展，广大学者开始对创业教育的模式进行思考和探索。董晓红（2009）的毕业论文《高校创业教育管理模式与质量评价研究》从管理学的角度提出了"内部完善—外部支持—综合激励"的高校创业教育管理模式，并提出了高校创业教育评价指标体系和高校创业教育质量评价的模糊数学模型。秦敬民（2009）基于 QFD 的高校创业教育质量评价体系内容，汲取了 DEA 法、AHP 法、FAHP 法的优点，提出了一种DEA-AHP-FAHP 的综合评价法：在筛选显性与非显性指标体系的投入与产出时，采用 DEA 法；在计算显性指标下的二级指标时，采用 AHP 法；在计算显性指标、非显性指及其二级指标的权重时，采用 FAHP 法，最后得到总的权重，以实现对创业教育质量的综合评价。而关于创业与专业相融合的发展模式，曾尔雷（2010）在《创业教育融入专业教育的发展模式及其策略研究》中则将研究视角放在了创业教育与专业教育相融合的角度，她认为创业教育应融入专业教育之中，是"对学科教学过程的一种'重构'"。同时，创业教育与专业教育的融合需要从以下四个方面进行建构：选择适宜的发展模式、构建有效的教学方式、转变教师角色以及健全辅导的联动机制。创业教育的实践性与开放性决定了高校与外部组织，特别是产业部门之间的联系需要更加的紧密，因此从校企合作的角度来探讨当前地方高校创业教育中的观念、制度、保障等方面的问题，也成了一种必然。杨丽君（2011）在《地方高校创业教育体系研究——基于校企合作的视角》中的研究认为，校企合作的高校创业教育模式的构建需要从目标体系、课程体系、过程体系、保障体系、制度体系等方面进行综合探索，高校创业教育的实施需要企业的积极参与。黄兆信（2012）则在《地方高校融合创业教育的工程人才培养模式》中指出，温州大学经过探索与实践，已形成自己的办学特色，并从"创业意识的培养、创业能力的培养及职业生涯规划"等方面进行了探讨，并提出工程人才培养要立足地方本科院校，创业与专业相融合的教学理念。王占仁（2012）在《"广谱式"创新创业教育导论》一书中，构建了"广谱式"教育模式，这是一种面向全体学生、结合专业教育的新的教育理念。书中提出了"经由就业走向创业"的教育体系，并阐述了与之相匹配的"广义的创业教育观"。有一部分学者则专门针对地方院校进行了研究，如王乃静（2013）在《重视和加强大专院校创业教育》中就对中国大专院校创业教育的实施进行了一定研究，她认为高职院校创业教育应该实行专业与创业相结合的方式，在营造创业环境的同时，注重创业实践活动，打造具有中国特色的创业教育体系。马楠（2017）则探讨了基于协同创新的应用型本科高校创业教育模式研究。

综上所述，在学者们对创业教育战略和模式的相关研究中，不少学者提到了师资问题是创业教育发展的关键，亦就创业教育质量的提升提出专业和创业相结合、校企合作、协同创新、考评驱动、特色发展等各种机制。

（三）关于创业教育的比较研究

此类研究主要以国别研究为主，以浙江大学徐小洲教授为总主编的《创业教育研究丛书》较为系统地介绍了中国、日本、美国、英国等不同国家创业教育的发展过程、影响环境和创业教育实践，是中国目前为止唯一一套从比较研究的视角对各国创业教育进行分析、解释和总结的丛书。梅伟惠（2010）在《美国高校创业教育》一书中总结了美国高校创业教育实践的几种模式，分析了美国创业教育的特点和发展趋势，并对中国创业教育提出了宝贵建议。牛长松（2009）在《英国高校创业教育研究》一书中对创业教育的概念进行了多学科的分析，从社会背景、政策分析、援助网络、教育实践等方面对英国创业教育进行较为系统的研究。他在书中分析了英国高校创业教育的传统商学院组织模式和创业型大学组织模式，指出了传统商学院模式的不足和弊端，难为高校所接受，提倡创业型大学模式。他也提到了模拟创业学习模式、数字化学习模式、以机会为中心的学习模式和创业经历叙事性解释的学习模式，最后指出英国高校创业教育师资不足、研究水平有待提高、创业课程未系统开发、创业援助和创业后续资金不足等问题。季学军（2007）在《美国高校创业教育的动因及特点探析》中认为美国高等学校创业教育已经形成了非常完善的组织体系，无论是创业教育的理念还是创业教育的实施路径，都已经与实际的创业活动形成了有效的关联。向东春等（2003）在《美国百森创业教育的特点及其启示》文中则探讨了美国百森商学院的创业教育特色，指出前瞻的教育理念、系统的课程设计、鲜活的教学过程和敬业的师资队伍是构成其成功的关键。房国忠等（2006）在《美国大学生创业教育模式及其启示》一文中则认为美国创业教育的发展有赖于鼓励创新创业的文化传统和宽容失败的营商氛围。与美国创业教育发展的具体措施相比，中国高校更应该借鉴美国创业教育在文化和制度方面所具有的优势。徐小洲（2014）介绍了美国欧林工学院将创业融入工程教育，通过整体化设计、构建模块化课程、探究式学习等途径开展融入式创业教育。沈雁（2015）阐述了丹麦大学的创业教育模式，指出其开放式平台吸纳丰富教育资源；全程化跟进式教学提升初创企业孵化率；校企深度合作实现双方共赢的特征，对中国创业教育的发展有一定借鉴意义。

综上所述，国外一流高校的创业教育案例，对本书高校创业教育教师的创业能力提升机制研究同样有重要的启示作用。笔者在《高等工程教育研究》曾发文研究了"德国慕尼黑工大创业教育的实践与启示"，介绍了德国慕尼黑工大（TUM）基本情况和治理结构后，从 TUM 创业教育的特征、创业教育的体系、创业教育的实施环节三个方面剖析其经验和措施，最后对中国高校提出两点建议：一是制定系统的创业战略，完善创业教育治理体系。虽然经过 20 多年的发展，中国高校创业教育无论是创业园区发展、课程设置、师资建设，还是学生的参与度、学校的重视程度等都有了长足的发展。一些高校设立了创业人才培养学院、创业发展研究院，从管理上给予了强有力的支持。但还较少有高校能制定像 TUM 那样有系统的创业战略和完善的创业教育治理体系。如德国 TUM 制定的全校范围的 TUMentrepreneurship 计划包括高效的衍生（spin-off）流程、创业网络、创业实践、创业文化四大战略要素。并且还设立了专门的创业管理委员，关注利益相关者参与治理，如其咨询委员会中还有来自德国一流的企业宝马公司的董事。二是突破短板，创新灵活的用人机制。师资问题向来就是高校创业教育发展的一个短板。TUM 大胆的新措施教授终身制（Faculty Tenure Track System），这在德国是独一无二的，占领了高层次人才的高地，再如在从企业界招聘教师时，学校也把在工业界的实践等同于在大学的经历，等等。中国一些高校也已有所探索实践，而大部分高校的用人机制还是较传统，不够灵活，扼杀了创造性、积极性，使得创业教育难以有足够的专业人才来推行。后续本书将在外国优秀大学案例的基础上提炼对高校创业教育教师创业能力相关的影响因素。

（四）关于创业教育的课程研究

顾明远教授等（2008）主编的《国际教育新理念》是该领域的经典之作，提出了创业教育的实施的四种课程，即学科课程、活动课程、环境以及创业实践课程。胡庭胜等（2010）通过三种不同类型高校比较提出要在课程和专业的层面把创业教育与专业教育相互融合。梅伟惠（2010）在著作《美国高校创业教育》中认为课程是创业教育的其中一个核心，但需要经历较漫长的探索过程。黄兆信（2011）在从内创业的角度提倡高校的创业教育课程建设要多层级来建设。黄兆信（2015）等还通过对比中美高校创业教育课程体系，发现美国高校创业课程普及程度、类型程序以及师资的学术和创业水平程度，中国均有较大差距。常媛媛（2015）分析了芬兰政府基础创业课程的经验：确定了"内部创业"的创业教育课程理念，以"国家核心课程"为载体，以"创业师资"为保障，形成较为全面的创业教育课程发展体系，为世界各国创业教育课程建设，尤其是基础教育阶段的创业教育课程提供了非常有益的借鉴。马永斌（2016）基于清华大学案例提出要从"专业创业""必修选修"相融合来打造一个多层次的课程体系。刘志（2018）根据哈佛大学经验，在《哈佛大学创业教育课程建设的历程与经验》一文中提出哈佛已经建成包含商学院创业管理系专业性创业课程和其他学院融合性创业课程两部分组成的课程体系，探索出案例教学与"做中学"两种成熟的教学模式。尤其是案例中提到的课程定位的准确聚焦、核心课程的持续积累、教师团队建设是创业教育课程持续发展的重要保障。

综上所述，国内对创业教育课程的研究概括起来最重要一点就是课程教学一定要理论与实践相结合，创业教育和专业教育相结合。课程和创业教育师资相辅相成，对创业教育教师的创业能力提升也有一定的影响。但相比国外学者的研究内容还显得较宽泛，可操作性不够强。

四 对本书的理论贡献

创业教育是本书的关键词，通过上述近10年的创业教育知识图谱分析发现，国外创业教育研究出现两大趋势：一是比较关注个体层面的行为、意向等领域的研究。比如创业教育对创业技能和动机的影响研究（Oosterbeek, H., Van Praag, M., Ijsselstein, A., 2008）？创业课程是否提高了科学和工程专业学生的创业意向？学习、灵感和资源的影响，等等（Souitaris，V.，Zerbinati，S.，Al-Laham，A.，2007）。二是更注重创业教育质量的评价和影响研究。比如上述共被引文献分析中排名第一和第五的文章（Martin，B. C.，Mcnally，J. J.，Kay，M. J.，2013）。

创业教育教师的创业能力研究是个体层面，它受到上述我们综述的创业教育的管理模式、理念、创业教育课程、创业教育文化等各要素的影响，同时由于个体层面的复杂性，它还受到个体性别、年龄、职称等因素的影响，后续的研究分析中，本书将全面考虑各类因素进行综合分析。

因此此部分可以说是本书最基本的理论基础。

第二节　创业教育教师研究述评

一　国外创业教育教师研究知识图谱分析

1. 数据基本情况

对国外创业教育教师研究知识图谱分析所来源的数据是截至 2018 年 1 月 1 日，选择的是 2000—2018 年，基于浙江大学图书馆 ISI 网站的 Web of Science 核心数据库，主题选 entrepreneurship teacher 或者 entrepreneurial teacher。最终共获得 2000—2018 年的 309 篇文献（包括会议、评论等）。这些文献中去除自引的被引频次总计为 1936，去除自引的施引文献总计 1785 次，每项平均引用次数 6.27 次。

分析所采用的工具是 CiteSpaceV 版本。处理步骤如下：

首先，数据整理。由于 CiteSpaceV 软件要求输入的文献格式主要为 ISI 中文献的文本格式。因此将 309 篇文献保存为 TXT 文本格式，并以 "download" 开头命名，放在同一文件夹中。

其次，时区分割。首先是时区的分割（Time slicing），本书所选取的时间跨度为 1 年，共 10 个分割区。而术语的来源（Term Source）则全选标题、摘要、关键词等信息。

再次，阈值的设定。CiteSpace 软件共有四种阈值设定方法，可以根据不同的研究需要进行选取，本次选择每年被引次数最多的前 10% 项。

最后，运行软件。根据各种研究需要，选择节点类型（Node Types）

以及修剪方式（Pruning），点 GO 并可视化。

2. 国外创业教育教师的研究热点分析

（1）关键词共现频次分析

对某一领域的研究热点进行分析时，学者普遍采用关键词共现分析，因为关键词是课题内容、学术观点的缩影和凝练。两个或更多关键词在同一篇文献中同时出现称为关键词共现。通过两两统计一组关键词在同一篇文献中出现的次数，在一定程度上能揭示某一领域学术研究的现状与趋势。因此，此处同样将节点类型选为关键词，而阈值选择每年被引次数最多的前10%项，共得到 92 个节点，189 条连线（见图 2—7）。根据图中的节点，可以看出，"创业"（entrepreneurship）同样是图中最大的节点，频次为 53 次，其次是"创业教育"（entrepreneurship education），再次是"教育"（education）"创新"（innovation）"大学"（university）"教师"（teacher）等。其中与本书密切相关的"能力"（competence）一词频次为 8 次，排在第十一位，但该关键词的中介中心度为 0.24，排在第四位，而中介中心度主要体现出这点的"媒介"能力，它可以发现在整个网络中起战略作用的点，这说明研究创业教育教师的国外文献基本绕不过"能力"这个点，这也是本书选题的价值所在。

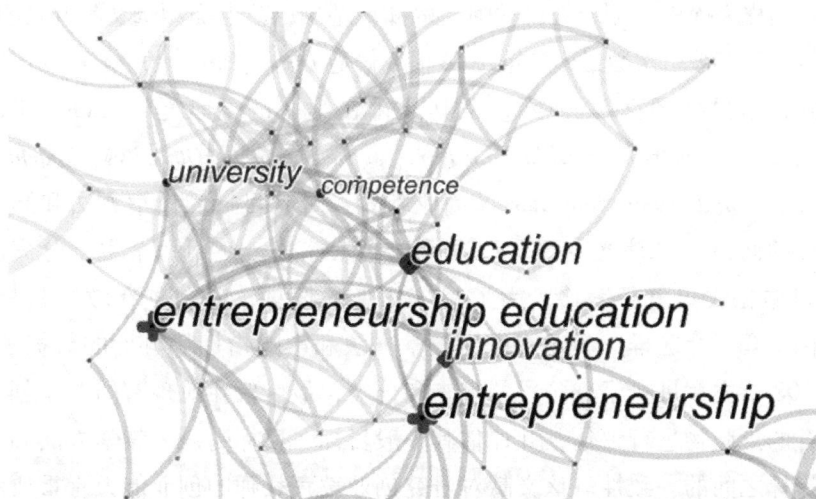

图 2—7　2000—2018 年国外"创业教育教师"研究关键词共现图谱

因此在图 2—7 关键词共现图谱的基础上，并对结果进行 K 聚类和自动抽词标识，结果如图 2—8 所示：我们可以发现社会创业（social entrepreneurship）、创业领导力（educational leadership）、教学（teaching）等几个相关性较大的聚类，对后续查找创业教育教师的相关热点研究主题有较好的指引作用。

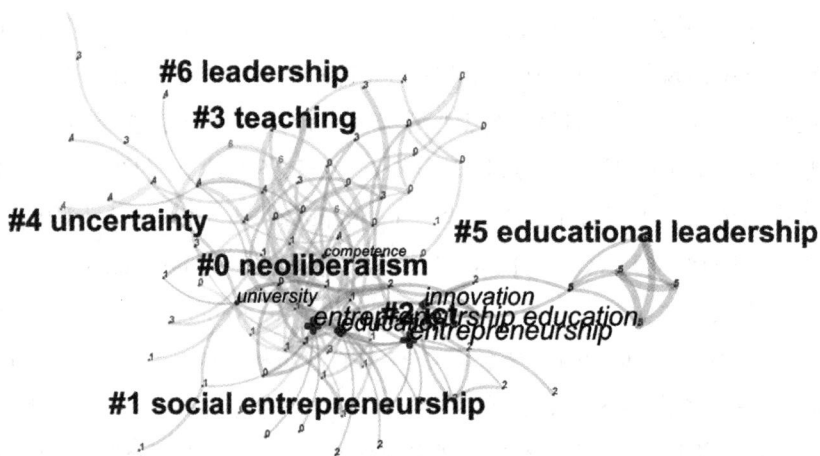

图 2—8　2000—2018 年国外"创业教育教师"研究关键词共现图谱 K 聚类

（2）文献共被引频次分析

同样为探析"创业教育教师"的知识基础，节点类型选文献共被引，阈值选每年被引次数最多的前 10% 项，修剪方式（Pruning）选 Pathfinder 方式，结果如图 2—9 所示，尤其是排在第一的文献是（Mwasalwiba，ES.，2010，*Entrepreneurship Education：a Review of Its Objectives，Teaching Methods，and Impact Indicators*《创业教育：对其目标、教学方法和影响指标的回顾》）。该文主要采用半系统文献综述，使用六个主题分离的 excel 数据收集电子表格。为了减少作者的偏见，使用了在教育目标、目标受众、社区推广活动、应用教学方法和影响指标等方面的数据表。对 108 篇文章进行了分阶段的审查和分类，最后旨在对现有的关于创业教育的出版物进行评估，并评估其一般目标、目标受众、教学方法和影响指标之间的一致性。该文献对研究创业教育教师的创业能力有重要的参考价值。

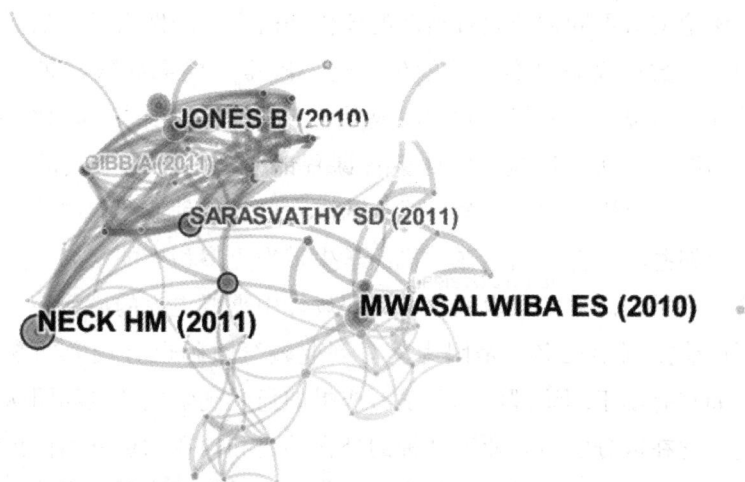

图2—9 2000—2018年国外"创业教育教师"共被引文献知识图谱

排名第二的文献是（Neck，HM.，2011，*Entrepreneurship Education*：*Known Worlds and New Frontiers*《创业教育：认识世界和新领域》）该文探索了创业教育工作者通常传授的三个世界，并引入了一个新的领域，把创业作为一种方法来讨论。这种方法是一种思考和行动的方式，它建立在一组假设的基础上，使用一系列的技术来创建。它超越了理解、了解和交谈，需要使用、应用和行动。该方法的核心是学生实践创业精神的能力，该文引入了一套基于实践的教学方法，包括开始创业、认真地游戏和模拟、基于设计的思考和反思实践。可以说该文献是创业教育实践教学最经典的文献之一。

排名第三的文献是（Seikkula-leino，J.，2010，*Perceived Learning Outcomes in Entrepreneurship Education*《创业教育的感知学习成果》）。该文旨在探讨个人的创业动机对其后续绩效水平的影响，并考虑学生团队行为的影响。其基本假设是内在和外在动机以及团队行为都影响了学习结果，而团队行为则缓和了动机和学习结果之间的关系。作者调查对比了117名学生参加了项目前和项目后的样本数据。首先，采用探索性因子分析来研究潜在变量。其次，对所提出的假设进行了层次线性回归分析。研究发现，内在动机对学习结果有负面影响，而外在动机则是积极的。然而，团队（特别是可用的资源）积极地缓和了内在动机和结果之间的关系。该论文对不同创业教育活动的评价和研究实践做出了贡献。由于该文的一些数据仅来自商学院学生，这一因素可能会导致结果出现偏差。此外，这篇论文依赖于对学习成果的自我评估，因为涉众评估是团队级别的度量。实际影响——创业教育课程的学生有不同形式的创业动机，而这往往会影响他们对学习成果的满意度。在创业课程中使用团队似乎会给那些具有低和高内在动机的学生带来更多积极的结果，尤其是对后者。最后，研究结果表明，在课程设计中需要更大的灵活性。该论文之所以能排到第三名，是因为其对创业教育教师也有较大的参考价值，比如它有助于理论理解创业学习成果如何受到学生动机和团队行为的影响。它在区分学习企业家精神的外在动机和内在动机方面做出了最初的贡献，并强调了通过团队行为获得的资源对学习成果的影响。这也说明了研究创业教育影响的广泛性，特别是当新企业的创建不是课程的直接目标时。

排名第四的文献是（Jones，B.，2010，*Enterprise Education as Oedagog*，《作为教育学的企业教育》）。作者试图从教育学的观点出发，提出对企业教育概念进行分析的最恰当的方法。认为企业教育须与创业教育区分开来，因为创业教育是关于创业和创业的新过程。企业教育是由经验性行为学习所支撑的，它可以在不同的教育阶段跨越一系列学科领域。作者研究发现：企业和创业教育往常被认为是合并的术语，对许多教育和商业社区来说，这意味着同样的事情。采用企业教育方法可以让学生对学习过程有更大的自主权。

排名第五的文献是（Sarasvathy，S.D.，2011，*Entrepreneurship as Method: Open Questions for an Entrepreneurial Future*《创业作为方法：创业未来的几个开放式问题》）。在这篇文章中，作者概述了一个具有煽动性的论点，即人类事务领域存在着一种类似于弗朗西斯·培根和其他人在自然领域中所阐述的科学方法的创业方法。然后，作者提出了一系列开放的问题，并相信这些问题将帮助未来的学者们阐明这种方法的内容和方法，使其能够在设计和实现社会经济目标的过程中发挥作用。接受这一观点至少要有一个规范性的含义，那就是不仅要向企业家传授创业精神，还要向所有人传授创业精神，这是一种必要的、有用的技能，也是对世界进行推理的重要方式。该文发表在创业理论与实践期刊 *Entrepre-*

neurship Theory & Practice 上，中介中心度排在所有共被引文献的第一位，说明在创业教育教师的知识图谱网络中起战略节点作用，作者提出的几个开放式问题为该领域的研究提供了非常有价值的参考。

（3）期刊共被引频次分析

为了进一步探析国外研究创业教育教师主要是哪几种期刊，Citespace 软件节点类型选期刊共被引，阈值选每年被引次数最多的前 10% 项，修剪方式（Pruning）选 Pathfinder 方式，结果如图 2—10 所示，频次按降序排名前十的依次是 *ENTREP THEORY PRACT*、*THESIS*、*J BUS VENTURING*、*EDUC TRAIN*、*ACAD MANAGE REV*、*J SMALL BUS MANAGE*、*ENTREPRENEURSHIP ED*、*ENTREP REGION DEV*、*J SMALL BUS ENTERP D*、*INT J ENTREP BEHAV R*。其中该领域顶级期刊创业学杂志 *J BUS VENTURING* 在图中以红点显示，即突变值（Burst）最高，为 6.93。代表这近年来该杂志对创业教育教师的关注在显著增加。

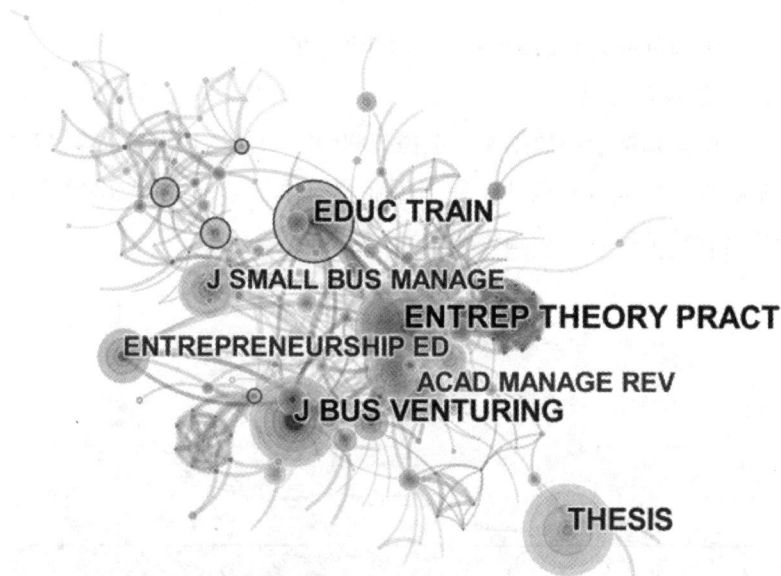

图 2—10　2000—2018 年国外"创业教育教师"共被引期刊知识图谱

（4）国家被引频次分析

对创业教育教师的研究，运用 CiteSpaceV 软件节点类型选国家，阈值选每年被引次数最多的前 10% 项，修剪方式（Pruning）选 Pathfinder 方式，结果如图 2—11 所示，频次按降序排名前 4 的依次是中国、西班牙、美国和芬兰。其中中国的突变值最高，为 6.02，其次是芬兰，值为 4.27，代表着这两个国家对创业教育教师的研究较为关注。尤其是中国近年来，因为传统制造业创新能力太低，政府迫切希望高校教师、学生更多来参与来提升，高校教师创业能力的相关研究亦日趋增多，具体情况见下面基于知网数据库对国内创业教育教师研究的分析。

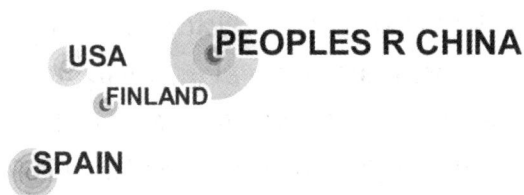

图 2—11　2000—2018 年国外"创业教育教师"国家节点知识图谱

二　国内创业教育教师研究知识图谱分析

1. 文献基本情况分析

基于中国知网全部数据库，选择 2000 年 1 月 1 日到 2017 年 12 月 31 日，主题为"创业教育教师"或"创业型教师"，共检索到 1249 篇文献。其每年发表量呈显著增长态势如图 2—12 所示。

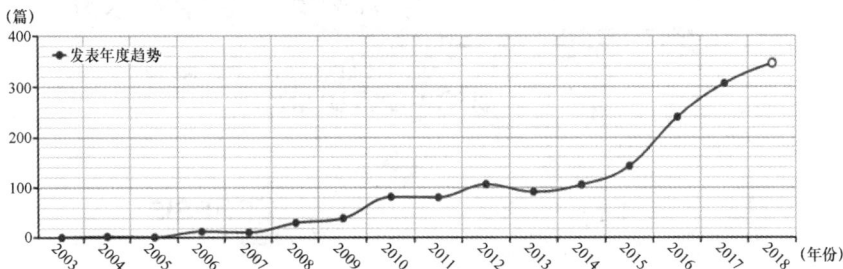

图 2—12　2003—2018 年国内"创业教育教师"知网发文量

2. 国内创业教育教师的研究热点分析

（1）关键词共现频次分析

关键词共现，即通过两两统计一组关键词在同一篇文献中出现的次数，在一定程度上能揭示某一领域学术研究的现状与趋势。因此，此处同样将节点类型选为关键词，而阈值选择每年被引次数最多的前10%项，共得到126个节点，252条连线（见图2—13）。根据图中的节点，可以看出，"创业教育"无可厚非是图中最大的节点，频次为449次，突变值和中介中心度也均排第一。其次是"创新创业教育"，频次为109，再次是"高职院校""高校""大学生""对策""师资队伍"等。其中与本书密切相关的"创业能力"一词频次为17次，排在第十四位，跟国外知识图谱类似，"创业能力"该关键词的中介中心度为0.23，也排在第四位，而中介中心度主要体现出这点的"媒介"能力，它可以发现在整个网络中起战略作用的点，这说明无论是国内还是国外的文献，研究创业教育教师的文献基本绕不过"创业能力"这个点，这也进一步证实了本书选题的价值所在。

图2—13 2000—2017年国内"创业教育教师"研究关键词共现图谱

（2）国内创业教育教师研究文献的知识基础分析

如上所述，知识基础由研究前沿的引文构成，是其时间映射。CiteSpaceV采用谱聚类的方法对共被引网络进行聚类，并按特定的抽词排序法则从引文的标题、摘要、关键词等中抽取术语，来作为共被引聚类的标识。据此，为探析国内"创业教育教师"的知识基础，对关键词共现图谱结果进行 T 聚类（即标题聚类）和自动抽词标识，得到图 2—14，并且共获得 12 个聚类。其自动标识显示为："大众创业""专业教育""创业教育""大学生创业""策略""创业型大学""创新创业""高校教师"等。说明国内研究创业教育教师的文献基本离不开"双创"背景、专业教育和创业教育的融合、创业型大学的教师转型、高校教师促进大学生创业等内容。

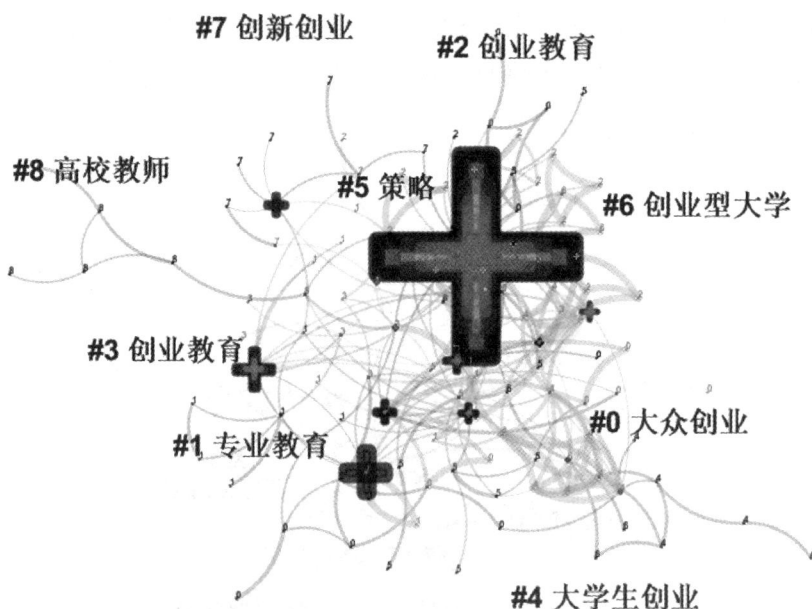

图 2—14　2000—2017 年国内"创业教育教师"研究 T 聚类图谱

3. 国内 8 种高影响期刊关于创业教育教师研究的知识图谱分析

为了更精准地把握国内创业教育教师研究的热点和知识动态，笔者选取了相关性较大的 8 种高影响的期刊："比较教育研究＋高等工程教育研究＋高等教育研究＋教育发展研究＋教育研究＋科学学研究＋科研管理＋中国高教研究"。时间截至 2018 年 7 月。主题同样为"创业教育教师"或者主题为"创业型教师"，共检索到 79 篇文献，总参考数 691，总被引数 2531，总下载数 119265，篇均参考数 8.75，篇均被引数 32.04，篇均下载数 1509.68，下载被引比 47.12。这一系列数据说明了这 79 篇文章确实为该领域的高影响力文章（见图 2—15）。

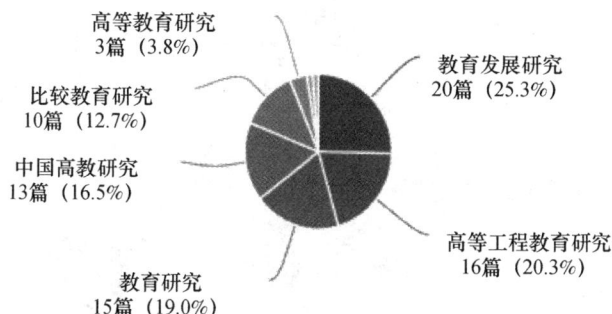

图 2—15　国内 8 种高影响期刊关于创业教育教师研究文献来源分布

（1）文献互引网络分析

顾明远、孟繁华的《国际教育新理念》，徐小洲、梅伟惠的《中国高校创业教育的发展难题与策略》，黄兆信的《论高校创业教育与专业教育的融合》、"岗位创业"等相关论文，以及朱晓芸、梅伟惠的《高校创业教育师资队伍建设困境》，王占仁的"广谱式创业教育"等相关论文是这 79 篇"创业教育教师"文章中相对影响力更高的文章。

（2）关键词共现网络分析

根据关键词共现网络分析，选择出现频次大于等于 5 次，我们可以得到图 2—16，可以看出创业教育教师的相关研究主要可以分两类：第一类主要是围绕着创业教育的主要要素展开，比如创业课程、创业文化、创业管理、创业实践、教育生态系统等。这些要素间相互紧密联系、相互影响，决定着学生的人才培养质量。而创业教育在全校范围内开展，并且在组织结构、领导、控制系统、人力资源和组织文化等具备一系列特征的高校才能称为创业型大学（Kirby, D. A., 2006）。第二类主要是创业教育的比较研究，比如美国高校创业教育经验、百森商学院、国外创业教育模式、创业教育体系等。

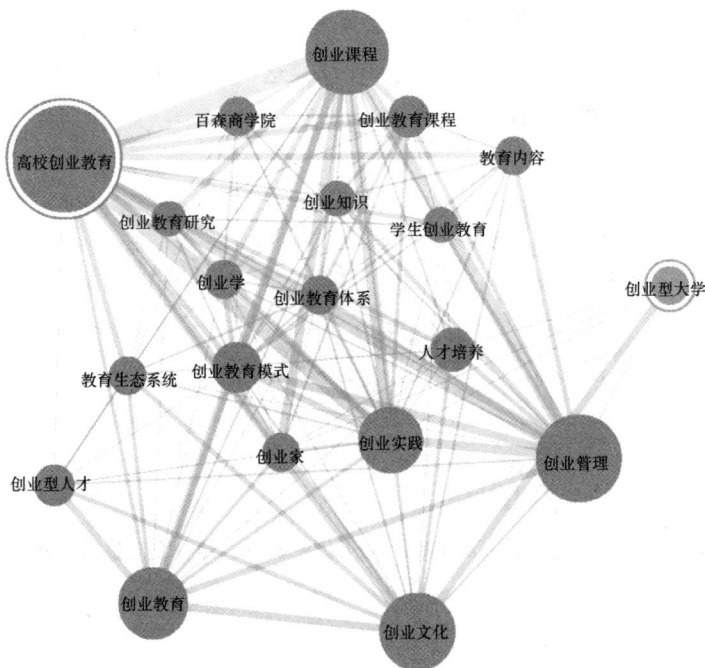

图 2—16　国内 8 种高影响期刊关于创业教育教师研究关键词共现网络分析

三　对本书的理论贡献

随着创业教育对师资需求的不断增加，越来越多的学者把注意力放到企业家身上，试图寻求教师与企业家的有效结合。托马斯（Thomas）和霍华德（Howard）于 2007 年发表《改变创业教育：寻找适合教学的企业家》一文，针对创业课程需求的增加和传统学术研究者的无效教学，为满足教学需要的新方法，需启动企业家训练和指导的方式改变大学教育的新政策。同年，亚利桑那大学的马修（Matthew）教授探讨了不同群体的教师参与创业教育的制度化模型的驱动因素，并揭示了创业的议程是面向教育，经济和社会输出，举例说明不同的学科和学术领域的研究是建立在创业精神和思维转换的效益之上。芬兰拉普兰塔理工大学的马库（Markku）、埃琳娜（Elena）等人发表《重新发现教师在创业教育中的作用》一文，强调了教师这一角色在创业教育中的重要性和挑战性，为了防止教师作用被弱化，教师也要不断加强创业知识方面的学习。

2011 年，安妮特·库斯（Anette Curth）基于对欧盟 8 个国家及包括澳大利亚、比利时在内的 181 个教师教育机构和 612 个教师教育项目的调查研究，得出了提高创业教育师资水平的四项策略——丰富教师自身的创业知识；提高教师的教学能力，处理好教学实践与创业研究之间的平衡；确保教师培训者的质量，以此来培养高质量的创业型教师；提高教师的创业素养，包括良好的职业态度和价值观。致力于创业行为和创业能力发展的凯伦·威廉姆斯（Karen L. Williams）在 2013 年发表的《重新审视学术创业》一文中同样提到了企业教育家这一概念，大学教师的角色不再是传统的教育研究者，而是正在向企业创建的推动者转变。2013 年 6 月，欧盟委员会下设的企业与工业总署和教育与文化总署启动了针对创业教育方向教师能力发展的跨国研究为创业教育的实践者提供了实际建议，并促使他们采取行动使自身具备更强的创业教育能力。综上所述，创业教育教师都要有较强的学术创业能力，国外学者提到的企业教育家、创业型教师等均在强调这一点。

国内创业教育的发展，对师资建设也提出了较高的要求。当前现有的大多数教师缺乏创业实践经验，而教师队伍中也缺乏知名企业家的参与。针对目前的师资要求，学者对此进行了分析。梅伟惠（2012）对于中国高校创业教育发展难题与策略的相关分析指出，"师资团队是创业教育发展的'引擎'"，他认为当前高校缺乏专兼职创业教师，并与美国进行了对比，强调了师资培育的重要性（梅伟惠、徐小洲，2009）。同时，他还在《创业人才培养新视域：全校性创业教育理论与实践》中提出，要完善全校性创业教育的教育者培养渠道，主张增加创业师资培训机会，并构建创业教育教师的发展平台（梅伟惠，2012）。黄兆信（2011）在《内创业者及其特质对我国高校创业教育的启示》中，通过分析内创业者的成长过程，提出内创业者的培养需要"既具有专业背景，能从事学术研究，又具有创新创业意识"的双师型师资队伍。施永川（2010）在《大学生创业教育面临的困境与对策》认为要想弥补大学生创业教育课程体系的不足，坚持"校内开发 + 请进来"的方法，建设一支双师型的师资队伍是十分必要的。

创业教育教师是本书的关键词，通过国内外文献的知识图谱分析，可以精准地把握该领域的研究热点，此部分的主要理论贡献如下。

（1）进一步明确创业教育教师的落脚点为"创业能力"。

（2）创业教育教师创业能力的提升是创业教育发展的关键或引擎。

（3）创业教育教师创业能力的提升受诸多因素影响，包括创业课程、创业文化、创业管理、创业实践、教育生态系统等。

第三节　学术创业理论述评

学术创业是与本书紧密对应的关键词，因为和创业教育、创业教育教师的创业能力密切相关。本部分因此特地综述之，也是本书重要的理论基础之一。

改革开放40年来，科技、教育和产业间需要越来越多更深层次和更有效率的互动，创业型大学、学术创业（Academic Entrepreneurship）和技术转移等继而成为重要的研究主题。国内一些大学如复旦大学、福州大学、南京工业大学、浙江农林大学等也相继提出要注重学术创业，建立创业型大学，然而对学术创业的定义仍是众说纷纭。笔者曾据 web of knowledge 网站检索，分析了2000—2012年国外关于学术创业的463篇（包括期刊和会议）文章，提出关于学术创业的文献呈逐年增长趋势，国外学者也开始注意到这个增长趋势，如马修·马尔斯（Mars，2010）基于国外五种核心教育期刊的文献用内容分析法对学术创业也进行了重新定义。因此本部分在综合最新的1978—2018年的国外学术创业文献和知识图谱分析的基础上，结合国内文献，以学术创业的概念、特征和影响因素为分析框架，继续探索学术创业研究新趋势。

一　近40年学术创业知识图谱分析

关于知识图谱软件 CiteSpaceV 软件的介绍前面已有述及，此处不再赘述。近几年运用该软件对学术创业相关领域进行分析的学者也越来越多。如朱晋伟（2015）基于国外 SSCI 的6000多篇创业研究文献，指出国外创业研究热点主要是创业模式、创业绩效、学术创业以及创业环境等。倪好（2018）则可视化分析了1998—2018年，即近20年国外创业教育研究的进展与热点与走向。还有很多学者从创业型大学、学术创业、技术转移等不同角度，用知识图谱软件进行了大量的分析。本书对创业型大学和学术创业的定义界定是有区别的，后面概念剖析中会详细提到。相对于"创业型大学"偏宏观层面的分析，本部分着重从更微观的层面揭示研究现状，对笔者更深入探索创业教育教师的创业能力有一定理论和实践意义。

（一）数据来源与处理步骤

本知识图谱分析所来源的数据是截至 2018 年 3 月 1 日，基于浙江大学图书馆的 Web of Science 数据库，主题选学术创业（academic entrepreneurship）或者学术创业者（academic entrepreneur）；时间跨度 = 1978—2018 年；数据库同样选择为 SCI-EXPANDED，SSCI，A&HCI，CPCI-S，CPCI-SSH，CCR-EXPANDED，IC。最终共获得 1978—2018 年的 1915 篇文献（包括会议、评论等）。这些样本文献中去除自引的被引频次总计24323 篇，去除自引的施引文献总计 13482 篇，每项平均引用次数 12.7次，H-index 值为 71。同时从下面的 1999—2018 年国外学术创业文献发表量图 2—17 中可以看见，文献在 2015 年时的数量也有爆发式增长，这个时间节点亦与中国政府提出的"双创"战略时间相吻合。

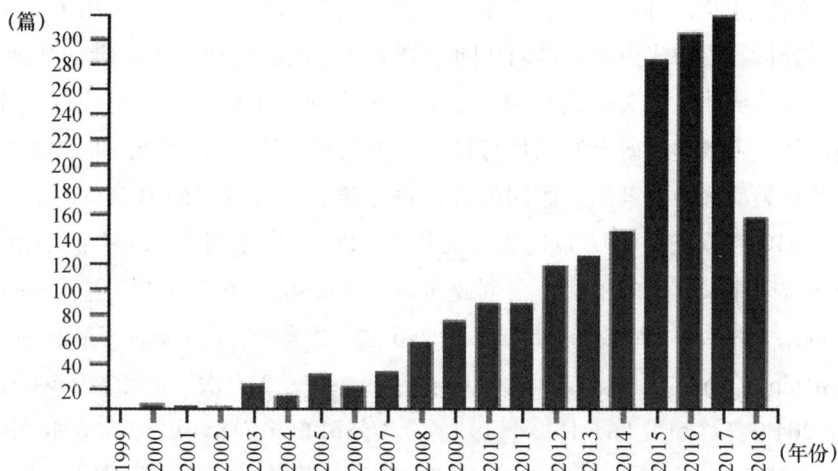

图 2—17 1999—2018 年国外学术创业文献发表量

注：1999 年之前研究文献不多，所以本图没显示。

分析所采用的工具是 CiteSpaceV 版本。处理程序如下。

第一步，数据的整理。由于 CiteSpaceV 软件对要求输入的样本文献格式有特定的要求。因此将 1915 篇文献保存为 TXT 文本格式，并以"download"开头命名，放在同一文件夹中。

第二步，时区分割。首先是样本文献时区的分割（Time slicing），本书所选取的时间跨度为 1 年，共 40 个分割区。知识图谱软件会自动对不同年限的文献进行分析。而样本文献术语的来源（Term Source）则全选标题、摘要、关键词等信息。

第三步，样本文献阈值的设定。CiteSpacV 软件共有四种阈值设定方法，可以根据不同的研究需要进行选取，有的选择每年被引次数最多的前 10% 项来设定阈值等。阈值的选择会影响知识图谱上节点显示的多少，可根据知识图谱的清晰度和研究需要自行选择。

第四步，运行软件。然后根据各种研究需要，选择节点类型（Node Types）以及修剪方式（Pruning），点 GO 并可视化。根据图谱进行分析解释。

（二）学术创业的研究热点分析

1. 关键词共现频次分析

前已述及，对某一领域的研究热点进行分析时，有学者采用关键词共现分析。两个或更多关键词在同一篇文献中同时出现称为关键词共现。通过两两统计一组关键词在同一篇文献中出现的次数，在一定程度上能揭示某一领域学术研究的现状与趋势（黄扬杰，2013）。因此，同样本书将节点类型选为关键词，而阈值选择每年被引次数最多的前 10% 项，共得到 310 个节点，1292 条连线（见图 2—18）。根据图 2—18 中的节点，频次按降序排前十的依次为"创业 entrepreneurship，697 次""创新 innovation，338 次""绩效 performance，276 次""学术创业 academic entrepreneurship，276 次""技术转移 technology transfer，211 次""大学 university，204 次""知识 knowledge，191 次""公司 firm，185 次""产业 industry，155 次""科学 science，135 次"。从这些关键词就可大致看出学术创业的主要相关内容：科技、教育、知识有着越来越紧密的联系；创新创业和技术转移更加注重绩效等内容。

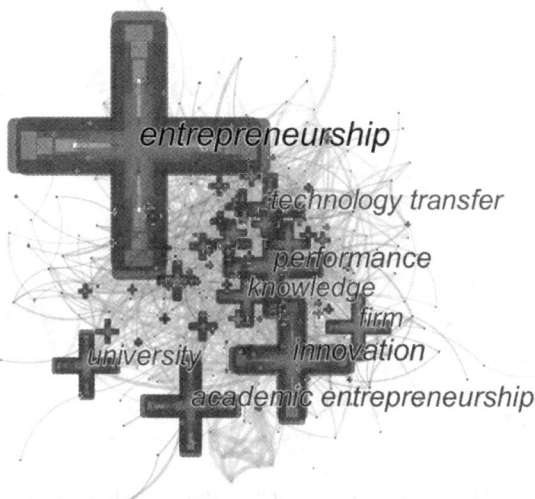

CiteSpace, v. 5.3.R3 (32-bit)
2018年8月13日 上午01时38分23秒
WoS: C:\Users\Administrator\Desktop\学术创业英文数据\学术创业\DATA
Timespan: 1978-2018 (Slice Length=1)
Selection Criteria: Top 10.0% per slice, up to 100, LRF=2, LBY=8, e=2.0
Network: N=310, E=1292 (Density=0.027)
Largest CC: 301 (97%)
Nodes Labeled: 6.0%
Pruning: Pathfinder

图 2—18 "学术创业"的关键词共现知识图谱（1978—2018 年）

2. 学术创业研究热点的知识基础

（1）基本情况扫描

探析某一领域的知识基础一般用文献共被引分析（Cited Reference）。但为更好探析其知识基础，有必要先扫描其基本情况，即依次把节点类型选择国家、期刊共被引（Cited Journal）、作者共被引（Cited Author）。阈值选择每年被引次数最多的前 10% 项，结果发现，国家方面被引频次（见被引国家节点图 2—19）前 5 名按高到低依次是美国（404 次）、英国（189 次）、西班牙（147 次）、意大利（96 次）、德国（79 次）。Burst 指标排名前两位的是美国（40. 97）、意大利（4. 15）。这种现象也与国内学者对各国的学术创业案例进行研究的比例相吻合，可能需更多地去研究西班牙和意大利等国的学术创业案例。我们印象中的传统欧洲高等教育强国德国近 40 年来在该领域的被引频次排到了第五位。

而期刊方面（见图 2—20），频次排名前十位的是《创业学杂志》（*J BUS VENTURING*）（796 次）、《政策研究》（*RES POLICY*）（792 次）、《创业理论和实践》（*ENTREP THEORY PRACT*）（674 次）、《学院管理评论》（*ACAD MANAGE REV*）（577 次）、《小企业经济》（*SMALL BUS ECON*）

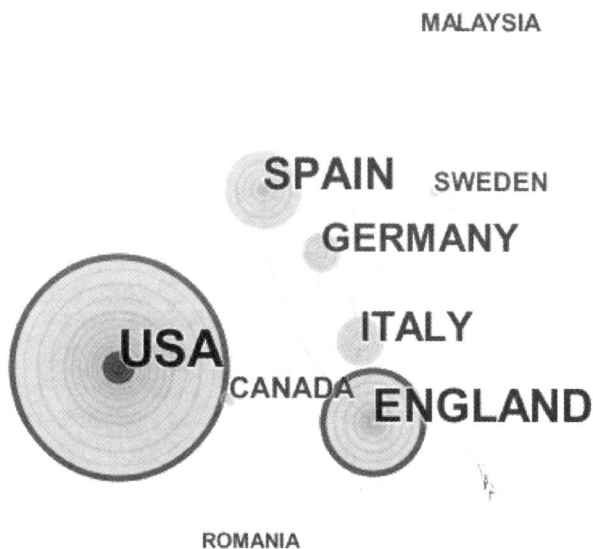

图2—19   "学术创业"节点类型为"被引国家"知识图谱

(1978—2018 年)

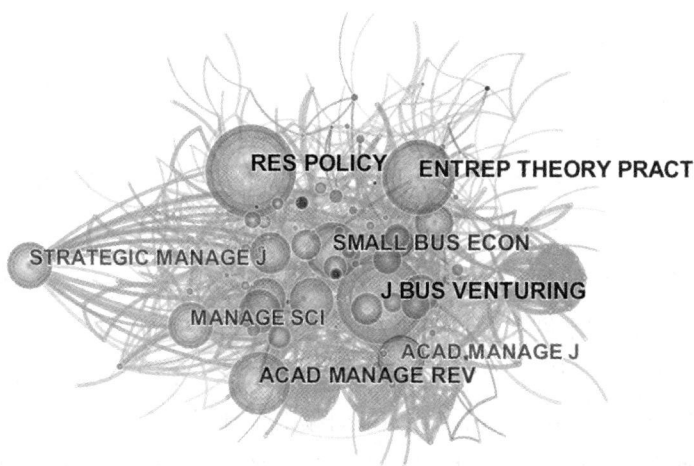

图2—20   "学术创业"节点类型为"共被引期刊"知识图谱

(1978—2018 年)

（542 次）、《管理科学》（*MANAGE SCI*）（459 次）、《学院管理杂志》
（*ACAD MANAGE J*）（427 次）、《战略管理杂志》（*STRATEGIC MANAGE J*）
（427 次）和《技术转移杂志》（*J TECHNOLOGY TRANSFE*）（423 次）。
这些都是研究"学术创业"领域必看的外文期刊。而按 Burst 指标排名前
三的是：《技术预测和社会变革》（*Technological Forecasting and Social
Change*）（17.03）、《英国管理杂志》（*British Journal of Management*）
（15.97）、《经济文献杂志》（*Journal of Economic Literature*）（14.31）。从
Burst 指标排名可以看以技术、社会、经济、管理相关主题的期刊，也已
开始普遍重视"学术创业"这一研究领域。

　　通过共被引期刊的分析，可以获得学术创业的核心学科资源。因此
在其基础上我们再进一步进行 K 聚类（关键词）分析，可以得到下面的
K 聚类图谱（见图 2—21）。说明学术创业的核心学科资源较关注的是创
业、社会创业、私有化、本土化学习、小企业绩效、技术转移、公司成
长、天生全球化等主题。

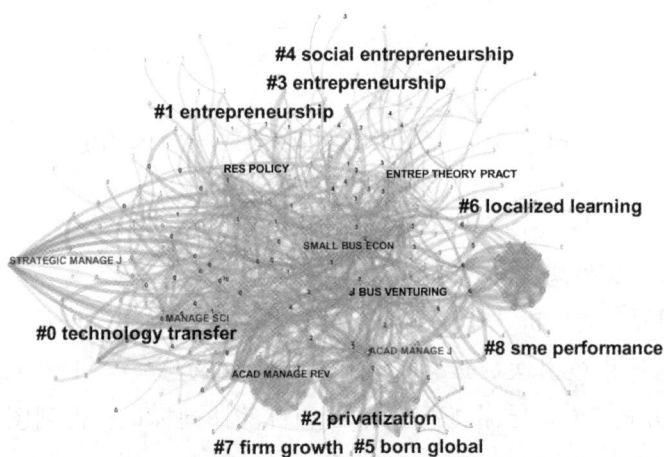

图 2—21　"学术创业"节点类型为"共被引期刊"
上的 K 聚类图谱（1978—2018 年）

以共被引作者为节点，我们可以获得学术创业领域的国外领军人员信息。按照频次降序排名前五的是"Scott Shane（486）"、"Henry Etzkowitz（364）"、"Siegel，DS.（253）"、"Audretsch，DB.（248）"、"Wright，M.（238）"。共被引作者方面的 Burst 指标排名第一的是"Perkmann，M.（17.05）"，其次是 Guerrero，M.、Grimaldi，R.、Abreu，M.、Fayolle，A. 等学者，要引起该领域研究者的关注（见图2—22）。

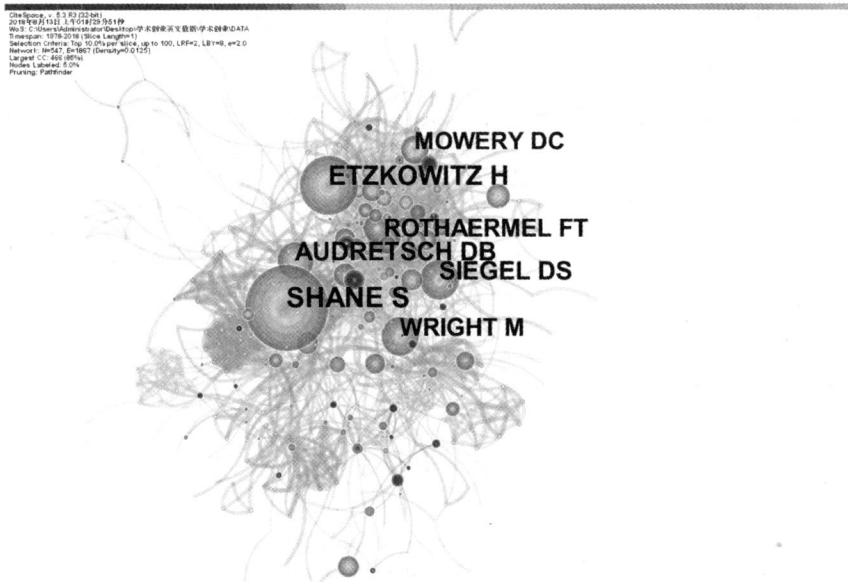

图2—22　"学术创业"节点类型为"共被引作者"
知识图谱（1978—2018 年）

（2）文献共被引分析

同样，为探析"学术创业"的知识基础，节点类型选文献共被引，阈值选每年被引次数最多的前10%项，修剪方式（Pruning）选 Pathfinder 方式，并对结果进行 K 聚类和自动抽词标识，得到图2—23。图中获得节点1080 个，连线2606 条，Modularity Q 指标为0.7585，Mean Silhouette 指标为0.1855，说明结果较好。图2—23 中共获得20 个聚类，和学术创业密切相关的有：创业教育、学术创业、学术资本主义、创业意向、大学衍生企业、国外学术科学家、大学质量、研究中心、人文学科等主题。说明至少以下三点：一是创业教育和学术创业有着密不可分的关系，也是本书以学术创业作为一个理论基础的原因；二是学术创业和大学的质量联系越来越紧密，尤其是改革开放 40 年来，中国提出的"双一流"建设战略更加离不开学术创业的相关内容；三是学术创业本身的一些影响因素研究一直是该领域的热点，如衍生企业、学术资本主义、创业意向等。

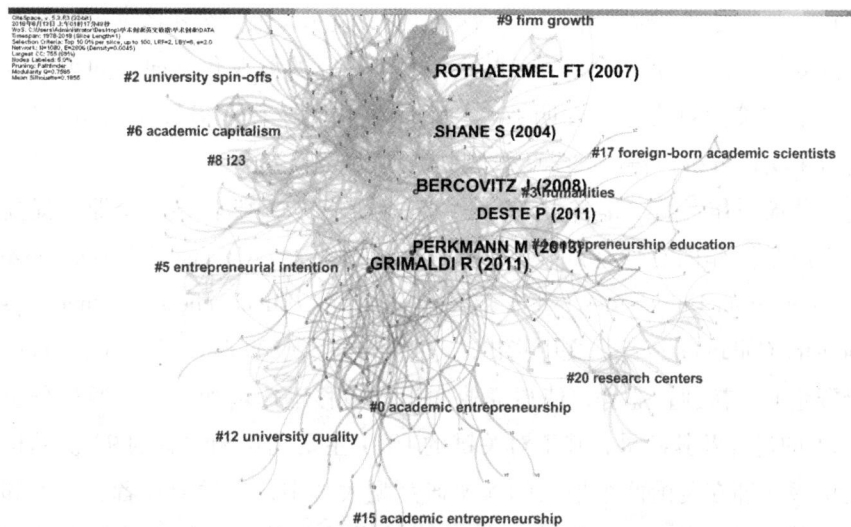

图 2—23　"学术创业"节点类型为"文献共被引"

K 聚类图谱（1978—2018 年）

（3）关键文献内容解读

CiteSpaceV 的聚类和自动标引是对整体文章进行自动抽取，能客观地、全面地映射研究热点，但是也存在过于具体化的缺点。因此进一步考察知识图谱中的一些经典文献有助于更深入把握"学术创业"的知识基础。Etzkowitz H 作为三螺旋理论和创业型大学理论的奠基人自不必多说。再如代表学者 Shane，S.，著作颇丰，其在 2004 年著作《学术创业：大学衍生企业和财富创造》（*Academic Entrepreneurship：University Spinoffs and Wealth Creation*）是该领域必读作品，在 Google 学术搜索的引用次数目前达 1880 多次（截至 2018 年 3 月），书中定义了 University Spinoffs（准企业）的概念：由学者或学生创造的在学术机构里面的用来开发知识产权的新公司。并全面研究了 TTO 的特征、制度环境（地理）、技术转移类型、大学文化、产业特征（生物医学）、学者角色、形成过程等与 Spin-offs 形成率的关系（Shane，2004）。其本人在 2009 年获得了全球创业研究奖（the Global Award for Entrepreneurship Research），在创业领域发表了很多优秀的文章。Di Gregorio & Shane（2003）的《为什么一些大学产生更多的初创公司》（*Why do Some Universities Generate More Start-ups Than Others?*）也是和 Shane 合著的，文中以学校技术认证办公室的新创企业率为因变量，以风险资本的可获得性、大学研究的商业化导向、知识卓越和大学政策为自变量，发明数、TTO 职员数、经费、年数为控制变量，进行了实证分析，得出大学政策是关键因素的结论。

共被引作者频次排名第三的是《商业知识从大学转移到企业：提高大学产学协作的有效性》（Siegel，DS.，2003，"Commercial Knowledge Transfers from Universities to Firms：Improving the Effectiveness of University-industry Collaboration"）文中指出产学技术转让（UITT），通过许可协议、合资企业和初创企业等，使得商业知识的转移迅速增加。因此通过分析 UITT 的过程及其结果，基于对关键的 UITT 主要利益相关者的 98 次结构化访谈（即在美国两个地区的 5 所研究型大学中，大学管理者、学术和行业科学家、企业经理和企业家），作者得出结论，这些利益相关者对 UITT 的期望产出有不同的看法。更重要的是，作者发现了许多 UITT 的障碍，包括文化冲突、官僚缺乏灵活性、设计不当的奖励系统以及对大学技术转移办公室（TTOs）的无效管理。作者最后还提出了大量的建议。频次排名第四的学者是 David B. Audretsch，他是美国印第安纳大学发展战略研究所教授，他参与编著的《创业研究手册：跨学科调查和介绍（关于创业的国际手册系列）》（Acs，Z. J.，Audretsch，D. B.，2003）以及关于创业政策和大学溢出效应（Audretsch，D. B.，Lehmann，E. E.，Warning，S.，2003）等领域的研究均有较高的影响力。

而共被引作者中 Burst 指标排名第一的是（Perkmann，M.，2013，"Academic Engagement and Commercialisation：A Review of the Literature on University-industry Relations"，《学术参与和商业化：对大学产业关系文献的回顾》）文中指出大量的工作强调了合作研究、合同研究、咨询和非正

式关系对大学产业知识转移的重要性。作者对学术科学家参与这些活动的研究进行了系统的回顾，并称之为学术参与。除了从研究中提取出可归纳的发现之外，作者研究了学术参与度与商业化的不同之处，即知识产权创造和学术创业。作者确定了学术参与的个体、组织和制度的前因和后果，然后将这些发现与商业化的前因和后果进行比较。除了更广泛的实践之外，学术交流与商业化截然不同，因为它与传统的学术研究活动紧密相连，并由学者们寻求资源来支持他们的研究议程。作者提出三点结论是：确定未来的研究需求、改进方法和政策干预。该文献的突变说明了学术参与的相关研究随着学术创业研究的兴起而兴起。而文中关于学术参与个体的前因和后果为本书后续关于创业教育教师创业能力的研究提供了重要的文献基础。

此外还有一些学者如 Zucker & Darby（1998）的《知识产权人力资本与美国生物科技企业的诞生》（*Intellectual Human Capital and the Birth of U. S. Biotechnology Enterprises*），描述了知识产权人力资本与美国生物技术企业诞生间的关系，提出了明星科学家在哪里、何时出课题是企业在哪里、何时进入美国生物技术行业的关键影响因素。其中 Frank T. Rothaermel 在 2006 年发表《大学创业：文献的分类法》（*University Entrepreneurship：a Taxonomy of the Literature*）则是非常系统详尽的文献综述（Rothaermel, F. T., Agung, S. D., Jiang, L., 2006），亦是该领域必读之作。

（4）知识图谱分析小结

本部分运用 CiteSpaceV 对 1978—2018 年，即近 40 年来的"学术创业"领域的文献进行了研究热点和知识基础的知识图谱分析，有助于快速便捷地把握其研究现状，同时对该领域关键点、经典文献作了简要说明，为后续分析提供了直接、客观的切入点。

二　学术创业的概念界定

（一）学术创业与创业型大学、技术转移

学术创业（AE）与创业型大学（EU）既有联系又有区别。埃兹科维茨认为 EU 是经常得到政府政策鼓励的大学，其构成人员从知识中收获资金的兴趣使得学术机构的精神在实质上更接近公司（Etzkowitz, 1998）。伯顿·克拉克认为 EU 是凭它自己的力量，如何在它的事业中创新，并寻求在组织特性上有实质性的转变，以便为将来取得更好的发展态势（伯顿·克拉克，王承绪译，2003）。王雁认为 EU 是具有"企业家精神"的研究型大学，其三大功能即教学、研究和创业是三位一体的完整体系，与传统研究型大学相比，创业型大学具有环境敏感的组织范式与内外协调的运行机制（王雁，2011）。邹晓东（2011）等通过对创业型大学的两种不同研究路径的分析，提出了变革式和引领式两种不同内涵：第一种是克拉克提出的为了应对环境变化而实施变革的"革新式"大学，以英国的沃里克大学为例；第二种是埃兹科维茨关注的以知识转移和学术创业为特征的"引领式"大学，以美国的麻省理工学院为例。

基于上述学者们对创业型大学内涵的界定，可见创业型大学的概念比学术创业更宽泛，包含了学术创业。卡比（Kirby，2006）认为创业型大学的概念比学术创业和技术转移的概念都要广，因为创业型大学还包括组织结构、领导、控制系统、人力资源和组织文化等一系列特征。布伦南和麦高文（Brennan & McGowan，2006）认为学术创业的过程和活动既是嵌在大学系统内部的，与大学外部也有密切的联系。因此只有在全校大范围地实行学术创业的大学才能称为创业型大学，而大学的创业水平高低也可以通过学术创业的层次或范围来衡量和比较。

赖特和伯利等（Wright & Birley et al.，2004）认为大学技术转移（UTT）是基于大学所开发的技术或发明逐渐商业化的过程。林克和西格尔（Link & Siegel，2005）认为大学技术转移有正式机制（授予专利、大学许可、战略联盟、合资企业和衍生企业等）和非正式的机制（知识转移、顾问咨询和联合出版）。之前国内外的不少研究将学术创业与技术转移、衍生企业等概念等同。Brennan & McGowan（2006）认为学术创业是个宽泛的概念，不仅包括诞生新的组织、衍生企业等，还包括大学系统内部的战略更新、转型和创新。因此并不是所有学术创业的活动和过程都会导致技术转移，学术创业的类型有很多种。尤索夫（Yusof，2010）认为技术转移、技术商业化、发明的认证许可、衍生企业等都是学术创业的一种，越是鼓励和重视学术创业的大学，其技术转移的数量也将越高。石变梅、陈劲（2011）通过对美国史蒂文斯理工学院（SIT）的 AE 模式的剖析，提出学术创业和传统的技术转移有所不同，比如在该模式中，学术创业是学术价值的核心。大学的科学研究，人才培养、学术创业三者间相互作用、相互促进，从而实现可持续的循环与创新。

综上所述，创业型大学的概念要宽于学术创业，而学术创业内涵又宽于大学技术转移，同时三者之间又紧密联系。创业型大学是一所大学通过组织和运作学术创业活动（包括技术转移）来从战略上适应创业型的理念。这些创业活动不仅有助于大学内部的组织和个体成长以及财富的创造，也会影响大学外部的环境和经济发展（Yusof，2010）。

（二）学术创业的三种概念

不同学者给学术创业给出了不同的定义，如埃茨科威兹（Etzkowitz，2003）认为学术创业既是内源性的，因为研究型大学内部的研究团队具备了类似企业的品质；也是外源性的，因为基于大学的发明创造必然会部分受到外部的影响。国内李华晶认为学术创业从狭义上理解，主要指学者或学术组织参与商业创业活动；而广义上的学者的创业行为还包括对学术生涯的创业型管理，如创建一个新的研究领域或机构。这种创业活动既有学术组织内部的，亦有与外部机构（如企业和政府）之间的联系，是一个动态的创业系统。同时她还提出了学术创业的两种概念界定：侧重于创业导向和侧重于学术导向（李华晶，2011）。总的来说，学者们对学术创业定义可以概括为以下三种。

1. 侧重学术的学术创业概念

这种界定强调学术、学术组织或学者在创业中的主体地位，更关注的是大学的内部。如克里斯曼（Chrisman，1995）通过对加拿大卡尔加里大学的分析提出学术创业是大学内部任何机构创造企业的活动。格拉斯曼（Glassman，2003）认为是大学内的每一个职员追求各种机会来改进他们的单位、学院或大学的活动，他还提出个体学者、项目经理、系主任和教务长等可以通过创造机会、培育机会识别能力、获取资源和建立文化来支持大学的创业活动。谢伊（Shea，2004）认为学术创业是一个涵盖性术语，大学和其产业伙伴为了学术研究能够产业化而进行的努力和活动，其前提条件是大学内部有大量的科学研究，并且其中一部分有商业化的潜力。还有些学者指出学术创业的关键是大学扮演着创业活动的催化剂和创收机构。

2. 侧重创业的学术创业概念

这种界定强调创业（entrepreneurship）、商业化的结果等，更关注大学的外部。比较有代表性的如路易斯和布卢门撒尔等（Louis & Blumenthal et al.，1989）通过对生命科学学科学者的调查提出学术创业了五种类型：参与外部资助的研究、赚取额外的收入、为大学研究获得产业支持、获得专利或产生商业机密、商业化。又如克罗弗斯特和琼斯（Klofsten & Jones-Evans，2000）认为学术创业是大学正常的研究和教学职能外的所有商业化的活动。此外还有如李华晶所指的"科学转向追求利润的过程"等，以及一些大学校长所提到的"大学的另一条腿不宜伸得太长"即基于这概念。

3. 学术和创业平衡的学术创业概念

之所以会有上述两种区分，我们认为主要是因为界定者的身份和出发点有所不同，大学管理者、教授等更偏向于第一种，认为创业是提升学术的一种途径，最终要服务于学术，注重学术成果。而企业家、实践家等更偏向于第二种界定，认为学术、知识应该服务于创业，最终要形成商业化的结果，赚取额外利润。

但随着大学和产业界越来越紧密的联系与合作，因此第三种界定将上述两种概念集成（黄扬杰，邹晓东，2013）。如埃兹科维茨对学术创业的内源性和外源性界定。还有如 Brennan & McGowan（2006）认为学术创业是大学内部和外部的组织创造、创新和战略的更新。Czarnitzki（2010）通过对美国国家卫生研究院的生物科学家进行实证分析，探讨学术创业者的学术研究和创业能否取得平衡，最后得出这些科学家若追求在私人部门的创业，他们的学术产量将下降，而当这些科学家重新返回学术时，他们的产量也将不如从前。揭示了学术和创业的矛盾性，从侧面反映了学术和创业集成与平衡的重要性。Van Looy & Ranga et al.（2004）针对创业和科学相互干扰的怀疑，基于不同的学科（14 个学科组织，其中 8 个为应用学科），在比利时的大学里进行了实证，结果发现两者会相互促进，并随着资源的增加会出现马太效应，而两者的平衡主要取决于政策的制定。如上所述，因此如何平衡学术和创业是研究创业教育教师创业能力的重要课题之一。

三　学术创业的主要特征

基于上述对学术创业概念的界定，在这众多概念之中，学术创业究竟又有何特征，可主要概括为以下三点。

1. 多样性

学术创业的活动形式多种多样，如上述学者（Louis & Blumenthal et al.，1989）提到的五种类型，李华晶（2009）基于不同的创业导向提出学术创业的三种类型：内向型（主体是指学术组织内部主要从事基础科学研究的学者）、外向型（追求具有潜在的或具体市场价值的创新活动）和中间型（通过机构间的合作进行创新），并且指出学术创业的实践形式主要有两种：衍生企业和技术许可。学者伍德（Wood，2009）也认为这是大学学术创业常见的两种组织形式，衍生企业形式有较高的资产专用性和较高的风险，技术许可则资产专用性较低，风险也相对较低，他通过交易成本理论，得出学术创业选择哪种形式取决于交易费用的大小和创新的属性。

Klofsten & Jones-Evans（2000）将学术创业活动形式划分最为详细，从活动的硬性到软性分为：科技园、衍生企业、专利和许可、合同研究、产业培训课程、顾问咨询、筹资、学术出版和培养高质量的本科生，硬活动多指有形产出，与大学传统也较不相容，而软活动则相反。Philpott（2011）认为过去典型的创业型大学多追求硬活动，而对软活动则关注较少，这导致了在一定程度上，将创业型大学等同于技术转移或衍生企业，他指出尽管硬活动很重要，但软活动也不可忽视，如在 MIT 专利的比重仅占知识转移的 10%，因此成熟的创业型大学应该追求软硬结合，且早期阶段适合追求软的，大学管理者也应该注重能培育全校都能用的创业活动，而不是仅仅供个别部门使用。科恩（Cohen，2002）也认为大学转移知识最好的方式是软活动。Hussler & Piccard et al.（2010）通过对意大利、德国和中国三国的学术创业进行比较，指出没有最佳的形式。因此不同国家背景的大学创业活动应有所差异，同时大学应忽略活动的类型，而更关注其是否能提高经济发展的效益。

2. 层次性

学术创业可分为国家/区域/大学、机构/学科、个人等层次。Brennan & McGowan（2006）将学术创业分为五个层次：创业系统、大学、学术组织、实践社区、学者个人。Mars（2010）通过对国外五种核心高等教育期刊做内容分析法，指出其中关键的 44 篇文献中对学术创业的研究层次集中在国家/区域、机构和学科，对个体层次研究的较少，他还指出亚洲、欧洲和拉丁美洲文献多关注国家/区域/大学层次的系统变革，而美国、澳大利亚和加拿大则关注机构层次，如大学的技术转移和知识商业化活动，而在个体层次，经济管理文献中提到的认知和人际关系、风险容忍和创业经验等因素在教育类文献中较少提到。

在关于大学、机构层次的学术创业文献中，Rothaermel & Agung（2007）通过对文献的分类，围绕着创业研究型大学、知识转移办公室的生产力、新公司的创造和网络创新的环境背景四个主题进行非常详细系统的分类描述。图奈宁等（Tuunainen & Knuuttila，2009）指出相对于广义的角度，检查各部门层次（departmental level）的创业范式更有助于揭示创业的复杂性和矛盾。Clarysse（2011）则以个体层次的创业能力（机会捕捉等）、创业经验（参与或自创）；机构层次的 TTO 的建立和效率；和大学层次的社会环境（学校的衍生企业）为自变量，通过 COX 回归模型得出个体层次的属性和经验是影响学术创业最关键的因素，社会环境的影响要次于个体层次，而 TTO 起间接作用。Philpott（2011）也指出大学要提高创业产出，大学的管理者要更加关注个体层次，因此大学要克服缺乏创业楷模、缺乏统一的创业文化、学术晋升过程对创业努力之影响的三大障碍。

3. 动态性

学术创业具有动态过程性。弗里德曼和西尔贝曼（Friedman & Silberman，2003）认为学术创业不是单一事件，而是由一系列事件组成的动态过程。Brennan & McGowan（2006）指出基于知识学术创业的过程可分为：优势的寻求、创新的寻求、机会的寻求，以大学层次为例，其优势来自知识创造，其创新通过知识的生产，其机会寻求通过创业型大学，其知识类型则是内嵌于大学之中。Wood（2011）指出学术创业可划分为四个阶段：创新披露和知识产权保护阶段、意识和获取产业合伙阶段、商业化机制选择阶段（技术认证许可、创造衍生企业、驱动机制选择）、商业化阶段。因此通过对学术创业动态过程各阶段的划分，有助于识别不同阶段的创业活动、创业主体、障碍困难、关键影响因素等，从而提高学术创业的绩效。

四 学术创业绩效的影响因素

由于学术创业概念的多样性和复杂性,学术创业绩效的影响因素也难以细致划分,但从整体上考虑其影响因素,有助于我们更系统全面地把握。

1. 基于多样性的学术创业影响因素。如学术创业的活动有硬活动和软活动之分,每种形式的影响因素均不一样。如有学者指出人文和社会科学更适合软活动。再以大学衍生企业为例,易高峰(2010)从多角度构建了母体大学可能影响衍生企业发展的13个因素,提出影响最明显的是R&D成果应用及科技服务经费、大学科技成果专利授权数、科技投入总经费等因素。由于形式多样,有大量的文献直接对其具体表现形式,如衍生企业或技术转移等进行深入细致地研究,此处不再赘述。本书关注点为在这些多样性的影响因素中寻找适合创业教育教师创业能力提升的影响因素。

2. 基于层次性的学术创业影响因素。不同层次的影响因素也各不相同,如Van Looy(2011)在研究欧洲大学层次的创业绩效时,以科学生产率和转移机制、研发强度、TTO、大学的规模、大学现有学科的幅度等为影响因素。而学者对个体层次的研究,则关注创业能力、创业机会识别、创业经验等因素。在机构层次上,又更多地考虑TTO的规模、TTO有无和大学组织结构等因素。此外还包括区域产业结构特征、大学知识产权政策等宏观环境因素。从最新趋势来看研究个体层次的文献正在逐年增加。

3. 基于动态性的学术创业绩效影响因素。对学术创业各个阶段进行细分就是为了能更好地识别各阶段的关键影响因素。如在创新披露和知识产权保护阶段,TTO起着非常关键的作用,而在意识形成和产业伙伴获取阶段,个体的创业经验或者学校的创业楷模将是关键因素。此外机构的领导力、使命目标、大学文化、学科的规模和分布、跨学科研究中心、创业激励机制、学者的水平、创业网络、创业计划等也是学术创业各阶段均要考虑的因素。而对于个体层次的创业能力,关键是要控制好个体的年龄、水平等人口学变量才能更有效地研究其主要影响因素。

学术创业是一个整体概念,现在普遍认为不仅包括大学内部各层次活动，还包括大学与外部机构的各种联系合作，同时都强调要注意学术和创业的平衡。对概念较清晰的分类和界定有助于进一步对学术创业各种形式、各层次、各阶段的深入分析，对中国大学各层次进行学术创业活动也有较好的启示。在对学术创业特征的分析上，基于文献总结出多样性、层次性和动态性，并指出不同背景的大学创业活动应有所差异，要注重硬活动和软活动的平衡，同时学术创业应尽量忽略活动的类型，而把关注点放在是否能提高经济发展的整体效益，且要更关注长期目标，而非短期的财政目标。由于学术创业的影响因素非常复杂多样，从三个特征出发，本书较简单地概括了一些主要影响因素。从发展趋势来看，这些因素不断综合又不断深入分化，衍生出创业型大学、技术转移、衍生企业等各种主题。

五　对本书的理论贡献

回顾上述国内外文献，按照 Brennan & McGowan（2006）的观点，对学术创业的研究可以从不同的五个层次展开，当前对大学层次、个人层次的研究偏多，相应的即以"创业型大学""学者企业家"等相关研究为典型亦较成熟，这为本书后续的研究提供重要的理论研究。

要厘清什么是学术创业（AE），首先还得辨别学术和创业。高文兵（2006）认为对大学使用"学术"一词，在西方文献中常是对学校教学、科研的总称，并非仅指科学研究这一个方面，这和国内对"学术"一词的习惯用法有差异，我们常把"学术"理解为学科建设水平、师资队伍水平、科研成果水平等几个方面。例如 2005 年牛津大学的学术计划——绿皮书中对学术界定包括三方面：研究、教学、人事。而博耶（1990）对"学术"的分类：探究的学术（Discovery）、应用的学术（Application）、教学的学术（Teaching）以及整合的学术（Integration），四个方面为不可分割的整体，他所指的"学术"的英文是"scholarship"，若按照这思路，学术创业将有四种模式。综上，本书对学术的界定主要是指科学研究和人才培养，学术创业是指科学研究、人才培养、创业三者相互影响、相互促进并良性循环的过程。

而创业（entrepreneurship）一词也有很多翻译：创业、创业（能）力、创业主义、创业精神家等。美国 SIT 的校长 Dr. Harold 所提的 AE 在台湾翻译成学术创业主义，被认为是一种价值观："学术创业主义是一种新的核心价值，愿意投入创新并有勇气承担风险，是的，你还是和同僚在相同的期刊上发表课题，但你有勇气和热情去尝试，看看你的研究成果能否为更广大的社会层面带来利益，实践和奉献源于热情。"本书认为学术和创业集成的学术创业概念是普遍认可的定义，认为高校创业教育教师的创业能力本质上是学术创业力。

基于此界定，本书对创业教育教师的创业能力界定亦不仅仅是指创业，而是广义上的创业的态度、知识和技能的综合。

第四节　创业能力理论述评

一　近 10 年创业能力研究的知识图谱分析

关于国外创业能力文献的知识图谱分析所来源的数据是截至 2018 年 3 月 1 日，基于 ISI 网站的 Web of Science 数据库，主题选 entrepreneurial competence 或者 capacity of entrepreneurship；时间跨度为 2008—2018 年；数据库选 SCI-EXPANDED，SSCI，A&HCI，CPCI-S，CPCI-SSH，CCR-EX-PANDED，IC。最终共获得 2008—2018 年的 780 篇文献（包括会议、评论等）。这些文献中去除自引的被引频次总计 10957 篇，去除自引的施引文献总计 9006 篇，每项平均引用次数 14.67 次，H-index 值为 54。近 10 年来国外关于创业能力的文献也是呈逐渐增加趋势。

分析所采用的工具同样是 CiteSpaceV 版本。处理步骤如下：

首先，数据的整理。由于 CiteSpace 软件要求输入的文献格式主要为 ISI 中文献的文本格式。因此将 780 篇文献保存为 TXT 文本格式，并以 "download" 开头命名，放在同一文件夹中。

其次，时区分割。先是时区的分割（Time slicing），本书所选取的时间跨度为 1 年，共 10 个分割区。而术语的来源（Term Source）则全选标题、摘要、关键词等信息。

再次，阈值的设定。CiteSpace 软件共有四种阈值设定方法，可以根据不同的研究需要进行选取，本次选择每年被引次数最多的前 50 项。

最后，运行软件。根据各种研究需要，选择节点类型（Node Types）以及修剪方式（Pruning），点 GO 并可视化。

1. 关键词共现和被引国家频次分析

同样，将节点类型选为关键词，而阈值选择每年被引次数最多的前50项，共得到 410 个节点，1438 条连线（见图 2—24）。根据图中的节点，可以看出，"创业（entrepreneurship）"同样是图中最大的节点，频次为 281 次，其次是"吸收学习能力（absorptive capacity），频次为 224次"，最后是"创新（innovation），频次为 189"，"绩效（performance），频次为 179"和"观点（Perspective），频次为 105"。这里可以看出，吸收学习能力和创业能力有密切的关系。根据后续的共被引文献、作者、期刊等信息我们可以进一步把握两者间的关系，这对本书后续创业能力的构成维度研究有重要的参考价值。而根据突变值指标，发现排名前二的两个词是集群（cluster）和个性（personality），可见对个体层次创业能力的相关研究越来越关注个性对其的影响。

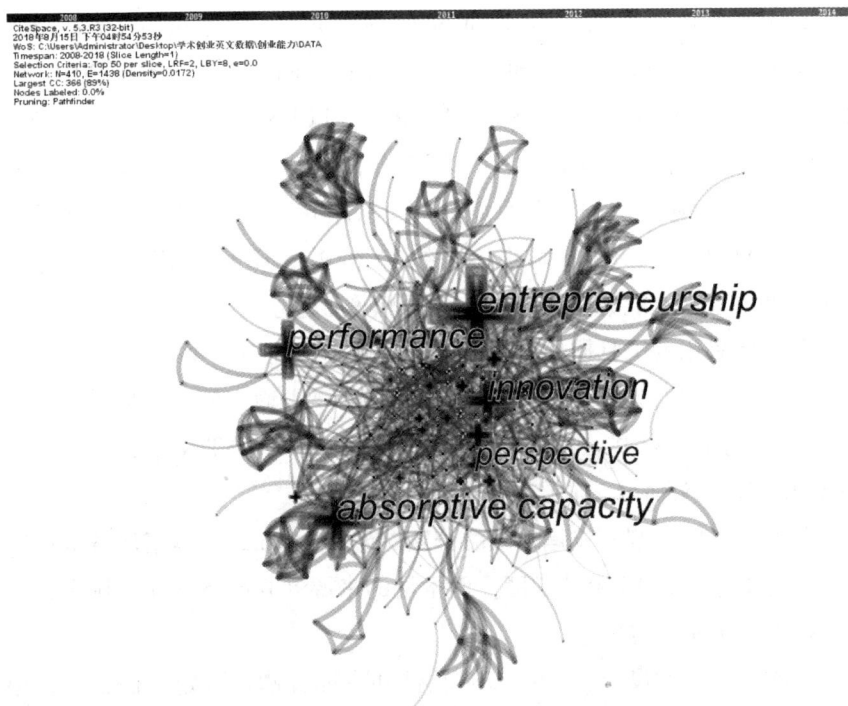

图 2—24　2008—2018 年国外"创业能力"研究关键词共现图谱

进一步将节点类型选为国家，发现按频次降序依次是美国、英国、西班牙和荷兰。这与对"创业教育"研究文献的知识图谱分析的结果比较接近，值得一提的是突变值排第一位的是荷兰，时间年限在 2008 年前后，相关学者应多关注荷兰的相关案例。

2. "创业能力"研究的知识基础和核心学科资源分析

（1）"创业能力"研究的知识基础

前已述及，探析创业能力的知识基础，需把节点类型选文献共被引，阈值选每年被引次数最多的前 50 项，修剪方式（Pruning）选 Pathfinder 方式。获得节点 1931 个，连线 2236 条。其最主要的几篇共被引文献如图 2—25 所示。其中频次排名第一的是 Rauch，A.，他于 2010 年的文章，Entrepreneurial Orientation and Business Performance：An Assessment of Past Research and Suggestions for the Future《创业导向和企业绩效：评估过去的研究和对未来的建议》（Rauch，A.，Wiklund，J.，Lumpkin，G. T.，et al.，2010）中提出：创业导向（EO）得到了大量的概念和经验的关注，这是创业研究中为数不多的领域之一，在那里积累了大量的知识。因此，记录、审查和评估关于 EO 和业务绩效之间关系的累积知识的时机已经成熟。除了定性评估之外，作者还进行了一项荟萃分析，探讨了 EO – 绩效关系的重要性，并评估了影响这一关系的潜在调节者。通过对 51 个研究的 53 个样本进行了分析，其中有 14259 家公司的研究表明，EO 与绩效的相关性相当大（r = 0.242），而且这种关系对关键构念和文化环境的不同运作有着很强的影响。值得一提的是在这 780 篇文献中，单被引频次最高的是 Stam，Wouter；Elfring，Tom（2008）的"Entrepreneurial Orientation and New Venture Performance：The Moderating Role of Intra-and Extraindustry Social Capital《创业导向和新企业绩效：内部和外部产业社会资本的调节作用》"（Stam，W.，Elfring，T.，2008），研究的也是创业导向领域。

而排名第二的共被引文献是著名的动态能力研究专家 Teece，D. J. 的相关成果，比如 Dynamic Capability and Strategic Management《动态能力和战略管理》（Teece，D. J.，2009）。Teece 为代表的学者提出了"动态能力观"：企业在面对变化的市场环境时，能够快速整合、建立和重构其内外部资源技能和能力，迅速形成新的竞争优势（Augier，M.，Teece，

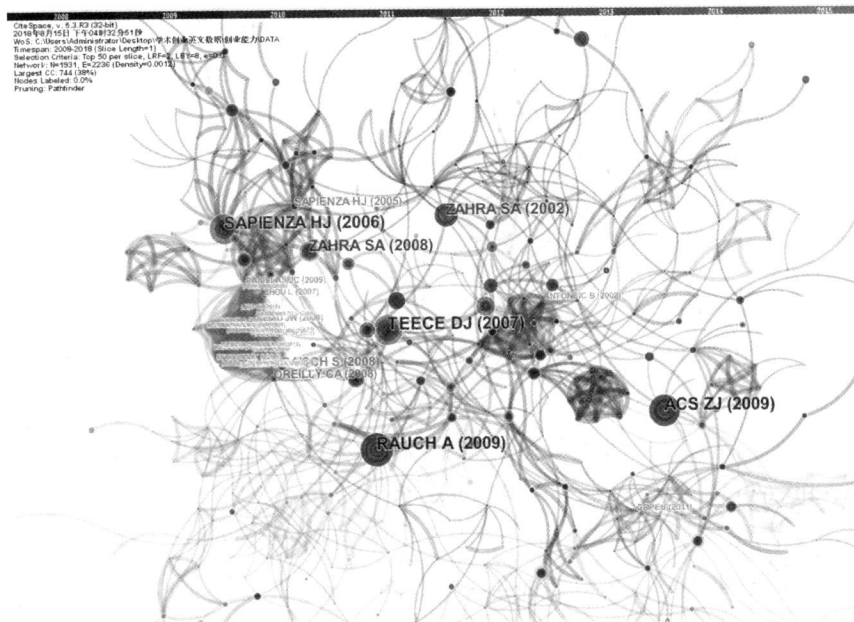

图2—25　2008—2018年国外"创业能力"文献共被引分析

D. J.，2007）。他基于演化经济学提出动态能力由三个维度组成：定位、路径和过程，并可以细分为感知机会和威胁的能力、抓住机会的能力和变革管理的能力。

　　排名第三的作者是研究创业知识溢出理论（Acs，Z. J.，Audretsch，D. B.，Braunerhjelm，P.，et al.，2009）的著名学者 Acs，Z. J.。通过对以前发表的文章的选择，Acs 教授对知识溢出理论的主要思想进行了引导。他阐述了关于创业精神的最新思考、知识溢出理论和知识过滤器等全面的概述和信息性的讨论。2013年他进一步提出创业知识溢出理论将新知识视为创业机会的源泉，并建议企业家在将大型现有企业或研究机构开发的新知识商业化方面发挥重要作用。他认为知识溢出创业不仅依赖于新知识，更重要的是企业家的吸收学习能力，使企业家能够理解新知识，认识到新知识的价值，并通过创建一家公司将其商业化。他们还利用美国大城市地区的数据，对知识溢出创业的吸收学习能力理论进行了测试（Qian，H.，Acs，Z. J.，2013）。

　　排名第四的作者是 Sapienza，H. J.。他代表性的文章是2006年发表的"A Capabilities Perspective on the Effects of Early Internationalization on Firm Survival and Growth《能力视角：早期国际化对公司生存和增长的影响》"。他认为对国际化过程模型的批评延迟了国际化。国际化使企业能够聚集资源并获得经验，但也允许惯性发展。通过假定国际化对公司生存和增长的影响有不同的影响来解决这种紧张关系，而这些影响由组织的年龄、管理经验和资源可替代性来调节。在创业教育全球化、国际化、终身化的背景下，该文对一些影响因素的探讨对本书的研究也有一定的参考作用。

排名第五（Zahra，S. A.，Hayton，J. C.，2008）和第六（Zahra，S. A.，George，G.，2002）的都是研究吸收（学习）能力的著名专家Zahra SA 教授。他在"The Effect of International Venturing on Firm Perform-ance：The Moderating Influence of Absorptive Capacity《国际风险投资对公司业绩的影响：吸收能力的缓和影响》"文中指出企业通过国际风险投资，积极寻求盈利和增长的机会。然而，关于国际风险投资的绩效研究证据却自相矛盾。因此他运用一个组织学习框架，建议国际风险投资活动对财务绩效的预期影响取决于公司的吸收能力。通过来自217 家全球制造公司的数据显示，吸收能力缓和了国际风险投资与企业盈利能力和收入增长之间的关系。这些结果敦促高管们建立内部研发和创新能力，以便成功地利用从国外市场获得的新知识。他2002 年的文章"Absorptive Capacity：A Review，Reconceptualization，and Extension《吸收能力：回顾、重新概念化和扩展》"中指出研究人员利用吸收能力结构来解释各种组织现象。通过回顾了文献，以确定吸收能力的关键维度，并对该结构进行重新定义。在公司的动态能力观的基础上，Zahra SA 教授区分了公司的潜力和实现的能力。然后，提出了一个模型，概述了公司的潜力和实现能力可以不同地影响其竞争优势的创造和维持的条件。该文也是研究吸收能力的经典文献。

通过排名前面的经典文献分析，可以大致掌握创业能力的主要知识基础由创业导向、知识溢出、动态能力、吸收能力、创业绩效等内容构成，同时也可以看出这些经典文献大多是研究组织层面的，而对个体层面的创业教育教师的创业能力还鲜有涉及，但这些研究为个体创业能力的构成和影响因素的研究提供了重要的参考。

（2）"创业能力"的核心学科资源分析

为了进一步探析国外研究创业能力主要是哪几种期刊，CiteSpaceV 软件节点类型选期刊共被引，阈值选每年被引次数最多的前 50 项，修剪方式（Pruning）选 Pathfinder 方式，结果如图 2—26 所示，频次按降序排名前十位的依次是 Acad MREV、J BUSV、Acad MJ、Strategic MJ、Admin SCIQ、Entrep TP、Organ SCI、Res P、J M、Manage SCI。类似对"创业教育"的知识图谱分析结果，"学院管理评论（ACAD MANAGE REV）""创业学杂志（J BUS VENTURING）"是该领域最主要的两本期刊。

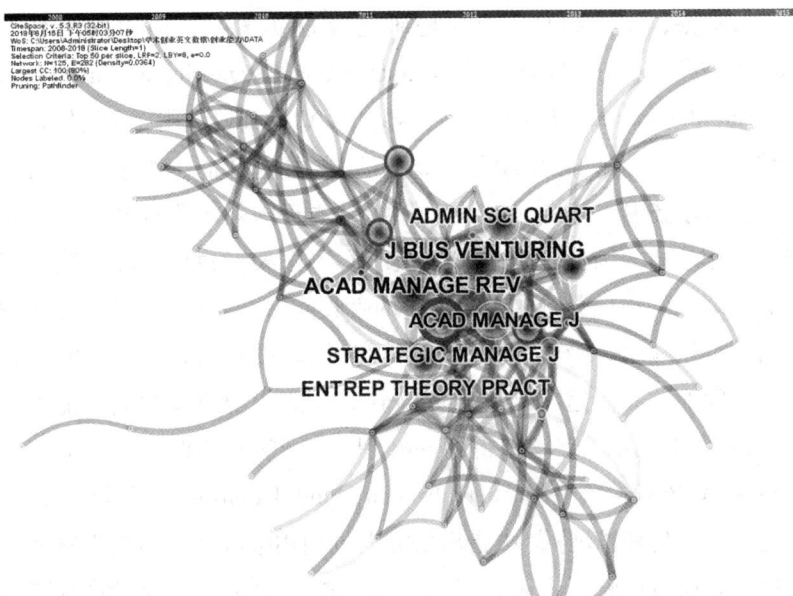

图 2—26　2008—2018 年国外"创业能力"共被引期刊分析

3. "创业能力"研究的领军人物分析

CiteSpaceV 软件节点类型选作者共被引，阈值选每年被引次数最多的前 50 项，修剪方式（Pruning）选 Pathfinder 方式，结果如图 2—27 所示，频次按降序排名前十位的依次是 Zahra，S. A.（241）、Cohen，W. M.（219）、Shane，S.（194）、Teece，D. J.（135）、Eisenhardt，K. M.（128）、Schumpeter，J. A.（123）、Audretsch，D. B.（118）、Lumpkin，G. T.（95）、Miller，D.（94））、Barney，J.（92）。其中 Zahra，S. A.、

Shane，S.、Teece，D. J.、Audretsch，D. B. 等教授我们在前面的知识图谱分析中均已提及，Eisenhardt，K. M. 是案例研究领域的专家，提供了很多案例研究的方法。而奥地利裔的美籍经济学家熊彼特（Schumpeter，J. A.）更是创新领域大名鼎鼎专家。其中作者 Zahra，S. A. 的中介中心度最高，排名第一，说明 Zahra，S. A. 是该研究领域的媒介点。共被引作者频次排名第二的 Cohen，W. M. 教授也是研究吸收能力等领域的专家，他认为企业识别新外部信息的价值、将其吸收并将其应用于商业目的的能力对其创新能力至关重要。他将这种能力称为公司的吸收能力，并认为它很大程度上是公司先前相关知识水平的一个功能。个人的吸收能力特别受先前相关的知识和背景的多样性影响。而组织的吸收能力与个体成员的不同，受组织内的专业知识多样性的作用影响等。其对个人吸收能力的研究对本书有一定的参考价值。

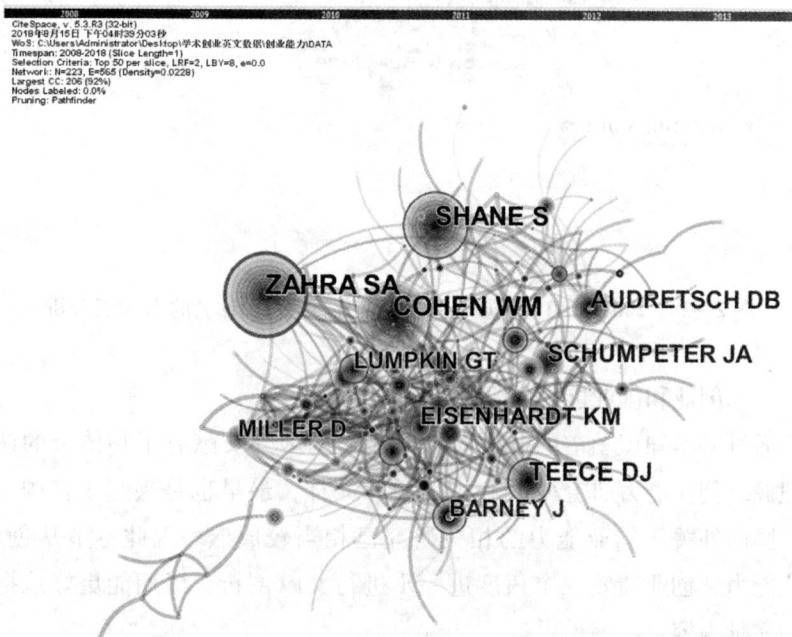

图 2—27　2008—2018 年国外"创业能力"共被引作者分析

进一步，在共被引作者的知识图谱上，运用 CiteSpaceV 软件进行 K 聚类（关键词）后可以得到这些领军人物的主攻领域如图 2—28 所示：

主要有知识溢出、产学合作经验、创业认知、国际化、组织间学习、创业导向、国家文化、适应性进化（evolutionary fitness）等。其中关于创业认知的相关内容本书在后续的角色认同理论中会有详细论述。

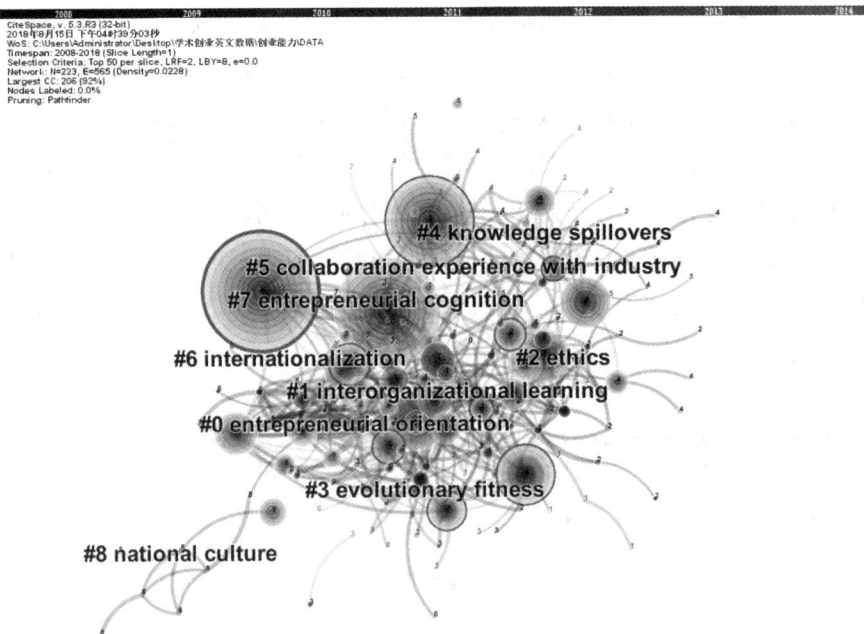

图 2—28　2008—2018 年国外"创业能力"共被引作者的 K 聚类分析

二　创业和创业能力文献综述

通过科学知识图谱的分析对创业能力的国外文献有了整体上的认知和把握，创业能力研究实践和创业教育一样，最早也是兴起于美国。当前，国内外关于创业能力的相关研究已相当较成熟。因此本节从创业、创业能力、创业绩效三个角度进一步进行文献剖析，以期能更好地把握相关文献内容。

1. 创业

创业是一个复杂且多层面的概念，其内涵随着社会发展、学者们的研究而不断进化。自熊彼特（Schumpeter，1934）年提出创业概念以来，国内外众多学者开始从不同角度阐释了创业的内涵。Schumpeter（1934）

认为，创业的过程就是创新的过程，创新者就是创业者。创业者通过创新使自由市场经济的内在矛盾得以克服，从而促使经济得以增长。Shane（2003）认为创业主要包括机会探索和机会开发。Kuratko（2010）等则认为创业是变革并发挥创造性的动态过程，它非常需要充沛的精力和饱满的激情，来创造性地解决问题。综合以上相关学者的定义，不难把握国外学者对"创业"这一概念有几个核心要素：提出创意、机会识别、机会开发、实施创业、承担风险、经营管理等。

笔者根据"全球创业研究奖"展示了 2000 年以来国外创业研究的代表学者和获奖理由，这里很多知名学者为创业研究做出了巨大贡献（见表 2—3）。可以帮助我们基本了解该领域的著名学者和主要研究脉络。

表 2—3　　　　2000—2017 年全球创业研究奖获得者及获奖理由

年度/获奖作者	国籍	获奖理由
2017 Hernando de Soto	秘鲁	建立一种新的认识，支持非正规经济的体制，以及产权和企业家精神在非正式经济中的作用
2016 Philippe Aghion	法国	对企业层面的创新、进入和退出与生产力和增长关系的杰出研究
2015 Sidney G. Winter	美国	他深入研究了解动态竞争的熊彼特的过程，以及企业的动态能力
2014 Shaker A. Zahra	美国	他关于企业创业在知识创造、吸收和转化方面的作用的工作
2013 Maryann P. Feldman	美国	对创新地理学研究和创业活动在区域产业集群形成中的作用
2012 Kathleen M. Eisen-hardt	美国	在快速变化和高度竞争的市场上，她在战略、战略决策和创新方面的工作
2011 Steven Klepper	美国	对我们理解新公司在创新和经济增长中作用的重要贡献
2010 Josh Lerner	美国	他对风险投资（VC）和风投支持创业的开创性研究。他最重要的贡献之一是以财务融资的形式综合金融和创业领域。他也在企业创新领域作出了重要贡献，涉及联盟、专利和开放源码项目开发等问题

续表

年度/获奖作者	国籍	获奖理由
2009 Scott A. Shane	美国	出版重要作品，表现出卓越的概念敏锐性，以及经验和方法的复杂性。他的研究几乎涵盖了创业现象的所有主要方面：个人、机会、组织背景、环境和创业过程
2008 Bengt Johannisson	瑞典	加深我们对企业家在区域背景下的社会网络的重要性的理解，以及他在欧洲创业和小企业研究传统发展中的关键作用
2007 The Diana Group	5位女性均来自美国	调查女企业家的风险投资供需面。通过研究想发展自己事业的女企业家，展示女性创业的积极潜力
2006 Israel M. Kirzner	美国	发展经济理论，强调企业家对经济增长和资本主义进程运作的重要性
2005 William B. Gartner	美国	对新创企业和创业行为的研究，结合了实证和解释学传统的最佳部分
2004 Paul D. Reynolds	美国	组织若干创新性和大规模的关于创业本质及其在经济发展中作用的实证调查
2003 William J. Baumol	美国	坚持不懈地努力使企业家在主流经济理论中发挥关键作用，对企业家精神的性质进行了理论和实证研究
2002 Giacomo Becattini & Charles F. Sabel	意大利/美国	工业区的专业小企业地域集聚竞争优势研究
2001 Zoltan J. Acs & David B. Audretsch	美国/美国	研究小企业在经济中的作用，特别是小企业在创新中的作用
2000 Howard E. Aldrich	美国	在更广泛的社会学研究背景下整合研究新公司和小公司的形成和发展

说明：1. 自 1996 年设立以来，全球创业研究奖已成为全球最杰出的创业研究奖。这个奖每年颁发一次，雕像"上帝之手"，由瑞典雕塑家米勒斯创建，并得到 10 万欧元的奖金。2. 资料来源：作者整理自全球创业研究奖网站 https：//www. e‐award. org/。

但是，中国学者对创业本质的认知是逐渐从狭义到广义的过程，不仅仅包括这几个核心要素。创业的本质不仅仅是指创办企业或自主创业，还包括学生创业意识、创业技能、创业精神等全面的培养，它是覆盖全体学生，贯穿终身的完整体系，是一个"广义的创业"的概念。后面章节中笔者会进一步详细分析。

2. 创业能力

根据牛津现代高级英汉双解词典关于能力的英文表述，主要有 Ability、capacity、capability、competence、Skills 等。Ability 主要用于人，指思考、行动、创建等方面；capacity 指人的学习和理解的能力；capability 指胜任某项工作的能力或潜能；competence 指胜任或称职某项工作的能力，包括专业技能、知识、态度等；skills 指经过后天训练而获得的技能，本文中的创业"能力"一词更接近于英文中 competence 的含义，是一种广义的，包括创业的态度、知识、技能等全面的胜任力。现有文献关于创业能力概念界定主要经历了特质论、行为论以及权变论三个方面。

首先，从特质论来看，特质（trait）是决定个体行为的基本特性，也是人格的有效组成单元。该视角中的创业能力的概念主要是从创业者的"心理品质"和"认知能力"来界定。如"心理品质说"认为创业能力包括竞争素质、心理适应性、责任感、自信心、处事风格、情绪稳定性等方面。"认知能力说"认为创业能力就是以认知活动为中心所表现出来的能力，相当于智力，包括记忆力、想象力、创造力、观察能力、思维能力等方面（高树昱、邹晓东，2015）。欧盟也从特质论角度对"创业型教师"的基本内涵进行了描述，共归纳了约 10 个特点，包括需要热爱自己的事业，需要具备乐观、积极向上的精神等。

其次，从行为论来看，包含了诸多与行为相关的各种能力元素，如识别和把握机会、整合资源、提出创意、实施革新、管理创业团队、经营企业、市场营销等多种能力。美国著名创业研究学者 Shane 认为机会探索和开发能力是创业能力最重要的两方面能力。Alvareza 和 Busenitzb 认为创业能力就是一种资源整合能力（Alvarez, S. A., Busenitz, L. W., 2007）。Schelfhout W 确定了一种以行为为导向和以教育为目的的创业能力测量工具，提出创业能力的子能力可进一步细分为 21 个各种行为指标，学校可利用该工具来培养学生的创业能力（Schelfhout，W.，Brugge-man，K.，Maeyer，S. D.，2016）。欧盟对"创业型教师"从行动特征归纳出了三个方面：一是"创业型教师"要善于倾听并能从谈话中寻找好的创意；二是"创业型教师"要积极主动，善于向他人推销自己好的创意；三是"创业型教师"要把培养学生创造、成长和学习的热情作为目标（王占仁等，2017）。

最后，从权变论来看，创业能力从主体不同角度可分为个人创业能力和团队创业能力。个体创业能力包括学习能力、组织能力、关系能力、承诺能力、机会能力、创新能力、概念构建能力、风险管理能力等（张霞等，2011）。从创业过程角度看，如国内学者认为创业者创业的不同阶段需要不同的创业能力，如在成长期需要决策力、资源力、组织力等。若根据创业能力在创业实践活动中发挥效率不同可分为：技术专业能力和经营管理能力等。创业学习能力是企业家获得创业知识、提升创业绩效的关键能力，而创业学习的作用会随着制度变化而呈现不同的影响（陈文婷，2013）。

综上可以看出，学界对于创业能力界定是一个较宽泛综合的概念，亦包含了较多与创业相关的能力要素，如创意、革新、管理、经营等能力要素。但是创业教育教师的创业能力还兼具了学者的学术特征，后面章节中将详细分析之。

三 创业绩效文献综述

国内外对创业绩效绩效的研究主要有单维度和多维度之分（高树昱、邹晓东，2015）。

1. 创业绩效单维测量研究

早期学者们对创业绩效的测量多是单一维度的。比如格里高利·穆菲（Gregory B. Murphy，1996）通过对 50 多篇关于创业绩效的文献从绩效维度角度分析后指出有 31 篇文献仅采用了单一维度分析，其中没有一篇文献是采用多维度绩效进行研究。这当然一定程度上也与多维度绩效较难测量有关。尤其是一些无形的绩效，比如大学的声誉等指标等。以往创业绩效单一维度指标衡量的如表 2—4 所示。

表 2—4 　　　　　　　　创业绩效的测量单维度文献汇总

作者（时间）	影响因素	主要观点或研究内容
布鲁伯格 （Blulnberg，1982）	创业者 个性特征	认为衡量个体绩效通常是创业者能力、动机和机会作用的结果。
钱德勒 （Chandler，1994）		提出了新建企业的简化模型，这一模型包括创业者特性、公司特性和环境特性。
桑德伯格等 （Sandberg et al.，1987）	创业战略	新建企业的成功不仅取决于创业者个性特征，还取决于它所进入的产业结构以及企业所采用的战略。
杰弗里·科文 （Covin，1990）		不同行业生命周期阶段的新企业的战略姿态各不相同。
帕特丽夏·P. 麦克杜格尔 （McDougall，1992）		研究了战略、行业结构和来源（独立与企业或母公司）的相对作用。
杰·巴尼 （Barney，2001）	创业资源	公司基于资源的观点可能是理解战略管理的最具影响力的框架。
布罗菲 （Brophy，1989）	创业资本	提出创业者的资本对新建企业将来的成功和赢利水平是最重要的影响因素。
库珀 （Cooper，1994）		人力资本（包括教育、性别、种族、管理和行业技能），财力资本对企业绩效（失败、勉强生存、高成长）的影响。
威斯赫德 （Westhead，1995）		实证发现创业者的受教育的程度对公司的成长有显著性影响。
史蒂文森 （Stevenson，1992）		提出创业者过去经历的和具有的企业运作知识对于创业成功尤为重要。
杜翠克斯 （Doutriaux，1987）		公司创始人的学术职位似乎不会对其业务和增长产生过度影响；然而，完全独立于大学的制造业公司往往会更快地发展。
（Chandler，1996）		提出创业者个人能力水平会对创业机会特性与公司绩效以及资源获得能力与公司绩效二者之间起调节作用。

续表

作者（时间）	影响因素	主要观点或研究内容
杜比尼等 （Dubini et al.，1991）	创业网络	创业者与外在的网络联系越多，企业越容易度过孵化和成长期。
斯图尔特 （Stuar，1999）		个人社会网络对公司绩效及成长性具有重要的影响。
马斯克尔 （Maskell，2001）		在相关行业内的公司，通过变化和深化劳动分工，增强了创造知识的能力。认知距离影响跨公司合作成本。
Gnyawaii，D. R. 等 （1994）	创业机会	认为创业机会显著地直接影响公司绩效。
罗马内利 （Romanelli，1989）	创业环境	环境会直接或间接或者在与公司战略相互作用的情况下影响新建公司的生存。
库尔特·勒温 （Lewin，K.，1951）		Lewin，K. 的场域理论，人的行为是个人与外在环境的函数，即 B 二 f（P，E）。
德纳（Dana，1987）； 全球创业监测报告 （GEM）		对不同国家和地区所作的有关创业环境实证研究表明，一个国家为创业所提供的优惠政策、税收政策、咨询服务等将促进创业的发展。
布朗（Brown，1996）	企业成长性	在新创小企业中，最合适的绩效评估就是公司的成长性。

资料改编自：高树昱：《工程科技人才的创业能力培养机制研究》，博士学位论文，浙江大学，2013 年。

2. 创业绩效多维测量研究

兰普金等（Lumpkin，1996）提出创业绩效应多维的。沙因（Schein，1978）提出创业绩效可尝试用组织的绩效来衡量，而组织层面的绩效又受到环境的影响。所以对新建企业绩效的衡量应综合考虑个人、组织和环境各个层面的影响因素。安德森（Anderson，1988）则认为，企业经营绩效，包括效率、满足、效能三个方面。克里斯曼等（Chrisman，1998）归纳总结了63个创业绩效模型，指出影响创业绩效的变量主要有创业者、产业结构、企业战略以及资源、组织结构、系统及过程等函数。这些要素间的密切关系也将决定企业的绩效。

四　对本书的理论贡献

通过创业能力知识图谱分析，我们可以大致掌握创业能力的主要知识基础由创业导向、知识溢出、动态能力、吸收（学习）能力、创业绩效等内容构成，同时也可以看出这些经典文献大多是研究组织层面的，而对个体层面的创业教育教师的创业能力还鲜有涉及，但这些研究为个体创业能力的构成和影响因素的研究亦提供了重要的参考。

从上述文献中可以基本看出，创业能力越强，创业越容易成功。创业教育专家徐小洲等教授也指出个人创业能力是可以通过培养的，所以本书主要关注的是教师个体的创业能力。创业教育教师的创业能力提升受多因素影响，其能力对工作绩效有正向作用。可见上述的相关文献分析将对本书开展高校创业教育教师的创业能力提升机制研究提供重要的理论依据和文献支撑。

第五节　教师专业发展理论述评

一　教师专业发展的概念界定

学者们对教师专业发展的概念有多种理解。主要是从个体和群体的角度来解释教师专业发展。首先从个体角度看，教师专业发展被定义为："通过系统的努力来改变教师的专业实践、信念以及对学校和学生的理解"，它"强调教师个体知识、技能的获得以及教师生命质量的成长"。其次从群体角度看，教师专业发展是指教师这个职业群体符合专业标准的程度，即职业专业化过程（朱旭东、周钧，2007）。

此外，国内外不同的学者从不同的角度均给出了自己的定义。国外Fullan（1995）认为教师专业发展是指在复杂而多变的环境中以及在一种强迫性的学习氛围中，教师所经历的正式和非正式的学习，因此教师的学习能力对专业发展有着重要的影响。Hargreaves（1994）提出教师专业发展不仅应包括知识、技能等技术性维度，还应广泛考虑态度、政治和情感等维度。Colombo（2004）提出教师专业化是指教师个体成为教学专业的成员并能够有效履行其角色的变化过程，这种变化包括认知、情感和行为的变化。国内学者吴秋芬（2008）认为教师专业性向是适合教育工作的人格特征和成功从事教育工作的基本能力，是教师发展的心理与素质基础，是教师专业发展的重要内容和新领域，同时也是教师专业发展研究的对象。王晓莉（2011）在历史分析的基础上，通过清晰地重构，提出教师专业发展是对教师专业化加以扬弃的选择，而教师专业性的诉求则是教师专业发展的内在依据和根本动力。教师专业发展的持续开展也有助于提升教师专业化的程度。陈久奎（2012）从培训的角度提出应坚持"以人为本"的发展理念，根据准备期、职初期、稳定期、倦怠期、专家期等不同阶段的教师专业发展特点，通过树立自我发展意识、尝试职前培养、开发校本培训、应对职业倦怠、孕育学术大师等自我实现或学校推动途径来创新教师培训策略，使教师顺利实现专业角色的转型与升级。朱旭东（2014）则提出了非常系统的教师专业发展理论模型：教师专业发展的理论模型由教师专业发展的内涵、层次、基础、机制和环境等组成部分构成。教师专业内涵包括教会学生学习、育人和服务三个维度。教师专业发展的基础包括教师精神、教师知识、教师能力。教师专业发展的机制就是教师运用经验、反思、证据、数据、概念和理论等条件实现教会学生学习、育人和服务等专业目标的活动过程，也是运用教师精神、教师知识、教师能力等专业基础的活动过程。

综上所述，笔者认为教师专业发展至少包括教师的态度、知识和技能的发展，创业教育教师亦是如此。

二　多学科视野中的教师专业发展理论

（一）不同学科的教师专业发展综述

苏虹（2003）从教育心理学角度提出：新教师教学能力的发展以及专业成长历经 4 个阶段，即始发阶段、速发阶段、高原阶段和再发展阶段，而高原阶段中的"高原现象"会直接制约教师今后的专业发展。"教师焦虑"这种心理现象同样成为教师专业发展研究的重要内容。

于泽（2004）从文化学的角度，将教师专业发展和文化建设相结合，教学文化的意义在于为教师工作提供意义、支援和身份认同。同样创业教育教师的专业发展也离不开相应的文化建设（谭贞，2015）。

李骏骑（2005）从哲学角度提出了教师主体性集中体现在独立自主性、自觉能动性、创造超越性等，同时存在发展的主体意识、主体能力、主体人格和主体价值四个层次，并构建了教师主体性的结构。

仁其平（2010）从生态学角度提出：教师专业发展的传统培养模式过于强调教育理论，注重掌握教育原理和知识，容易与教育实践相脱离。生态取向的教师专业发展含有更大的包容性、系统性和现实性，是教师专业发展的必然选择。要必须建构起符合教师专业发展规律的生态化培养模式，具体策略包括：关注自我意象、反思教学实践、营造教师文化、形成教学共同体、整合各种资源、实行多维评价等。杨思帆（2017）则分析了密西西比大学教师专业发展学校在 30 多年的发展过程中，以霍姆斯小组和全美教师专业发展学校协会的思想为指导，以"蓝丝带新设计委员会"为依托，以"专业学校网络"为载体，以"6C"模型为合作框架的促进教师专业发展学校的生态体系模式。

邹斌（2013）从管理学的分配制度角度提出大学教师专业发展有外在与内在两个维度，涉及专业教育、专业制度、专业伦理三大要素。以分配制度为核心的专业发展制度建设影响着教师专业发展。

学者们从不同的学科视野出发，阐述相应的教师专业发展机制内涵、影响因素、策略等，为本书后续的量表构建提供了非常有价值的参考。

（二）创业型大学的教师转型发展

1. 创业型大学和个体

从创业型大学建设的目标来看，伯顿·克拉克始终把拓宽的发展外围作为创业型大学转型的基本要素之一，提出需要把"创业"结合进"学术"。埃茨科威兹基于三螺旋理论指出知识经济时代，大学的知识资产具有了更高的价值，大学通过其组织结构最下层的研究中心、科研组织或个人等建立与市场经济活动良好的"接口"，才能在区域内发挥较强大的辐射作用（宣勇，2013）。因此从路径角度看，创业型大学其实主要有两种实现途径：一是大学通过有效地利用其科研资源和人力资源使自身转变为创业型组织；二是让学生、教职员工直接和企业界、社区建立联系（阿莎·古达，2007）。

2. 创业型大学的特征及相关案例

根据中国知网搜索，以"创业型大学"为篇名，发现自 2005 年后的创业型大学相关文献呈显著增长趋势。其中比较有代表的文章如有：浙江大学王雁博士学位论文（王雁，2005），她实证聚类了创业 I 型、创业 II 型和传统型大学三类。而彭绪梅（2008）在其博士课题中认为创业型大学兴起原因是外部需求和内部竞争力的提升的需要，并构建了创业能力指标体系，包括知识创造、知识传播、知识应用三个一级指标。温正胞（2008）认为学术资本主义是创业型大学的内在动力，而市场化生存是创业型大学的生存方式。实际上，不同国家的创业型大学的特征是不同的：

（1）欧洲以伯顿·克拉克转型五要素为主。早期案例方面如英国沃里克、德国慕尼黑工大，芬兰的阿尔托、荷兰特温特等。最近几年，比利时、瑞典、瑞士等国大学的案例也逐渐增多。

（2）美国则以亨利·埃茨科威兹总结的知识资本化、相互依存独立、混合性和自我反应等特征为主。案例方面如著名大学 MIT、斯坦福等。当然还有一些特色学院，如美国史蒂文森理工学院（SIT）、亚利桑那州立大学（ASU）等在创业型大学转型上也极具特色。

除了欧美，中国、非洲等一些高校也正在积极向创业型大学转型中。

3. 对创业型大学的批评——学术资本主义

美国学者希拉·斯劳特在 1997 年出版的《学术资本主义：政治、政策和创业型大学》著作中分析了"学术资本主义"这一概念内涵，认为大学或教师为获取外部资金所表现出的市场行为（或者说是类似市场的行为）归类为学术资本主义。王正青（2009）认为学术资本主义的生成原因主要包括政治、经济、社会文化等因素。王英杰（2012）指出不受控的学术资本主义和行政化将会把大学拖入市场或官本位组织的泥淖。王建华（2012）则认为知识的商业化有双面性，既有有利一面也会产生不良影响，关键是需要建设好的大学治理体系来保持知识的商业性与大学的公共性间的平衡。因此，有学者提出与传统大学相比，创业型大学呈现出学术导向与市场导向兼顾的二元价值取向，只有准确把握其核心特质才能实现成功转型（宣勇、张鹏，2012）。

鉴于此，美国一些州立大学开始提倡"参与型大学"以既实现创业型大学的无缝对接，又较好实现大学的公共性。如美国俄亥俄州立大学（OSU）、密歇根州立大学（MSU）、华盛顿州立大学（WSU）等均在其网站主页设立了"engagement"板块，这种参与型大学非常强调将校内活动与校外实践结合起来，在初衷上也注重非盈利的特点，以确保大学的公共性（吴伟等，2013）。欧内斯特·博耶（Ernest Boyer，1990）的《学术反思：教授的工作重点》（*Scholarship Reconsidered：Priorities of the Professoriate*）研究报告也对"学术"的概念及大学教师的学术工作重新作了界定。他指出大学教师要承担四种相互独立而又互相联系的学术工作：探究的学术、应用的学术、教学的学术以及整合的学术，而且这四个方面是不可分割的整体，需要相互协作和统一考量，因为知识是需要历经研究（research）、实践（practice）、教学（learning）和综合（synthesis）的过程来获得，缺一不可。随着创业型大学的兴起，约在 1996 年，他又进一步呼吁高等教育应该把"参与性学术"（scholarship of engagement/engaged scholarship）也囊括进来，以便处理急迫的社会议题，尤其是平衡创业和学术相互间的矛盾冲突。

4. 创业型大学的教师转型研究

综上所述，创业型大学必定实施创业教育，但实施创业教育的大学不一定是创业型大学。创业型大学的建设离不开大学里面的教师通过学术创业进行转型，或者说通过提升创业能力来转型。

付八军就创业型大学的教师转型就行了专门的研究：创业型大学教师转型困难，固然有评价机制、平台建设、整体文化等外在的客观因素，但也有教师自身的主观因素。寻找推进创业型大学教师转型的钥匙，首先要从教师自身这个内因着手。保守的思想观念、低劣的研究成果以及繁重的各种压力，是教师转型困难的三大主观因素（付八军，2017b）。他还提出大学与教师转型两者显然是相互依存、密不可分的，而且在这种依存关系中，教师转型是首位。从学理角度来分析，只有教师的转型，才能带来大学的转型；实现大学的转型，首先要有教师的转型。从历史角度来考察，大学从最初的教学型到研究型，再到后来出现的创业型，均是以教师进行相应的转型作为前提与基础的。从现实角度来验证，教师单一的专业成长模式导致大学的同质化倾向，教师的整体素质决定大学的发展状态，都体现了大学转型对教师转型的高度依存性（付八军，

2017a）。相较于传统型大学而言，创业型大学的学术成果转化，不只是人才培养与科学研究的自然延伸，而是变成了彰显组织特性的一项历史使命。由于教师是大学使命的履行者，那么学术成果转化或者说学术创业的使命自然而然也应成为创业型大学教师的历史使命。从战略角度出发，创业型大学引领教师实现学术成果转化，既要从整体上推进，让学校全体教师瞄准学术创业；也要有重点地差异化来推进，点面结合，相互联动从而带动全校所有学科与教师的学术成果转化（付八军，2017c）。付八军认为要实现传统教师向创业教师转型，关键是改变教师尤其是创业教育教师的评聘标准，其次要建立较先进的校级成果转化平台（付八军，2015）。

可见，创业型大学的实现离不开创业教育教师创业能力的提升。

三　教师专业发展的影响因素

结合上述对教师专业发展的内涵和多学科视角的分析，笔者认为影响教师创业发展的因素至少有宏观、中观和微观三个层面。

1. 宏观层面

政府政策无疑是影响教师专业发展的重要因素，比如 1996 年美国教学与美国未来全国委员会发表的《至关重要：美国未来的教学》，就带来了教师专业发展研究的阶段性转折（冯大鸣，2008）。商业文化取向及学术研究领域"市场化"的负面效应会导致教师职业态度严重利益化取向，影响教师的职业发展。此外，社会经济发展既是高校教师专业化的动因，也为高校教师专业发展提供保障和支持（杨海燕、李硕豪，2015）。

2. 中观层面

学校的各种机制无疑也是影响教师专业发展的重要因素，如毛洪涛（2011）基于教师教学能力的角度提出遴选、评价、激励、培养、自主学习等机制对教师专业发展的重要性。李春燕（2013）则提出高校教师创新能力应是教学创新能力和科研创新能力的有机统一，构成要素是创新思维能力和创新行为能力，而且具有高层次性、综合性、发展性等特征。促进高校教师创新能力发展，需要政府的宏观调控、高校的推进措施和教师个体的自主发展。吴慧从团队建设机制的角度进行了分析（吴慧、金慧，2013）。贺美玲（2015）则介绍密歇根大学在教师专业发展设计、教师专业发展平台、教师专业发展支持系统、教师专业发展评价方面的独到之处。

3. 微观层面

教师个体的人口学特征、个人的角色认同、个人知识管理和自主学习均对自身的专业发展有重要的影响。邱学青（2013）就从知识管理的视角剖析高校教师专业发展的内涵及其特征，提出教师专业发展的核心是教师的 TPACK 改善。阳泽（2013）则提出教师的专业发展应摆脱由外部主导和对外部的依赖现状，充分发挥自组织在专业发展中的作用。石君齐（2017）提出目前高校教师专业发展活动多以被动的专家理论讲授为主，由于忽略了教学情境和教师作为实践者的能动性，缺乏对教师反思的专业引导和支持，教师对教学的反思内容和反思层次在很大程度上依赖于个体的悟性。因此作者建构了"实践—引导—反思"取向的高校教师专业发展路径。

此外徐雄伟（2017）则基于民办高校教师专业发展困境，提出要营造教师专业发展的外部环境和重视教师专业发展内因驱动的建议。不少学者把宏观、中观和微观各层面的要素都相结合进行分析，这也是本书从该理论获得的最大启示。

四　对本书的理论贡献

未来几年，高质量创业师资短缺将成为阻碍中国高校创业教育发展的主要瓶颈，提升教师创业能力无疑是较直接有效的办法。李克强总理提出，"大众创业、万众创新"是中国经济新的发动机，有学者（刘志迎，2015）指出在创新 2.0 模式下，创新的主体不再是传统的企业，而是没有明确指向的普通大众。因此个体层次的创业能力的重要性将凸显。以往对个体创业能力的研究多集中在管理学（企业家创业）、社会学（农民工创业）等领域，近年来，因为传统制造业创新能力太低，政府迫切希望高校教师、学生更多来参与来提升，高校教师创业能力的相关研究亦日趋增多。美国、欧盟都高度重视创业教育师资队伍能力培训，实践证明熟悉创业、具有创业意识或创业能力强的教师对学生创业影响更大（曾天山，2015）。教育部文件提出要"明确全体教师的创新创业教育责任""配齐配强创新创业专职教师"，2017 年就要普及创新创业教育。普及型的创业教育对师资需求十分巨大，而高校创业教育教师的创业能力又普遍较弱，矛盾突出。因此专业化的、强创业能力的高校创业型师资队伍建设迫在眉睫。

综上所述，笔者认为教师的创业能力是解决创业教育师资问题的核心。解决教师的创业能力可从教师专业的视角切入，"教师专业发展"既涉及政府的教师管理，也涉及学校的教师队伍建设；既有群体动力学的因素，也有个体自主选择的意愿。教师专业化发展是指教师作为专业人员，在专业思想、专业知识、专业能力等方面不断发展和完善的过程，即是专业新手到专家型教师的过程（余文森，2007）。冯大鸣（2008）比较了美国、英国、澳大利亚教师专业发展研究的政策和文化因素。邬大光（2013）提出教学文化是大学教师发展的根基。陈琴（2002）提出教师专业化的范式包括"能干型实践者""研究型实践者"和"反思型实践者"等，他们彼此联系、交互作用。朱新卓（2005）提出教师专业化要立足教师职业的特点，是一个复杂的社会系统工作。张学敏（2011）提出教师职业专业化必须由传递知识的专业化向培养人的专业化转型。此外学者们还从不同的主体来论述专业化，如高校管理队伍专业化（潘懋元，1982）、校长管理专业化（宣勇，2014）等。总的来说，由于大学内部治理结构是围绕学术、科研为中心的，学者们基于教师专业发展或专业化视角研究教学能力（许迈进，2014；樊泽恒，2009）、科研能力（张剑平，2006）较多。近年来，学者们呼吁通过制度创新建设专家化师资队伍，推动和促进中国高校创业教育的专业化发展进程（杨晓慧，2012；徐小洲、梅伟惠，2012；黄兆信，2015 等），并提出了建立创业教育学科、开设专业学位教育、设置专任教职、建立激励机制、打破体制性流动障碍等策略，为本书的后续实证研究也提供了重要的参考。

第六节   角色认同理论述评

一   角色认同的概念界定

1. 认同理论的发展

本书针对创业教育教师这个职业身份还采用了认同理论，作为教师创业能力提升影响因素之一。斯特赖克等（Stryker，2000）创立了以角色认同（Role Identity），认同显著性（Identity Salience）和认同承诺（Identity Commitment）为核心概念的互动论视角（SSI）。基于互动论视角，角色认同有双重概念：第一种是个体自我（个体角色）概念，第二种是社会认同概念，且这两种概念相互连接相互影响。因此认同理论（Identity Theory：IT），在社会心理学研究中占据重要地位，即可称为角色认同理论，有些学者也称之为社会认同理论（Social Identity Theory：SIT）。

认同理论的发展经历三个不同的阶段，一是考尔和西蒙斯（McCall and Simmons）对互动的强调，二是斯特赖克（Stryker）对结构的强调，三是伯克（Burke）对认知控制的强调，且三者分别从互补认同之间的互动，认同显著性和认同承诺，以及对认同意义的认知控制三个视角去解释角色行为。其中 Burke 教授提出的认同控制理论（Burke，P. J.，1991），尽管与 Stryker 教授的认同理论在角色认同过程中的侧重方面有所不同，但他们均是运用同一套概念框架，而且互为补充，形成了一套系统的通过角色认同过程来解释或预测角色行为的理论体系（P. J. Burke，J. E. Stets，1999）。高校创业教育教师创业能力应综合考虑个人（角色）认同和社会认同。

2. 角色认同的概念

借鉴社会心理学研究领域的观点，角色认同理论首先认为角色是认同的基础，然后该理论研究的是人们在社会上的自我概念如何形成和如何作用的机制，即解释个体对"我是谁""我将走向何方"等问题的疑问，最后使个体能获得一种不再惶惑迷失的感受。由于任何角色都是在社会中形成的，没有社会就没有角色的诞生。对个人即角色扮演者而言，角色是连接个人和社会关系的重要纽带，个人也是通过角色来实现自身的目的、自我价值等（周永康，2008）。除了上述提到的著名的 Mccall、Stryker、Burke 等学者的定义，还有许多学者从不同的角度提出了自己的观点：

Steber（1999）认为，角色认同即我们如何看待在一个特定社会位置上行动的自我。

梅钦（Machin，2012）提出角色认同是个体对完成某一角色期望的感知，认同感高的个体将按照角色期待的要求或规范行事，并与角色伙伴进行充分的合作与交流。

罗伯特（Roberts，2006）认为，角色认同是指个体自身对自己所处的特定情境（或环境）地位产生的知觉。

黄攸立（2013），王成城（2009）则提出个体有多重角色，称之为角色丛，而个体角色丛规模取决于社会地位、个人能力等，如果角色丛过于单一，将不能适应当今的社会发展；而角色丛过于复杂，个体在无法处理冲突矛盾时也势必会造成角色紧张。角色认同所发挥的作用是能够使个体不断寻求角色的社会意义与角色诠释一致的保持感和归属感，化解不同角色间的矛盾冲突，从而达到相对平衡的状态。

因此，综上所述，角色的实质是一种行动，这种行动的参照是他人的期望与认可，令人满意的角色表现不仅证实了个体作为角色成员的地位，也是一种对自我评价的积极反应（周晓虹，2008）。

二　角色认同理论在创业教育教师中的应用

角色认同理论最主要的贡献在于提出：个体对角色的认同感越强，其行为就越容易会受到认同的影响，导致与角色认知一致的行为有利于进一步强化个体角色认同，而当一种行为与其角色认同不一致，个体倾向于回避该行为，以此来保护自我的角色认知（尹奎、孙健敏，2016）。中国高校创业教育教师很大部分由于学校的行政行为或政策安排而来，而并不是出于个体对职业身份的真正认同，所以探讨该理论对创业教育教师创业能力提升的影响将非常有意义。很多国内学者也据此展开了研究：

方明军（2008）调查发现，中国大学教师职业认同总体水平一般。

姚飞（2011）根据角色认同理论，运用研究商业、技术市场两组要素，构建一个技术创业者个人角色转型经历的模型，用来帮助技术创业者识别出自身在技术开发和商业化过程中的角色位置，并认识到这一角色位置会随着时间的推移而发生变化。

黄攸立（2013）即用角色认同理论探究学术创业学者角色认同的演变过程，并将学者分为4种类型：新兴型、守旧型、勉强型和正统型。

魏军锋（2015）探讨了职业认同、心理授权、核心自我评价与工作满意度的关系。研究表明高校青年教师职业认同得分存在显著的性别差异与职称差异等。

刘容志（2016）从创业者身份角度出发，提出创业身份作为个体行为的解释机制，使个体明白成为一个创业者需要付出相应的努力。创业者身份是对于创业者自我和周围其他人而言的成为某一特定创业者的各种意义（Ibarra & Barbulescu，2010），创业者身份代表个体想成为创业者的心理愿望，是个体持久的目标、愿望、动机的认知显现（Stryker & Burke，2000）。

李超平（2018）则从认同视角研究了变革型领导对新员工敬业度的影响。

三 对本书的理论贡献

现有我国高校多数的创业教育教师由于是以管理学学院派或团委、就业指导等兴趣派的老师转型而来，大部分高校的考核、晋升机制仍是科研导向，也没有设置创业教育学科，势必导致这些教师只有岗位归属，而缺乏学科归属感、事业感，自然就缺乏把创业教育当作事业来奋斗的内在动力。

该理论为我们提供了一个重要的指标即创业认同不仅包括对创业角色的浅层次的认知认同，还包括深层次的情感认同，对创业角色的情感认同则是个体将创业者角色纳入其自我概念的一种状态，即个体主动建构自己作为创业者角色的认同过程，最后对创业绩效有显著影响（Jones，R.，Latham，J.，Betta，M.，2008）。倪锋指出创业认知是个体创业能力产生、发展的必要前提（倪锋、胡晓娥，2007）。杨俊，张玉利（2015）等指出创业研究正在经历着一次新的转型和深化，主流研究开始从关注创业者行为深化为研究创业者认知，并形成了以"情境—思维—行为"为研究框架的创业认知学派，中国学者应致力于探索中国情境下创业者行为背后的认知成因和机制。

近年来，创业教育研究的相关学者亦不断呼吁通过制度创新建设专家化师资队伍，推动创业教育的专业化发展，建议建立创业教育学科、打破体制性流动障碍等策略。可见，角色认同是影响创业教育教师创业能力提升的重要因素，因此本书在问卷中设置了"教师对创业教育的总体认同感""明确教师在创业教育中的角色定位"等题项。同时也为个体层面的影响因素提供了重要的参考。

第七节　本章小结

综合上面六节的内容，本部分按照"创业能力—高校教师的创业能力—教师专业发展提升机制"思路进行小结如下：

1. 国内外创业能力研究的四个视角

创业已成为推动经济快速发展的重要动力，但取得创业成功并非易事，有研究如（张玉利，2011；Rasmussen，2011）表明创业者或创业企业的创业能力是驱动创业活动顺利开展并取得成功的关键因素。创业能力研究始于20世纪90年代，主要由西方学者发起，那时中国的创业者主要是下海经商的政府官员，他们依靠自己的从业背景、人脉关系就能取得创业成功，几乎没什么创业能力而言。进入21世纪以来，创业能力研究获得了迅速发展，国外有许多学者如（Man和Lau，2000；Man，2002；Phillips和Tracey，2007；Rasmussen，2014）开始采用定性或定量的方法来研究创业能力问题。与此同时，国内也有学者开始研究，如（唐靖、姜彦福，2008；马鸿佳、董保宝，2014）等，近两年来，更是迅速发展。回顾相关研究不难发现，学者们主要是从创业者特质、机会、管理、社会网络四个视角来界定创业能力：

（1）创业者特质视角

在特质论者看来，创业能力是创业者与生俱有的能力，或者是创业企业的资源禀赋，创业者的创业能力等同于他们的个人特质（Thompson，2004），主要体现在人格、特质、技能和知识三个方面，具体包括性格、风险承受能力、毅力、特殊知识、动机、角色、态度、自身形象等，基于特质视角的创业能力研究主要关注创业能力禀赋如何影响个体成为创业者，创业能力如何促进创业活动进而促进新企业创建、生存和成长以及创业能力在不同情境下如何发挥作用等问题。国内基于特质视角的创业能力研究，如张霞等（2011）也把创业能力定义为促进创业成功和创业企业成长的个性、知识、技能和能力的综合。

综合特质视角研究发现，目前国外学者的研究重点已经不同于国内学者，国外学者已经开始深入分析创业能力与其他变量之间的关系，而国内学者的研究还停留在创业能力概念界定上。

（2）机会视角

该视角的研究把创业能力看作创业者或创业企业在识别和开发机会的过程中应对外界环境变化的能力。如把创业能力定义为创业者发现、识别、利用机会的能力（Shane，2000；Nicolaou，2008；Zahra，2011）。创业能力包括机会识别能力、机会评估能力（Muzychenko，2008）和机会利用能力（Rasmussen，2011）。国内的研究认为，机会能力是创业能力的一种，包括机会识别能力和机会利用能力（梅德强和龙勇，2010）等。

综合机会视角的研究可以发现，国内外学者从机会视角对创业能力的理解趋于一致，其中机会识别能力主要反映在个体层面，对于某个关键机会的识别通常是由创业者独立完成的，而机会评估能力和机会利用能力则既属于个体层面，也属于组织层面。

（3）管理视角

该视角的研究把创业能力看作企业内部运行的产物，同时也是促进企业内部运行不可或缺的关键动力，如国外把创业能力界定为企业营运管理方面的能力，包括承诺能力、战略能力和组织能力（Man 和 Lau，2000）。国内学者（张玉利和王晓文，2011）认为，管理视角的创业能力包括创业构想能力（概念能力）战略能力和组织能力，但唐靖和姜彦福（2008）的研究表明与管理相关的创业能力应该包括组织能力、战略能力、关系能力和承诺能力。

综合管理视角的研究可以看出，承诺能力属于个体层面的能力，反映创业者为新创企业整个组织做出贡献的能力，还反映创业者向其他利益相关者履行承诺的能力，而组织能力和战略能力则属于组织层面的能力，这些能力的形成和提升都涉及相关企业整个组织的运营。总的来说，国内外学者基于管理视角对创业能力的理解非常相似。

（4）社会网络视角（也称关系视角）

社会网络的研究起源于复杂的社会中人际互动关系探讨（Mitchell，1973），可指因各类型的"关系"而形成的网络连接。Bames（1954）是最早思考网络概念的先锋，其在对挪威某渔村进行社会结构的研究时发现了非正式互动网络。而后 Bott 也继续研究网络的概念。一直到 20 世纪

60年代后期，社会网络理论才被各领域学者所广泛接受，并渐渐运用于社会科学的研究中。近几年，国内学者逐渐用该理论研究学者、企业或农民工的创业能力，如鲁兴启（2014）；陈星汶（2014）；谢雅萍（2014）；庄晋财（2014）。

该视角的研究把创业能力看作一种将内外部因素紧密联系在一起的重要能力，并且认为创业能力有助于从外部获得关键信息、知识和其他有形资源，从而有利于创业活动的顺利开展。国外通常把创业能力界定为允许创业者参与多种形式的社交活动，并基于尊重和公平原则来判断其他个人的能力（Rasmussen，2004）。国外研究主要聚焦于与政府打交道的能力、社会交际能力和关系能力在创业活动中的作用。国内学者如唐靖借鉴了西方学者的观点，认为关系视角的创业能力是指构建个体和组织层次关系的能力，主要侧重于界定关系能力的内涵和确定关系能力在创业活动中的作用。

综合社会网络（关系）视角的研究可以看出，这种创业能力既可以是个体层次的，也可以是组织层次的。虽然国内外学者都非常重视关系能力在创业活动中的作用，但国内的研究显得更加具体也更具时代意义，这与中国创业者的历史及当前处于经济转型期不无关系。因为转型经济的一个显著特点就是制度有待完善，法律法规尚不健全，市场机制还不完善，创业者必须动用各种人脉关系来弥补制度和市场缺陷才有可能取得创业成功。

（5）四个视角文献的评价：走向融合

综上所述，首先，这些文献参考的理论由多到少依次是胜任力理论（McClelland，1973；刘叶云，2010；何齐宗，2013）、专业化发展理论（陈琴，2002；朱新卓，2005；张学敏，2011）、核心竞争力理论（赵恒平，2011）、社会网络（陈星汶，2014）、角色认知（黄筱立，2013）等。其次，从个体的创业能力切入，可以发现四个视角有些其实是创业能力的前置变量，有些又是创业能力的构成要素。如创业者的特质，Clarysse（2011）发现基因差异能够解释60%的创业成功和失败差异，而且基因差异大多与机会识别能力差异相关，这里特质即是影响因素，而机会识别能力是因变量。再次，个体认知是创业能力的形成和发展前提，也是创业能力的重要组成部分（倪锋，2007）。组织文化和资源影响关系能力的形成及提升（Hsu，2009）等。最后，本书认为要把四个视角融合起来进行研究才能更好地解释创业能力的构成及影响因素。

2. 关于高校教师的创业能力的研究

熊彼特主义认为学术创业中的教师和企业家的创业功能是一致的，但作为具有独特学术属性特征的个体或群体的教师在创业过程中的具体行为又具有差异。

（1）关于高校教师创业的分类的研究：角色认同

如学术型企业家（Academic Entrepreneur）最早出现在 1965 年的 *Atlantic Monthly* 中，专指大学中那些有别于传统教授的人，他们通常借助自己的学术声望等参与学术以外的事业（陈劲，2004）。Dickson 等（1998）依据知识生产模式，把高校教师创业分为三种类型：典型的学术型企业家（the classic academic entrepreneur）、创业型科学家（the entrepreneurial scientist）、科学型企业家（scientific entrepreneur）。国内学者姚飞（2013）分析了顺其自然型创业者、关系型创业者等五种。黄攸立（2013）依据学术受到商业化的威胁性等维度将高校教师分为 4 种类型：新兴型、守旧型、勉强型、正统型。

角色认同是这些文献运用较多的理论，该理论来源于社会心理学研究领域，研究人们在社会上的自我概念的形成和作用机制，即个体对"我是谁""我将走向何方"等问题的回答，使个体获得一种不再惶惑迷失的感受。如黄攸立（2013）即用角色认同理论探究学术创业学者角色认同的演变过程，角色认同有 3 个层面：最基本层面、个人认同层面和社会认同层面。教师（Mccall，1978；Stryker，1982）创业以个人认同理论为主。

综合高校教师创业的分类研究，国内多数还是进行定性的分类和定义，还较缺乏这些角色不同专业发展阶段特征的研究。国外学者则已开展定量实证研究，如 Czarnitzki（2010）通过对美国国家卫生研究院的生物科学家进行实证分析，最后得出这些科学家若追求在私人部门的创业，他们的学术产量将下降，而当这些科学家重新返回学术时，他们的产量也将不如从前。本书将把教师角色认同和专业发展结合起来研究。

（2）关于高校教师创业能力的影响因素及提升机制研究

对高校教师创业能力的研究同样离不开上述四个视角。如 Brennan（2006）认为教师的创业能力包括寻找优势、追求新颖、谋求机会能力，并分别受教师的声望、专业性、经纪人；创业环境；创业的意义和价值影响。Clarysse（2011）则以创业能力、创业经验、TTO、社会环境为自变量，通过 COX 回归模型得出个体层次的属性和经验是影响教师创业最关键的因素，社会环境的影响要次于个体层次，而 TTO 起间接作用。D'Este（2012）认为教师的机会探索能力受教师研究的卓越性、更早的探索的影响，机会开发能力受先前产学合作经历、科学宽度、技术发现经验影响。国内夏清华等（2011）分析了学者创业的动机、角色等。还有一些则从教师转型的角度，如付八军、朱永跃、李志峰等研究了创业型大学的教师转型。

总的来说，影响高校教师创业能力的因素很多，但国内还较缺乏对各影响因素相对重要性进行判断的实证研究，尚有较大的深化空间。

3. 高校创业教育教师创业能力研究的新视角：教师专业发展

"教师专业发展"本书分析了冯大鸣、邬大光、朱旭东、阳泽等学者的重要观点，为创业教育教师能力影响因素的识别提供了大量新视角。高校创业教育普及化进程中的教师专业化：核心是教师的创业能力。总的来说，由于大学内部治理结构是围绕学术、科研为中心的，学者们基于教师专业发展或专业化视角研究教学能力（许迈进，2014；樊泽恒，2009）、科研能力（张剑平，2006）较多。学者们普遍建议通过制度创新建设专业化创业师资队伍，推动和促进中国高校创业教育的普及化和专业化发展进程（杨晓慧，2012；徐小洲、梅伟惠，2012；黄兆信等，2015）。而制度创新包括建立创业教育学科、开设专业学位教育、设置专任创业教职、建立创业激励机制、打破创业人才流动障碍等策略，为本书提供了重要的参考，但提升创业教育教师的创业能力无疑是较直接有效的办法，并且这些因素哪个是影响创业教育教师创业能力最关键的因素，这些因素的相对重要性如何，还鲜有学者进一步开展研究。

高校创业教育普及化进程中的教师必须专业化，本书初步提出要让"创业教育教师有创业的活力、有创业的动力、有创业的能力"的专业化提升机制（黄扬杰、黄蕾蕾、李立国，2017）。并且认为高校创业教育教师专业发展的核心应是个体的创业能力。

4. 文献评价

综上所述，提升高校创业教育教师创业能力作为保证高质量的创业教育乃至提高科技成果转化率较直接有效的办法。（1）现有文献对高校教师创业能力的研究同样离不开上述特质、机会、管理、社会网络四个视角，但从专业发展的视角进行整合研究的较少；（2）影响高校教师创业能力的因素很多，有宏观、中观、微观三个层面，现有文献较少进行系统的梳理，且对各影响因素相对重要性进行判断的实证研究较少；（3）由于高校教师独特的学术特征，教师有自身的专业发展阶段特征，国外一流大学斯坦福（陆道坤，2014）、慕尼黑工大等都非常注重创业教育教师的职业发展，注重能力培训，国内现有文献以案例介绍为主，较少有完整地来研究创业教育教师不同专业发展阶段特征及相应的发展策略。

因此本书在分析了课题关键词"创业教育""创业教育教师"的基础上，综合学术创业理论、创业能力理论、教师专业发展理论、角色认同理论四大理论，充分运用知识图谱、案例研究、访谈研究、问卷调查、因子分析、层次回归分析、方差分析等研究方法系统分析高校创业教育教师的创业能力提升机制问题。

第 三 章

一核：高校创业教育教师的
创业能力识别研究

第一节　高校创业教育教师创业能力的
内涵与特征

一　高校创业教育教师创业能力的内涵

（一）高校创业教育中"创业"的本质

在高校中，学者们对创业（entrepreneurship）本质的认识是一个逐步从狭义到广义的动态过程。即创业的最初界定为狭义的"创办企业"，授课对象也仅是商学院学生。但随着创业教育普及化和专业化的要求不断增加，学者们更倾向于从广义的角度解读创业（徐小洲、梅伟惠，2010）。

美国学者认为，创业包含三层含义。第一层，创业是识别机会、整合资源，更是将创意付诸行动的一种精神和能力。第二层，创业的过程势必伴随着价值创造。创业不是凭嘴巴夸夸其谈，而是一个脚踏实地、坚持不懈、从无到有的持续开拓过程：仅仅发现了机会，产生了创意，而没有付诸实施行动，就不是创业。第三层，创业是一种体现在师生日常生活中的行为方式，创业是一种生活。

欧盟同样也认为："创业教育的益处并不仅仅局限于建立一个企业或提供一个新的工作岗位。创业指的是个人要将创意转化为具体行动的能力。它包括创造创新、风险意识和科学地计划和管理从而实现目标的能力。"因此，创业是所有人（全民化、终身化）应要掌握的关键能力。无论学生将来从事什么岗位，学校的任务是帮助他们变得更加有创造力，更加有自信心。

中国学者对创业本质的认知亦是逐渐从狭义到广义的过程。在欧美，创业教育不再限于高校学生群体，成了面向全体社会成员开放，任何人在生命各阶段都可以接受的教育形式。比如 2013 年欧盟委员会制定的"创业 2020 行动计划"（Entrepreneurship 2020 Action Plan）就强调公民从幼儿园到大学均要接受创业教育。GEM 报告中显示学校后创业教育指标（Entrepreneurial education at post school stage）我国在 2015 年得分 5.0 分，排名第 16 位，在 2017 年得分 5.1 分，排名第 17 位，虽有进步，但并不明显。根据 A 省受调查学校平均每所有 3464 名学生接受了创业教育必修课或模块选修课的学习，约占平均全体在校生（9841 名）的 35.2%，在线学习创业教育课程的学生平均数为 1758 名，两者合计占比约 53.1%，与欧美高校的普及化、专业化仍有一定的差距。进一步深入访谈分析后发现，不少人对创业教育理念的理解太狭隘，认为创业就是创办企业，学生参与创业积极性不高（35.7%），不少学生提到"我将来当医生、公务员，不创业"。Heinonen 和 Poikkijoki 指出创业教育至少有三层目标：教授学生理解创业，以创业精神行事，成为一名创业者。一些高校师生认为创业教育就是把学生培养成创办企业的自主创业者，这导致当前的创业教育过度偏重大学生创业实践能力的培养，弱化了创业教育对学生创业精神的培养（黄兆信，2013）。据此，温州医科大学黄兆信教授提出了"岗位创业"的概念，即指在现有岗位工作的同时，利用自身专业技能知识以及所掌握的资源进行创新创业活动，是一种基于内创业理论的改进模式。东北师范大学王占仁教授则提出了"广谱式创新创业教育"，就是一种要面向全体学生、结合专业教育并且融入人才培养全过程的广义的创新创业教育，该模式的基本目标提出要全覆盖学生、分层差异化推进的完整的一个体系架构（王占仁，2015）。

可见，创业的本质不仅仅是指建立一个企业或自主创业，还包括学生创业知识、意识、技能、创业态度精神等全面的培养，它是覆盖全体学生，贯穿终身的完整体系，是一个"广义的创业"的概念。

（二）高校创业教育教师创业能力的内涵维度

如上所述，欧盟提出："创业指的是个人将创意转化为行动的能力，包含创造力、创新和风险意识以及通过计划管理从而达到目标的能力（徐小洲、梅伟惠，2010）。"而能力是一种心理素质，是顺利完成某种心理活动的心理条件（孙健敏等，2017），即完成一项目标或者任务所体现出来的综合素质。一名合格专职创业教育教师，要有创业精神、创业知识、职业能力、教学能力和研究能力。

综合上述文献和理论对创业能力的分析，本书认为高校创业教育教师的创业能力是指高校创业教育教师顺利完成创业教育相关工作所需要的态度、知识和技能三个方面的综合素质（见图3—1）。因此包括态度、知识、创业技能三个一级指标。其中态度主要包含创业认同、创业意志、创业精神三个二级指标；知识主要包括教育学相关知识、教师本学科专业知识、风险投资知识、创业相关知识四个二级指标；创业的技能主要包括教学组织技能、创业实践指导技能、机会探索技能（技术发明、咨询）、机会开发技能（创办企业、入股）和经营管理技能五个二级指标。

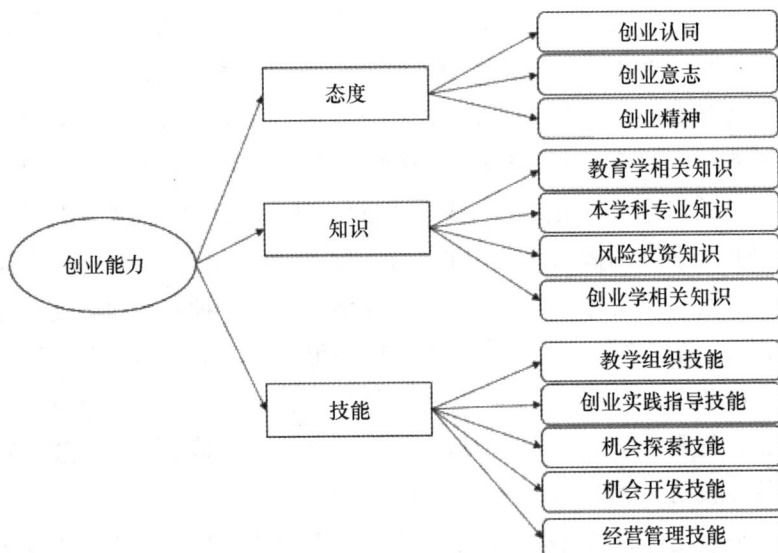

图3—1　高校创业教育教师创业能力的构成维度理论模型

二 高校创业教育教师创业能力的特征

如上所述，教师和企业家的创业能力有相同的视角，但作为具有独特学术属性特征的个体或群体的教师的创业能力又具有差异。因此具有以下三个特征。

1. 高校创业教育教师的创业能力本质上是个体层次的学术创业

Brennan 将学术创业分为五个层次：创业系统、大学、学术组织、实践社区、学者个人（Brennan M，2006）。分析国外高等教育期刊可以发现对学术创业的研究层次多数集中在国家/区域、机构和学科，对个体层次研究的较少（Mars M，2010）。而高校教师与企业家的创业能力最本质的区别在于教师还要有一定的学科专业、教育理论知识，具备教授学生掌握创业理论、创业知识、创业技能的能力，因此教师尤其需要有效平衡学术和创业的关系，在致力于创业相关事务时，尽量保证自身的学术水平也能稳定在一个较高的水平，因此本质上属于学术型的创业能力范畴。

2. 高校教师创业角色的多样性决定了其创业能力提升的不同路径

高校教师的创业角色可以分很多种类型。如学术型企业家（Academic Entrepreneur）的概念，专指大学中那些有别于传统教授的人，他们借助自身学术声望等参与学术外的事业（陈劲等，2004）。姚飞则提出了顺其自然型创业者、关系型创业者等五种（姚飞，2013）。黄攸立依据学术受到商业化的威胁性等维度将高校教师分为 4 种类型：新兴型、守旧型、勉强型、正统型（黄攸立等，2013）。综观高校教师创业的分类研究，国内多数还是进行定性的分类和定义，还较缺乏这些角色不同专业发展阶段特征或内在动机的研究。国外学者则已开展定量实证研究，如 Czarnitzki 通过对美国国家卫生研究院的生物科学家进行实证分析，得出科学家若追求在私人部门的创业将使学术产量下降，而当重新返回学术时，产量也将不如从前（Czarnitzki D，2010）。角色的多样性也决定了其创业能力提升的不同路径。

3. 高校创业教育教师的创业能力受多层次因素影响

高校创业教育教师的创业能力会受宏观上政府政策等、中观上学校制度、学科归属、激励措施等、微观上教师其他个体因素的影响。

Brennan 就提出教师的创业能力包括寻找优势、追求新颖、谋求机会能力，并分别受教师的声望、专业性、经纪人；创业环境；创业的意义和价值影响。Clarysse 则以创业能力、创业经验等为自变量，通过 COX 回归模型得出个体层次的属性和经验是影响教师创业最关键的因素。D'Este 认为教师的机会探索能力受教师研究的卓越性、更早的探索的影响，机会开发能力受先前产学合作经历、科学宽度、技术发现经验影响（D'Este P，2012）。国内一些学者还从学者创业的动机、角色等分析了和创业能力的关系。还有一些学者则从教师转型的角度，探讨创业型大学的教师转型。

第二节　高校创业教育教师创业能力
影响因素访谈研究

一　研究目的

高校创业教育教师创业能力的构成与影响因素是本书所要解决的两大基础性问题，本部分研究通过半结构化的深度访谈，了解创业教育教师或相关创业教育管理者、实践者对高校创业教育教师创业能力的构成与影响因素的理解，并通过内容分析进一步确定高校创业教育教师创业能力的构成关键要素及主要影响因素，在一定程度上验证上述概念中的假设。同时，通过访谈，初步了解高校创业教育教师创业能力的提升机制。

二　行为事件访谈法概述

访谈法（interview）是指调查员和受访人面对面地交谈来了解受访人的心理和行为的基本研究方法。因研究问题的性质、目的或对象的不同，访谈法具有不同的形式。由于创业教育教师的创业能力是指其顺利完成创业教育相关工作所需要的态度、知识和技能三个方面的综合素质。因此分析其创业能力的构成，本质上就是创业教育教师创业胜任力建模（competency modeling）的过程，而胜任力建模源于 30 多年前麦克利兰的研究（Spencer, L. M., Spencer, S. M., 1993），其主要思路有行为事件访谈法、战略导向法和标杆研究法。

其中，行为事件访谈法（BEI）是一种开放式的行为回顾探索工具。它有效结合了关键事例法（Critical Incident Technique，CIT）与主题统觉测验（Thematic Apperception Test，TAT）的方法，要求受调查者回想过去一段时间（多年、一年或半年均有）他在（创业教育）工作上感到最具有成就感（或失败感）的关键事件。比如学者时勘等（2002）就运用了 BEI 行为事件访谈技术探讨了中国通信业高层管理者的胜任特征模型，指出中国通信业高层管理者的胜任特征模型包括组织承诺、成就欲、团队领导以及主动性等（时勘、王继承、李超平，2002）。这种方法主要通过对访谈对象（创业教育教师或管理者）的深入访谈，收集访谈对象在创业教育工作期间所做的成功和不成功的事件描述，挖掘出影响高校教师创业教育工作绩效的关键行为。之后对收集到的具体事件和行为进行汇总和编码分析，并且在不同的被访谈群体之间进行比较研究，寻找可能存在的显著差异（孙健敏等，2017）。

但由于行为事件访谈法存在一定的缺陷：一是对访谈者的理论知识、访谈技巧等各方面要求均非常高，并且极费时；二是需要大量的被访谈对象，牵涉面比较广，需要大量的人力、财力和物力去支持。因此在实际人力资源管理的应用或相关的学术研究中，很多学者对行为事件访谈法进行了简化，并与其他方法相结合。因此本书采用简化的行为事件访谈法，并从三方面加以改进：一是问受访者最关键的因素或事件行为，保留行为事件法最核心的内容，由笔者根据自己的创业教育经验进行进一步总结提炼；二是运用定量的内容分析法来对访谈资料进行整理分析；三是后续研究结合大规模的问卷调查，解决难以大量访谈的问题，运用 SPSS 等软件在访谈的基础进行实证分析，以期为本书找到更有价值的结论。

三 访谈研究的设计

1. 研究假设

综上所述，根据研究目的，此处有两大假设：

假设 HC：高校创业教育教师的创业能力是一个多维度的概念。

假设 HX：高校创业教育教师的创业能力提升受宏观、中观、微观多方面的影响。

2. 研究步骤

第一步，设计好半结构化访谈问卷，结合网页、背景文本资料等的收集，获取尽可能详细的一手资料。

第二步，具体实施。运用半结构化访谈问卷相对于结构化访谈能获取到更多信息，因为访谈对象可以自由回答提纲上的访谈问题，答题过程中访谈对象亦会谈及一些的访谈提纲以外或者他自身感兴趣的信息。由于半结构访谈法有利于捕捉和了解新的或深层次的信息，适应面广，还易于建立主客双方轻松融洽关系，可使访谈对象坦率直言，从而提高研究结果的信度和效度（黄扬杰，2014；陈艾华，2011）。同时，对于那些存储在人脑中的非数字化资料（如专家经验、创业失败感悟等）的收集，使用访谈法也可以取得比较好的效果。

第三步，访谈资料整理。运用量化内容分析技术对访谈资料进行编码和系统分析。

3. 访谈提纲

访谈问卷围绕本书主要解决的三大问题，并设计了中文版访谈提纲和英文版的访谈提纲，具体访谈题目详见附录。英文访谈任务由课题组成员 2016 年在美国访学期间完成，共访谈了 3 所美国大学（美国威斯康星大学麦迪逊分校、伊利诺伊大学香槟分校、华盛顿大学圣路易斯分校）的 8 位创业教育相关工作行政人员或教师（附录访谈对象中的 T1 - T8），考虑到收集国外更广泛的信息，英文访谈提纲题目均设计为调查"全校性创业"各方面的信息，在这过程再收集整理关于创业教育教师创业能力提升影响因素的相关信息。国内的 24 份访谈资料（T9 - T32）既涉及创业能力的构成因素，也涉及创业教育教师创业能力提升的影响因素访谈，访谈对象来自全国各省有着丰富创业教育经验的专家、学者、政府人员等。

4. 访谈程序

为了尽可能多地获取本书所需的信息，同时又要考虑访谈的效率及时间成本问题，本书的访谈分两条线路并行进行：一是国外访谈任务由本书成员 2016 年在美国访学期间完成，共访谈了 3 所美国大学的 8 位创业教育专家学者、行政管理人员。二是国内的访谈任务，由笔者带领团队成员展开，从本书的开题报告会（2016 年 3 月）开始，根据开题报告会多位权威专家（3 位创业或教育领域长江学者）的访谈意见，围绕本书的主要问题，有针对性地赴全国各地调研创业教育理论和实践者，进一步获取课题所需的信息，国内的样本访谈了共 24 位。

正式访谈前，先行将访谈提纲发给受访者（访谈对象见附录二），总体依据访谈提纲展开，但内容不限于提纲，给被访者一定的自由发挥空间，尽可能捕捉到相关信息。访谈过程中，首先熟悉受访者单位的基本情况和其个人简介。这些基础工作有利于访谈过程中的深层次交流及后续问题的回答，避免气氛尴尬。然后，要求访谈对象尽可能按行为事件访谈分析技术讲述关键事件。同时，将访谈内容录音，访谈结束后让一名记录员 A 翻录，另一名记录员 B 修改并补充，第三名记录员 C 修正审阅，三轮二修改，同时要求三名博士都是创业教育研究领域的，并且熟练阅读英文资料，确保能尽可能完整地把访谈记录下来，最后将其访谈内容整理成完整访谈文本。三名记录员（笔者；××大学创业教育某副教授、博士；××师范大学创业教育某讲师、博士）在整理前共同进行了行为事件访谈技术的专业培训，并要求全都亲自参与过课题的访谈过程；在整理的过程中即将一些自认为关键的信息加粗和标红色，为后续的内容编码分析打好基础；最后在上述步骤结束后，对这些访谈资料开始进行内容编码分析，并加以总结提炼。

四 访谈资料的内容分析

内容分析一般包括如下过程：提出研究问题或假设、确定研究的范围、抽样调查、确定分析单元、类目表建构、构建量化系统、进行内容编码、分析数据资料、解释结论、检验信度和效度（李本乾，2000）。

（一）确定分析单元

"在文字内容中，分析单元既可以是独立的字、词、符号、主题（对某个客观事物独立的观点与见解），又可以是整篇文章或新闻报道，在电视或电影分析中，分析单元也可能是动作或整个节目"（李本乾，2000）。本书在参考（陈艾华，2011；李晶，2008）等学者的基础上，结合本书的相关访谈资料实际，确定以相对独立完整的句子作为最小的内容分析单元。这些句子要与本书研究的主要问题密切相关，通过对访谈资料进行定量分析，最后对创业能力的构成要素和影响因素进行归类，要求编码者判断每个分析单元（句子）分别属于哪种相应的要素。

（二）类目表建构

1. 类目表建构的方法

如上对内容分析法所述，确立识别规则与编码内容特征是内容分析过程中最为关键的一环，而"类目表的建构过程即识别和确立编码内容特征的明晰规则的过程"，编码过程在很大程度上决定着内容分析的成败。"最基本的编码过程就是将大量文本组织成少量的内容类目"（颜士梅、王重鸣，2007；陈艾华，2011）。对类目表的构建主要有两种方法：归纳类目开发法（Inductive category development）和演绎类目开发法（Deductive category application）。在归纳法中，先对数据进行逐步分析，再通过判断归纳形成类目；而在演绎法中，初始代码的开发主要是利用现有理论或先前研究成果，并以此对数据进行分析，随着分析的深入，另外的代码被不断开发，初始代码得到了进一步地修正和提炼（Mayring，2000）。

从文献综述中可以看出，虽然研究创业能力、创业胜任力的文献非常多，但针对高校创业教育教师这个独特群体的文献还较少，而演绎法的本质是从一般到特殊，优点是由定义根本规律等出发一步步递推，逻辑严密结论可靠，且能体现事物的特性；缺点是缩小了范围，使根本规律的作用得不到充分的展现。相对于归纳法的从特殊到一般，本书采用演绎类目开发法更为合适。

2. 演绎类目开发法的步骤

进行演绎类目开发（见图3—2），首先是要明确研究问题与目标：即教师的创业能力是一个多维的、整体的概念，基于已有理论通过访谈资料的演绎分析，能获得其主要类目；其次是要形成类目的定义、举例和编码规则，以便在访谈文本中搜索；再次是根据信度检验，反复修正分析；最后是尽量形成较合理的类目结构，完成开发。

（三）研究假设的要素类别构建

基于访谈资料整理，并结合上述国内外相关研究文献，提出"假设HC：高校创业教育教师的创业能力是一个多维度的概念。"受访者基本上比较能达成共识，都认为应该借鉴广义的创业的概念，至少包含知识、态度和技能三个方面。所以此处对假设 HC 就不再进行内容分析，而是留待后续的问卷中进行探索性因子分析，相对于内容分析将更科学。

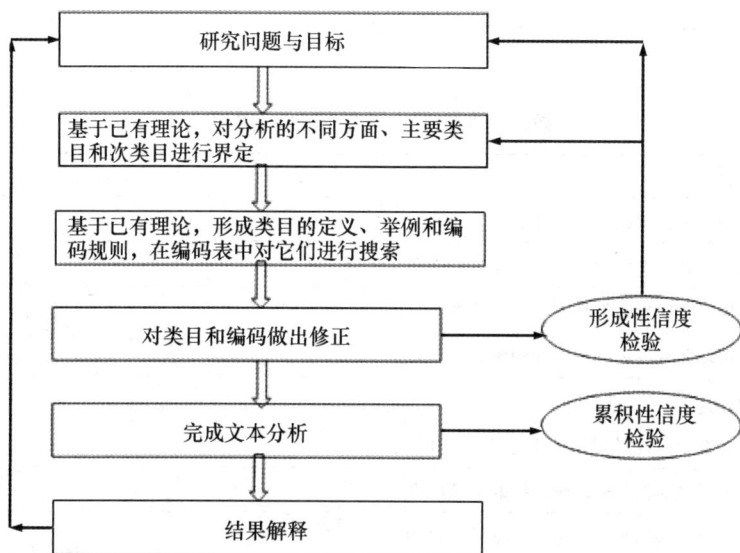

图3—2 演绎类目开发法步骤

资料来源：作者根据（陈艾华，2011；黄扬杰，2014）相关资料整理。

而根据"假设 HX：高校创业教育教师的创业能力提升受宏观、中观、微观多方面的影响。"按照内容相关、构思域完整、类别之间相关排斥的原则对访谈资料进行分析、筛选，经过多次反复的思考推敲，初步形成高校创业教育教师创业能力提升影响因素的四维度分析框架：学习构面—激励构面—合作构面—支持构面。对假设 HX 的定量内容分析有助于我们对教师创业能力的提升机制模型有个大致的了解，因此有必要分析之。

（四）编码表的构建

在内容分析过程中，编码表的构建过程就是确立较明确的类目（次类目）和编码内容特征的明细规则，并使之适宜问题和内容。在构建编码表时，选取的类目应与所要研究的问题紧密相关，同时为了方便编码和分析，应对类目数量进行一定的控制，并尽量使类目具有互斥性和完备性（李晶，2008）。基于此，为了得到尽可能客观的编码结果，本书设计了以下编码规则：首先尽量采用访谈资料本身的描述，其次采用二值数据，即1代表是，0代表否。以上编码则可在一定程度上避免研究者解读相同信息出现歧义，并且可使研究过程具有可重复性（夏清华，2011）。并构建了本书的编码表（见表3—1）。

表3—1　　　　　　　　教师创业能力的提升影响因素编码

学习构面
鼓励教师参加创业学专业的硕士和博士学习
为创业教师发展做科学的职业生涯规划
重视在职前教师教育中进行创业教育培训
重视创业教育理论与实践的研究
激励构面
学校有专门针对创业教师的职称晋升机制
将教师创业教育业绩纳入绩效考核标准
学校有合理的师生共创的考核评价机制
学校有良好的专业教师参与创业教育教学的激励机制
合作构面
建立了相关教师到企业挂职锻炼制度
建立了完善的校内外师资聘任管理办法
有鼓励跨学院（学科）的创业教育合作机制
有鼓励师生合作开展科研创业项目的机制
支持构面
政府部门支持学校创业教育
企业支持学校创业教育
学校有专门的创业教育工作领导小组
学校有给创业教育教师时间、场地和经费保障

注：该构面是根据访谈资料中涉及的资料初步整理出来的，亦是本书问卷的早期基本框架，所以与最终问卷肯定略有不同。

（五）编码的信度检验

内容分析法信度一般是指两个或两个以上研究者按照相同的分析维度对同一材料进行评判结果的一致性程度，它是保证内容分析结果可靠性、客观性的重要指标。一般认为内容分析中编码的一致性程度在0.80

以上为可接受水平，在 0.90 以上为较好水平（李晶，2008）。其中，编码一致性程度（CA）可用编码归类相同的个数与各类别上编码个数总数的比值来表示，若用 T1 表示编码员 A 的编码个数，T2 表示编码员 B 编码个数，T3 表示编码员 C 的编码个数，T1∩T2∩T3 表示三个编码者编码归类相同的个数的交集，T1∪T2∪T3 则表示三个编码员各自编码的个数的并集，则计算公式（李晶，2008）如下：

$$CA = \frac{T1 \cap T2 \cap T3}{T1 \cup T2 \cup T3} \qquad 式 3—1$$

通过计算，得出结果（见表 3—2），显示四个构面编码员一致性程度均大于 0.8，达到可接受的信度水平。并且可以初步发现：学习构面的频次为 61 次，占总频次百分比为 25.63%，其次依次是激励构面频次为 46 次，占总频次百分比为 19.33%；合作构面的频次为 58 次，占总频次百分比为 24.37%；支持构面的频次是 73 次，占总频次百分比为 30.67%。对教师创业能力的影响因素的各维度的相对重要性有了初步的判断：发现受访谈学者谈得最多的是支持构面，即高校要在宏观和中观上给予创业教育教师足够的时间、经费、场地的支持。

表 3—2　　　　　　　32 份访谈资料的内容分析结果

影响因素	编码员一致性程度	频次（次）	占总频次百分比
学习构面	0.91	61	25.63%
激励构面	0.84	46	19.33%
合作构面	0.87	58	24.37%
支持构面	0.92	73	30.67%

注：$N=238$，32 篇访谈材料中的同一篇资料可能会涉及两个或两个以上的构面，所以此处三位编码员四个构面总共出现的频次和为 238。

为进一步检验编码的信度，还需检验三位编码员之间的 Kappa 系数（一致性系数）。一致性检验在医学临床诊断中有广泛应用，如判断两位或多位医生对同一病人的诊断结果是否一致。通常有两种方法，一种方法是评价新的实验方法与黄金标准是否一致；另一种方法是评价两种试验方法对同一样本的研究结果的一致性，或者两位编码员对同一（访谈）

样本的编码结果的一致性，等等（Cohen，1968）。此处所采用的即后者，计算公式如下：

$$kappa = \frac{p^o - p^e}{1 - p^e}$$　　　　　　式 3—2

式 3—2 中的 p^o 观测一致率，p^e 为期望一致率。当观测一致率大于期望一致率时，Kappa 值为正数，且 Kappa 值越大，说明一致性越好。当观察一致率小于期望一致率时，Kappa 值为负数，但一般来说很少见。根据边缘概率的计算，Kappa 值的范围应在 −1—1。Kappa≥0.80 时两者一致性极好；0.80≥Kappa≥0.60 时两者一致性较好；0.60≥Kappa≥0.40 时两者一致性一般；Kapp≤0.40 则表示两者一致性较差（Viera & Garrett，2005）。本书计算结果显示，A、B、C 三位编码员之间的两两 Kappa 系数为 0.703、0.724、0.689，因此编码员一致性程度较理想。

（六）编码的效度检验

编码效度评定主要通过经验进行。本书的内容分析的效度建立在以下几个基础上：第一，按照规范的内容分析法程序，基于演绎类目开发法，对创业能力类目表进行编制，编码表的理论基础是基于大量的文献和理论基础。第二，参与访谈的人员、访谈资料的整理人员都是本国家课题组成员，有多年研究创业教育或创业教育的实践管理经验，也均查阅了大量创业教育、教师发展等的相关文献，较容易把握资料和类目的匹配；第三，成员一般都有过编码分析经历，熟悉编码的相关要求、规则。因此，本书中的内容分析具有较高的效度。

第三节　经典访谈摘编

在访谈中我们收集了很多有价值的信息，具体访谈题目请见附录，下面简单举例如下：

1. 国外访谈资料简单举例

（1）某受访者 A：你参与创业教育的成功经验

"他们可以在像晚餐这样的休闲环境中会见企业家、政策制定者等。该（创业）倡议最初是由考夫曼基金会资助的。我们已经投资了大约 40 万美元来帮助开发课程，更新设施等，这样我们就可以在宿舍楼里上课了。改善这些设施是极其重要的，我们得到了考夫曼基金会的大量资助。在考夫曼基金会的资助期结束后，我们开始接受来自校园的支持，特别是麦迪逊大学本科生教育计划（MIU），这是来自威斯康星州的资金，用于帮助学生创造更好的学习环境，帮助学生获得更好的学习成果。"

They can meet entrepreneurs, policy makers and so on in a casual setting like a dinner. That initiative was funded by the Kauffman foundation grant originally. We have invested roughly $400, 000 dollars to help develop the courses, update the facilities, and so on so that we can teach on site in the dormitory hall. To improve the facilities was extremely important, and we got a lot of [financial] help from Kauffman. After the Kauffman foundation grant period ended, we began receiving support from campus, specifically the Madison Initiative for Undergraduate Education (MIU), which was money from state of Wisconsin given to the campus to help create better learning environments and to help students achieve better learning outcomes.

（2）某受访者 B：在提升学校的创业中你是否有遇到什么障碍

"我认为主要的挑战是教师们很忙，他们中的很多人都不想花时间去创业。我不认为有什么大的障碍。并不是所有的老师或学生都有兴趣发展自己的想法。"

I think the main challenge is that faculty is very busy, so many of them do not want to take time and start business. I don't think there are any major obstacles.

（3）某受访者 C：提升创业的关键影响因素或障碍

"广义的定义使它（创业）更容易被接受。很多人会说，哦，是的，我也是一个企业家。因为人们认为企业家在那里，而不是对它感兴趣；但后来他们意识到，在大学里会发生很多事情，实际上涉及创业精神。这有助于接受。然后是钱。我们需要风险资本来做事情。他们中的一些人开始自我维持，比如这里的诊所或那里的宿舍。我想这栋楼花了我们很多钱。

I think a broad use of the word so that many people can relate to it and identify with it. The broad definition made it more acceptable. Many people would say, "Oh, yes, I am an entrepreneur, too." because it is people who think entrepreneurs over there, not so interested in it; but then they realized so much would happen at the university, actually involves entrepreneurship. That helps with the acceptance. Then it is the money. We need venture capital to do things. Some of them became self-sustaining, like the clinic here or the dorm there. I think this building cost us a lot of money.

"无论如何，广义的定义和强有力的领导，一些努力工作的教员将会有所帮助。所以有广泛的定义，好的人和资源，这是使它成功的必要条件。"

Anyway, the combination of broad definition and strong leadership, some of the faculty working really hard on it will help. So there are broad definition, good people and resources, which are what it takes to make it successful.

"我认为，提升创业的主要障碍是人们太忙，这个校园里已经有多少活动了。我研究的是大学教员的时间。所以我研究这个，每周工作 60 个小时。大多数教员都喜欢做研究。但是大学教员每周要花 15—20 个小时在这上面。他们在管理上又花了 15—20 个，比如管理补助金，做文书工作。他们在教学上花了 10—15 个，还有 5 个在其他方面。我们正努力引起他们的注意，哦，你也应该是企业家，让我们发展业务。我已经有一份全职工作了。你正在和许多其他的活动竞争。这对教师、教职员工和学生都是如此。学生来到这里。他们中的大多数人在 17 岁或 18 岁时来到这里。他们想要交朋友，他们想去参加聚会，他们想要玩得开心，他们想在学校里做得很好。他们可能不得不找一份工作，因为他们没有足够的钱来支付所有的费用。所以他们需要一份工作来支付他们的一些学校费用。因此，将创业精神注入他们的经历中是很困难的。事实上，许多学生都在做创业的事情，但他们必须为自己的时间而竞争。但我们的主要障碍之一是引起人们的注意。所以他们会更感兴趣并思考他们可能会做些什么更有创业精神。所以一个主要的障碍是人们太忙了。他们有太多的事情要做。"

The main obstacle for promoting it, I think, have to do with how busy people are, how much activities there already are on this campus. I do research on university faculty time out location. So most faculty, I studied this, work about 60 hours a week. Most of faculty love to do research. But university faculties get to spend about 15 – 20 hours a week on that. They spend another 15 – 20 on administration, like managing grants, doing paperwork. And they spend maybe 10 – 15 on teaching, and 5 on other stuff. We are trying to get their attention, "oh, you should be entrepreneur too, let's develop business. " "I already have a full-time job. " You are competing with many other activities. That is true for faculty and the staff and students. Students come here. Most of them come here at 17 or 18 years old. They want to make friends, they want to go to parties, they want to have fun, and they want to do well in schools. They maybe have to have a job because they don't have enough money to pay for everything. So they will need a job to cover some of their school expenses. So filling entrepreneurship to their experience can be hard. Many students in fact do entrepreneurial things, but they have to compete for their time. But one of the main obstacles we had was to get people's attention. So they would be more interested and think about what they might do that is more entrepreneurial. So one of the main obstacles is people being too busy. They have too many things to do already.

"还有就是我们大学教师的薪酬制度。大学教师获得了 9 个月的薪酬。从国家预算中得到。但接下来的 3 个月，我们必须提高自己，这意味着我们必须找到自己的钱。我们必须在夏天做研究或教授课程来赚钱。我可以得到大学的资助，我得到了一份国家科学奖。在这笔拨款中，它说可以从这笔资金中获得一个月的薪水，而其他的钱则用于支付实验室和其他的费用。但大多数教员都必须找到方法来为这 3 个月筹措资金。所以大学要在某些方面支持这一努力。当你说去创业的时候，大多数的教员都会说，好吧，付钱给我吧。我知道我 3 个月的工资是怎么得到的，我必须得到补助金；但如果我在这里创造了一项新业务，可能一时赚不到钱，你会付给我这 3 个月的钱。而现在，没有这种机制。"

Here is our reward system for the university faculty. University faculties get paid for nine-month award. We work for trail; we get paid for 9 from the state budget in our grant. But then the next 3 months, we have to raise ourselves, which means we have to find our own money. We have to do research or teach class in the summer to get money. I can get the university funding for the following cases: I get a national science grant. And in that grant, it says that Bram can have one-month salary this year from this grant, and other money goes to pay for the lab and other things. But most faculties have to find ways to develop funding for those 3 months. So the university supports that effort in some ways. Whenyou say go to entrepreneurship, then most faculties will say, OK, pay me for it. I know how I can get paid for my three months, I have to get grants; but if I create a new business here, which may not make money for a while, you gonna pay me for those 3 months. And right now, there is no mechanism for that.

（4）某受访者 D：提升创业的关键影响因素或障碍

"最大的挑战是有这么多的事情发生。有太多的优先事项让我们去中心化，这在很多方面都是积极的。因为我们是分散的，而且有太多的优先事项发生了，如果我想要有一个非常好的校园创业计划是非常困难的。每个个体教师都是如此不同，我认为这将是一个挑战。因此，我认为关键因素是找到一些容易的地方，这些地方已经有了校园创业的基础，并挑选了一些正在创业的关键人物。我们会在已经在做这件事的人和对它感兴趣的人之间建立对话，讨论正在发生的事情以及其他人或学校正在做的事情。然后我们会把这些活动推广到其他学院，比如生命科学学院。他们的教师也开始和学生一起创业，然后与其他单位接触，我想这是一种培养它的方法。我认为劳拉海斯勒的团队就是一个开始。这就是为什么我们被邀请到谈判桌上，因为他们想要扩大它（创业），我们也想知道如何支持它。"

The biggest challenge is there is so much happening. There are so many priorities that make us decentralized, which could be positive in many ways. Because we are so decentralized and there are so many priorities happening, I think it is very hard to have a blinking campus-wide entrepreneurship initiative. Blinking would be everyone doing the same thing, but each unit is so different that I think that would be a challenge. So I think the key factors are finding easy places that already have its basis for entrepreneurship on campus and picking some key people who are doing entrepreneurship. We would build conversation between people who are already doing it and who are interested in it, discussing what is going on and what other people or campuses are doing. Then we would push these kinds of activities to other colleges, like the College of Life Science. They started doing entrepreneurship with their students, then reaching out to other units. From our campus, I think that would a way to cultivate it. I think Laura Heisler's group is a start of that. And that is why we got invited to the table, because they want to broaden it and we also want to know how to support it.

（5）某受访者 E：提升创业的关键影响因素或障碍

笔者注："该受访者首先举例了一个创业教育教师典型榜样 Tony 的例子，指出该教师有一些很好的品质，有非常强的意愿成为好的创业者，并且非常努力地工作和喜欢支持帮助他人。"

"是的，因为每个人，因为一个教授，我们有很多事情要做，每个人都很忙。所以人们不能，你知道，表现得像他们的名字或研究、教学。没有多少人能超越他们所做的事情，这在大学里并不常见。"

Yes, because each person, because a professor, we have so many things to do, everybody is very very busy. So people can't, you know, behave like what their names or research, teaching. There are not many people can look beyond what they do, it's not common in university.

2. 国内访谈资料简单举例

（1）受访者 F 提道："创业教育教师不仅是有自身创业的能力，教创业的能力和相关知识也很重要，可多借鉴教师专业发展理论；其次为教师提供时间、经费、场地的保障最重要，现在教师根本没多余时间，大家都很忙。"

（2）受访者 G 提道："对创业教育教师的培养可以多借鉴学校组织干部那套培养方式，各级各层次的创业人才的选拔和相对应的支持培养工程应该迅速开展起来，为每位创业教育教师配套一位导师。"

（3）受访者 H 提道："欧盟在培养创业型教师方面有一整套自己的标准和体系，已经比较成熟，中国的教师创业能力的培养还是千篇一律型，都是 KAB 或经营管理那套东西。"

（4）受访者 I 提道："现在的一些挂职锻炼实际效果不大，企业知道你干不久，就是来长见识的，不会教给你很多深层次的东西，我们需要的是那种跟教师学术结合比较紧密的，比较长期的相互共赢的项目，才能真正得到锻炼，当然这又可能对教师的教学等产生影响。"

（5）受访者 J 提道："作为创业教育专业课教师，我现在觉得我们学校比较离散，大家抢占围护自己的地盘，就是专业课老师只管好自己的课，做自己的学术研究；辅导员转型的创业教育教师、管理行政者等则争着学生的创业竞赛项目，尽量不让专业课老师插手，可能因为这个指导师排名先后加分差别很大，缺乏一个机制或场地，或者说动力把这群人聚集在一起共谋划策。"

因此，综上所述，虽然我们访谈时收集的是很广泛的信息，比如可能有些是如何促进创业型大学建设的信息，但这些信息依然包含了很多影响创业教育教师能力的因素，因为教师创业能力提升的影响本身就是多层次的，这也是之前学术创业理论、创业能力理论等提供给我们最大启示。通过访谈为本书对高校创业教育教师创业能力的构成和影响因素的研究收集了更多有用的信息，也为问卷量表的设计提供了理论和经验支撑。

并且通过访谈研究，假设 HC、假设 HX 均初步通过了验证。

第四章

案例研究：国内外创业教育教师
创业能力提升策略

第一节　研究目的和方法

一　研究的目的

创业教育师资（教师的数量、质量、结构、能力等）短缺是各国在推进创业教育过程中遇到的普遍性问题。美国、欧盟（如提出建设"创业型教师"）等都制定了大量的创业政策，并取得不少成功经验，中国高校也进行了大量实践探索，虽然仍有不少问题，但正在大步追赶。本部分选取一些典型的案例，基于第三章中访谈研究提出的"学习—激励—合作—支持"分析框架，根据第二章中创业教育知识图谱的国家节点，选取美国、欧盟等创业教育先进国家进行案例剖析，以期能更好把握创业教育教师创业能力的内涵和提升策略。

由于创业教育教师的创业能力受多层次的影响因素影响，所以本部分的案例偏向于中观或宏观的综合分析，涉及的创业教育理念、创业教育课程、创业环境、创业教育师资、创业教育生态系统、创业教育政策等方方面面，以期能更好更全面地把握各种能力提升的影响因素。

二　案例研究法概述

罗伯特·因（Robert Yin）指出案例研究采用"分析式概括"，而非"统计式概括"的方法（Yin，2013）。对于"为什么"和"怎么样"的问题，采用案例研究法能给出较为满意的答案，因为从抽象的意义角度看，方法论研究的是一条思考理据的道路。可以在事件不能被控制的情况下调查现象，以及关注的焦点在当代事件。由于创业教育教师创业能力提升的相关研究成果很少，笔者的目标是理论构建，而不是理论测试；前者在研究某一主题的早期阶段或需要一个新的视角时很有用，而后者在知识的后期阶段是有用的（Eisenhardt，1989）。根据研究目的的不同，案例研究可以划分为探索型（Exploratory）、例证型（Illustrative）、描述型（Descriptive）、解释型（Explanatory）和实验型（Experimental）。

艾森哈特（Eisenhardt，1989）在综合扎根理论、定性数据方法、Yin的案例研究框架上提出要强调多案例研究，认为案例数目过少的话，得出的经验将不能令人信服。因此本书对案例研究进行复合应用，且将单案例历史分析和多案例的比较相结合，因为从多角度客观地剖析案例，能得到更有价值的结论。单案例的历史分析有助于把握教师创业能力培养的前因后果，多案例比较有助于把握不同国家、学校的共性特征，以便构建本书的理论模型。案例资料主要通过以下途径获得：浏览官网一手材料、分析二手文献、学校年度发展报告等。

第二节　美国提升创业教育教师创业能力的案例研究

一　美国创业教育发展基本情况

美国是世界各国创业教育的典范。从创业教育、创业教育教师、学术创业还是创业能力的知识图谱研究分析可以看出，美国在被引国家频次方面均高居第一位。

美国的创业教育发展大致经历了三个阶段：（1）萌芽阶段（1947—1970 年）：从 1947 年的哈佛大学首次由迈尔斯·梅斯（Myles Mace）在商学院开设创业教育课程开始，到 1953 年纽约大学开设由彼得·德鲁克主讲的创业教育讲座，再到 1968 年百森商学院第一次引入创业教育学士学位是这阶段的关键性标志事件。（2）发展阶段（1970—2000 年）：这个阶段创业教育逐渐从美国当年的商学院、工学院等扩展到各大学与学院。提供与创业有关的课程的学院或大学的数量也从 20 世纪 70 年代的少数几所发展到 2005 年的 1600 多所（Galvão，A.，Ferreira，J. J.，Marques，

C.，2017）。与此同时，一些重要的创业学术期刊也相继出现。（3）逐渐成熟阶段（2000 年至今）：这阶段主要有三个标志：①创业教育师资或课程项目高速增长；②社会关注度日益增加：各种报纸新闻报道，各种创业相关排行榜相继出现，如美国大学校友创业排行榜、USNews 美国大学创业学专业排名等，以及各种学术团体发布的创业监测报告，如 GEM 等（Levie，J.，Autio，E.，2008）；③创业相关研究百家争鸣。

二 美国创业教育教师的创业能力要求

美国各高校认为一名合格的专职的创业教育教师，其创业能力至少需要包括创业精神、创业知识、职业能力和学术能力（熊华军，2014）。创业教育教师的专业发展不仅是创业教育教师获得社会认可的标识，也是高校招聘遴选创业教育教师的重要指标。

1. 创业精神。斯坦福大学指出"创业精神是一种思维，它要内化到行动中，不仅指向工作，而是渗透到生活的所有方面"。因此，高校创业教育教师不仅要有创业意识、风险意识等品质，更要有引导学生将创意转化为行动的强烈信念。

2. 创业知识。创业教育教师至少需要掌握下列知识内容：理论知识、实践知识、创新知识。前者主要指创业学的基本原理和方法，后者则关系到创业者（特质、人格）、创业团队（团队组建、高绩效团队特征）、创业机会（机会识别、机会开发等）、创业资源（资源整合协调等）、企业管理（投资、人力资源管理、财务管理、市场营销等）等方面的知识。

3. 职业能力。Van Dam K（2010）研究指出创业教育教师的能力框架中至少包含职业适应能力、职业自我效能等两项，并且还需要创业知识、创造性思维、网络技能、团队合作技能。创业教育教师需要具备两种职业能力：一是与创业有关的能力，如创业风险识别和防范、资源整合能力等；二是与作为教师有关的能力，如适应力、实施力、创造力、社交力、协作力。适应力指教师掌握创业计划撰写的方法，熟悉新企业的开办流程等能力；实施力指教师能成功地让学生去创业的能力；创造力指教师在遇到问题时能够用新角度去思考并解决的能力；社交力是教师保持与同行和企业界人士密切关系的能力；协作力指教师与同事合作，积极地调整教学行为的能力（熊华军，2014）。

4. 学术能力。创业教育教师还需作为教师最根本的学术能力，即教学和科研的能力。首先，从教学的角度来讲。创业教育强调理论讲授与案例分析相结合、经验传授与创业实践相结合，这要求教师具备如下教学能力：（1）运用多种教学方法的能力，如讨论法、案例分析法、模拟法、角色扮演法，以此实现从以填鸭式的知识传授转向以自主学习能力培养为主，尤其是注重基于互联网的体验式、翻转式的教学方法。（2）挖掘学生创业潜力，因材施教的能力，教师不仅要拥有专业知识，更要具有较好的洞察力，如面对学生的学习特征和学习环境等因素开展因材施教的能力。（3）创业实践指导能力，如指导学生项目（如各类创业大赛计划书）设计、真实创业设计和融资等方面的能力。其次，从研究的角度来讲（熊华军，2014）。目前，在对国外创业教育文献的知识图谱分析中也看出该领域的学科核心资源，即在期刊方面，频次排名前五位的依次是《创业学杂志》（*J BUS VENTURING*）《创业理论和实践》（*ENTREP THEORY PRACT*）《小企业经济》（*SMALL BUS ECON*）《学院管理评论》（*ACAD MANAGE REV*）《小企业管理杂志》（*J SMALL BUS MAN-AGE*）。这些都是研究"创业教育"领域必看的外文期刊。而按突变监测指标排名前三的是《国际创业管理》（*INT ENTREP MANAG J*）《技术转移杂志》（*J TECHNOL TRANSFER*）和《小企业经济》（*SMALL BUS ECON*）。从 Burst 指标排名可以看以"创业"为主题类的期刊，近几年创业教育领域较重视国际创业和技术转移等领域。

三　美国培养创业教育教师的具体措施

按照本书访谈分析中提出的创业教育教师创业能力提升的理论分析框架"学习—激励—合作—支持"，下面分别从这四个维度进行剖析。

1. 学习层面

（1）美国的创业学博士培养机制

美国实施创业学博士生项目主要是为高校培养专职创业教育教师的后备人才。1997 年，宾夕法尼亚大学和佐治亚大学开始实施创业学博士生项目（PHD Program）。之后印第安纳大学、科罗拉多大学、锡拉丘兹大学等实施的创业学博士生项目也受到了社会好评。我国浙江大学等高校亦开展了创业学方面博士的培养，但高校数量显然还没有像美国那样多。熊华军（2014）分析后指出要求申请创业学博士的条件是：有经济学的学科背景；拥有美国认证的学位；具有定量分析能力；有较强的领导力、较好的科研潜力，以及独立思考的能力。创业学的博士要接受三大核心课程的训练（可以看出，基本是跨学科的经济学、创业学、社会科学来联合培养）：第一类是基本理论知识课程侧重对创业过程的认知以及创业案例的分析；第二类是经济领域类课程致力于让博士生熟悉现代经济理论和市场运作规律，激发博士生预测和把握创业机遇并进行创业的能力；第三类是社会科学领域类课程引导博士生从心理学、社会学、人类学、管理学等学科的视角进行研究（Brush，C. G.，Duhaime，I. M.，Gartner，W. B.，et al.，2009）。课程的教学方法采用案例分析法、模拟情景法（运用模拟软件、现场教学等方式，使博士生在真实的创业环境中学习知识）；基于现实问题的教学法（引导博士生发现问题和解决问题）；实践教学法（实习、访学、参观创业体验）。创业学博士学位的学习年制至少要求修习三年，博士生需在不同学年提交不同类型的论文。比如在第一学年结束后要提交一篇与创业学研究领域相关的论文；第二学年结束后要提交课程论文。课程考核通过后，博士生方可进入博士学位论文写作。通过答辩后，博士生方能获得博士学位，才有机会成为专职创业教育教师。可以说美国高校的创业学博士培养机制已经非常成熟，也为美国提供了源源不断的创业教育师资（熊华军，2014）。

以著名的百森商学院为例，其创业教育成功离不开一支一流的创业师资队伍（熊华军，2018）。数据显示，其创业学院有 23 名全职教师和 30 多名企业家兼职的教师。全职教师中 87% 的人拥有博士学位或同等学力，并且还都有丰富的创业经验。

（2）重视创业教育理论与实践的研究

美国高校的创业教育教师不论归属于何种机构（学院或行政部门），这些创业教育教师都非常重视教学、科研理论实践研究。如著名的百森商学院为了提升创业教育的教学质量，积极鼓励教师进行创业研究，并要求尽量将科学研究的最新成果运用到创业课程教学中。如 Israel M. Kirzner 从事发展经济理论研究，强调企业家对经济增长和资本主义进程运作的重要性。再如该校的玛丽·戈德温（Mary Godwin）教授通过专门研究少数族裔女性的创业情况和影响因素，激发了一批少数族裔女性的创业热情。2007 年全球创业研究奖获得者是一个由 5 位均来自美国的女性成员组成的"The Diana Group",该团队调查女企业家的风险投资供需面,通过研究想发展自己事业的女企业家,展示女性创业的积极潜力。之后该团队将相关成果运用于教学,也极大激发了美国女性创业热情,女性创业研究也是当前创业教育研究的一个重要热点。

(3)设计政策让教师创业或实践能有时间

以 MIT 的创业教师队伍为例(包水梅、杨冬,2016),把教授分为了内部学术型教授和外部实践型教授两类,而这划分的依据是教授所从事的科研属性,即依据他们是否利用学校内部资源展开学术研究还是同时有为外部客户提供智力支持或服务。为避免教授在科研、教学和创业方面产生冲突,MIT 推出了著名的"黄金法则"——"五分之一原则"(即一星期内有一天的时间专门用于创业等相关服务和实践工作,剩余四天要为大学来工作)。同样 MIT 将创业教育教师有无参与企业创建等经历作为评聘的重要依据,又进一步极大地调动了教师从事创业教育的积极性。相比较而言,我国高校的政策还不够灵活,紧盯着论文或国家课题,大部分创业教育教师既无动力也无活力更没有时间。

(4)明确教师在创业教育中的角色定位

角色认同是影响创业教育教师创业能力提升的重要因素。百森商学院对创业教育的定位是:"小学校做大事情",对教师的定位是"顶天立地":要求创业教育教师必须要有丰富的创业管理经验和全球化的开放视野(熊华军,2018)。如该校的凯利·马瑞(Kelley Marram)教授就是一家高科技公司的创始人和 CEO。

在斯坦福大学,创业指导教师的作用主要在于分享经验咨询,并且进行技术指导。教师为学生提供新技术、新知识和新理念,而这又反馈教师新需求、新挑战和新洞见。另外创业教育教师的一个关键角色是学生创业的引荐人,通过教授拥有的广泛的社会资源和社会网络帮助创业学生寻找合伙人或者风险、天使投资者(徐旭英、邹晓东、张炜,2018)。

(5)为创业教师发展做科学的职业生涯规划

斯坦福大学创业教育教师的构成包括企业家、业界领袖、校友、投资人等各种类型人员,他们之间也构成了紧密互动的社交网络,身份也不断相互转换。作为创业教育中坚力量的本校教师，斯坦福大学为他们的职业生涯发展提供各种各样的员工发展课程和联系机会，例如信息化面试和网络研讨会。鼓励教师与来自大学的其他同事一起学习新的技能和技巧，这些技能和技巧将提高教师的工作表现，让教师走上成功的轨道。比如著名的学徒计划（Apprenticeship Program）：斯坦福大学和SEIU高等教育工作者在2007年建立的联合学徒计划，学徒目前被安置在几个部门。在联合学徒培训委员会（JATC）的监督下，该计划的目标是：在双方商定中为员工提供在职培训；为大学当前的工作人员有机会扩大他们的职业选择和在大学内的工作机会的途径。

很多斯坦福教授教创业不仅仅限于课堂教室，他们走入学生创办的公司做技术指导或者担任顾问等各种角色。校内创业教育教师的成长主要有三种方式：第一种是直接进入企业进行指导和咨询顾问；第二种是指导学生来创业，教学相长；第三种是教授自我创业。对于教师创业，斯坦福大学规定只能在教师轮休年（sabbatical year）才可以进行创业活动；在平常的工作年份，教师不能在校外任全职，而校外兼职（包括参与创业）的总累积时间不能超过总时间的两成。对于技术转让的利益分配，目前斯坦福大学的经验是减去各种成本费用后，学校、学院和教授各得1/3。

2. 激励层面

（1）有专门针对创业教师的职称晋升机制

美国高校为吸引更多的人才进入创业教育教师队伍，于是专门设置了创业学教职岗位和职称晋升通道。例如，百森商学院亚瑟·布莱克创业中心（The Arthur Blank Center for Entrepreneurship）成立于1998年，是百森商学院创业活动的神经中枢，这个6000平方英尺的中心有12名专职创业教育教师。创业教育教师来源则包括教育家、创业者、工程师和设计师。设立创业学教职让专职创业教育教师同时有（创业学）学科归属感和（创业部门）部门归属感。这种归属感非常有利于高校创业教育教师队伍安心发展（熊华军，2014）。当前，中国的创业教育教师大部分是学校行政行为下的外部驱动而来（后面章节会有针对此项的问卷调查），从动机激励理论来看，如果无法让教师有归属感，无法把这外部动机转化为内部动机，创业教育教师很难稳定和可持续发展。

（2）有良好的专业教师参与创业教育教学的激励机制

大学要完成重大创业型转型，每一个学科、系、学院，尤其是每一位教师，自身就需要成为一个创业型单位。因此首先学科教学、研究和创业需要互相嵌入。从艺术、人文学科和社会科学到自然科学类、工程等所有的专业学科都要积极参与到创业中去，不仅在创业课程上的教学涉及全学科，还将创业机会和学习环境深深嵌入每一项内容中（Crow，2008）。如在美国 ASU 的护士学院现在有一个创新和创业中心，在其新闻学院有促进新闻媒体创新的工业基金中心。通过这样的动态机制，使创新能习惯并且自然而然地诞生在每一个学科背景下（黄扬杰、邹晓东，2011）。

黄扬杰和邹晓东（2015）就学科组织如何提升学术创业能力做过深入的分析，如果中国高校某些学科、系、学院，自身能转型成为一个创业型单位，那原有这些学科的老师就能快速成长为专业化的创业教育教师，也比单从学管或辅导员转型而来的教师更能促进专业教育和创业教育的结合，创业能力的提升亦会得到组织自上而下可持续的保障。

（3）将教师创业教育业绩纳入绩效考核标准

斯坦福大学是全球创业教育和创业型大学建设的典范。他们对教师的绩效管理遵循三大原则：第一，发展卓越（Development fuels excellence）。研究表明，追求卓越、提高工作和个人满意度的关键是持续的成长和发展；第二，一个好的绩效管理过程应该是透明的、公平的、尊重的，如果要作为个人和团队来发展，他们之间必须有良好的沟通和信任，并且是在过程中建立良好的沟通；第三，斯坦福希望所有的员工，在大学的一致性方面得到一致认可。很显然，创业教育要取得卓越的绩效，必须将教师的创业教育业绩也纳入绩效考核标准。

而一种更有效的方法就是把创业教育视为学校发展的 DNA，教师们把这视为一种内在的文化，主动积极地去做而不需要额外的考核，当然这对中国高校来说还需要一个较长远的过程。如百森商学院是在近 50 年前将创业作为一门独立的学术学科引入，至今视为学院 DNA 最不可或缺的一部分。由于世界在不断变化，百森商学院认为："对谁是企业家的定义以及他或她需要什么样的技能来产生影响也是必需的。在过去，企业家被视为孤独的梦想家；今天，团队、部门，甚至整个企业都在努力变得更有创业精神。百森商学院的创新是将创业教育从'竖井（silo）'中分离出来，并将其整合到课程中，这样学生就可以从强大的功能性商业知识的基础上学习如何运用他们的创业技能。将理论与实践相结合，在课程和课程中注入创业思想和行动。从管理和创业的基础，到所有大一新生的必修课，到高级研究生课程，如收购小型企业或技术商业化，学生可以从80多个不同的创业课程中选择。在实际的、协作的环境中，学生和教师们看到了真实的世界，并设想了创新的解决方案。我们的校园是一个学习/生活的实验室，在那里我们质疑假设，重视新想法。在塑造未来的领导者时，我们是由新知识和不安分的能量所塑造的。"

3. 合作层面

（1）完善的校内外师资聘任办法

百森商学院师资聘任办法非常完善且具有吸引力，常年向社会公开选聘著名企业管理者、创建者等为专兼职创业教育教师。以亚瑟·布莱克创业中心的暑期创业项目（Summer Venture Program）主管大卫·张为例，他既是一位企业家，也是天使投资人，同时还是哈佛商学院的EiR，个人风险投资公司的联合创始人。他在波士顿的5家创业公司中担任了产品和市场营销的角色，并曾领导过PayPal波士顿办事处，并与人共同创立了"Start Tank创新空间"，在他职业生涯的早期，他曾在TripAdvisor、m-Qube、edocs、SnapMyLife和高盛担任过职务。可以看出该中心的创业教育教师有着非常丰富的企业管理或创业经历。

艾斯利（Eesley，2012）总结了斯坦福大学在这方面的实践经验有以下三点：一是从企业来的访问学者需花一定的时间与斯坦福大学的科研团队一起工作，企业专家要经常到校园里演讲、授课或者作为顾问进行项目交流；二是有任期的教职员工是斯坦福大学研究的核心，要保持大学研究的前沿性和独立性，但他们也要与企业相关专家一起将他们的知识、经验传授给学生，并且要经常与学生直接互动；三是企业界的项目将不同来源的专家围绕着有共同兴趣的话题整合到同一个平台上一起工作，一起交流合作。

美国马里兰大学帕克分校的经验是：马里兰大学创业学院除了专职工作人员以外，还聘请来自不同学院的103名教师参与创业课程授课。同时学校还发挥区位优势，继续为创业学院聘任了113名校外知名企业家、投资家和各行各业管理专家等。这支专兼职结合的创业教师实力强大，学术和创业水平高，经验丰富，能够为学生提供高水平的创业教育（张拥军，2016）。

美国常春藤大学在聘请校外创业师资时有两个非常成功的典范：①客座教授。通过设置客座教席的方法来邀请全世界各地知名创业教育专家担任客座教授，来为学生提供前沿知识。如普林斯顿大学凯勒工程教育创新中心从 2007 年开始设立"创业客座教席"，每年邀请一位教授来校讲学，主要内容为创业领导力、营销原理、社会创业、全球化趋势下的创业、创业组织设计等主题。②驻校企业家（Entrepreneur-In-Residence）。驻校企业家最大的优势是能为学生提供或创造连续性的创业资源，是产学合作高效的媒介。如哥伦比亚大学工程和应用科学学院参与型创业计划邀请校友布鲁斯·林肯（Bruce Lincoln）担任驻校企业家。布鲁斯·林肯是美国第一位涉足教育技术研究的人，并且有先后成功创办了两家与多媒体和互联网技术相关的公司的经历，创业实践经历非常丰富。普林斯顿大学工程和应用学院则于 2007 年聘请格雷格·奥尔森（Greg Olsen）为首位驻校企业家，格雷格·奥尔森参与创建的传感器公司曾在创立初期时因为与普林斯顿大学的材料科学家的广泛合作中受益匪浅。据该校工程和应用学院院长珀尔（Poor）介绍，"驻校企业家主要能从成功创业者（企业管理者）的视角为师生提供新思路或新创意，并为学校的创业行为源源不断地提供精神动力"（范惠明，2012）。

（2）鼓励师生合作开展科研创业项目的机制

斯坦福规定每个教授都必须有科研项目，所有教授都必须指导学生从事科研实践。对于研究生，学校要求教授必须承担至少一半的研究生学费费用，而相应的学生就必须要完成教授规定的科研任务（徐永吉，2014）。

美国马里兰大学通过建立"何曼 CEO 计划"（Hinman CEOs Program）来整合创业学生、创业教育教师和社会各界资源，依托专业的创业教育教师帮助学生提升创业技能、开拓技术优势并尝试与相关风险投资公司合作，从而有效地促进师生共同合作开展科研或创业项目（张拥军，2006）。

注重向创业型转型的大学会为学生提供大量的首创活动（Clarysse & Mosey et al. , 2009）。如美国亚利桑那州立大学（ASU）的经验就是追求以量求质，即利用大量的首创活动。创业由于不确定性难免有些会失败（而且可能失败率很高），通过这种以量求质的方法，让自然选择去证明哪个创业项目有可取之处（或者说适者生存），在这过程中同时让学生主动接受创业教育和创业实践。另外，ASU 的首创活动还十分注重践性和应用性，也支持教职工创业，比如在教师方面，ASU 还注重给创业教育教师进行创业激励，调整教师的收入以便能让教师有更大的动力和愿望去建立公司。有国外学者认为在创业型大学建设的早期阶段，创业教师个人的这种有机的、自然的、非结构化式的首创活动（initiative）比正式的机构的制度政策更能使创业取得成功（Philpott，2011）。ASU 的"新美国大学"战略目标中规定的第 5 条标准是"使学生获得成功"。因此 ASU 资助学生开公司，并鼓励学生们拥有公司，但是该大学看重的是这些学生初创的公司能长期成长而不是短期利润回报。同时 ASU 还提供各种各样的创业竞赛，奖励和支持有创新项目或有建立企业想法的学生，如创新者挑战（Challenges Innovator），社区改革者竞赛（Community Change-maker Competition）等。营造了一种只要学生想创业，学校、教师一定会有各种各样的支持合作机制的氛围。

（3）与企业建有先进的创业教育实训中心等交流合作场地

美国的亚利桑那州立大学依靠科技园（ASU Technopolis）、天空之歌（Skysong）等平台场地来加强与产业界的联系。如亚利桑那州立大学科技园通过提供新兴技术与有战略能力的科学企业家来帮助学生和教师进行创业。生产发展、商业基础设施的发展、概念的形成，以及资金的获得等都可以在该科技园取得指导。而 Sky Song 则是 5 亿美元的世界级的知识、技术研究和商业的组装点，有 150 万平方英尺，密集着教育、科研、文化、零售和住宅空间，Sky Song 还是一个企业家能致力于创新和学习的完整的开放式社区的核心。

再比如在斯坦福，创业教育教师和学生的合作交流十分紧密。这种联系的路径既要靠各种各样的项目或者首创活动，更需要成立先进宽敞的联络平台，如斯坦福大学的创新者与发明者联盟（NCIIA）、斯坦福创业网络（SEN）等（徐旭英、邹晓东、张炜，2018）。

（4）鼓励教师到企业挂职锻炼

百森商学院每年会选择一部分具备优秀潜力，但创业经验还较缺乏的青年教师提供量身打造的创业教育培训。

斯坦福的科研文化提到了以下六条："雇用全世界最有资质的教师"；"录取和支持富有天赋的学生"；"给教师更多的自由来进行创新研究"；"支持应用性跨学科研究中心"；"为教师提供额外的资源及设施"；"与企业界保持密切联系"。斯坦福鼓励师生积极投身企业界，并且要无缝对接。特曼（Terman）是斯坦福大学化学的理学学士，在联邦电报工作了一段时间后，听从哈里·斯瑞安（Harris Ryan）的建议去麻省理工学院攻读博士学位，师从工程学院副院长，后来成为二战期间美国科技研发办公室主任的万尼瓦尔·布什（Vannevar Bush）的学生。Bush 教授在产、学、军方合作方面都深有研究、经验丰富，之后受其熏陶，Terman 也将产学合作的理念带回了斯坦福。之后，时任校长 J. Sterling 任命 Terman 为斯坦福大学副校长，马上就开展了一系列改革措施。如鼓励斯坦福学生创业，鼓励工程师接受继续教育，鼓励教师有时间空闲多担任政府或企业部门的顾问，设立斯坦福研究园区（该园区定位是知识中心和新一代商品孵化器；园区目标是为企业界提供和大学接触的机会，为教师提供在企业界一试身手的机会），企业联盟计划（让企业人员能和斯坦福师生共同探讨学科前沿问题，双向交流 two-way interchange）（黄扬杰，2014）。

4. 支持层面

（1）美国的政府政策支持

如美国政府专门设立全国创业教学基金，在经费上大力支持专职创业教育教师队伍建设。例如，美国国家自然科学委员会支持百森商学院和欧林工程学院合作开展"创业教育教师培训项目"，旨在为工科类的高校创业教育教师提供针对性继续教育。而美国国家创业教学基金会（National Foundation for Teaching Entrepreneurship）通过互联网教学、专家指导、工作坊、研讨会等形式对全美的创业教育师资开展培训（熊华军，2014）。

（2）社会支持

主要表现为美国社会基金会的各种支持。以著名的考夫曼基金会

（Kauffman Foundation）为例，受该基金会资助的高校在全日制创业教师数量上呈现出从无到有、从少数到多数的快速发展趋势。例如，维克森大学从原来全校只有7位全职创业教育教师增加至52位、罗彻斯特大学职创业教育教师从10位增加至24位、伊利诺伊大学香槟分校创业教育教师则从38位增加至78位，接近翻倍、华盛顿大学圣路易斯分校从7位增加至36位，接近翻了5倍、北卡罗来纳大学教堂山分校从20位增加至33位。同样的，第二批接受该基金会资助的美国五所高校的全职创业教育教师也是爆发式增长态势。如美国威斯康星大学麦迪逊分校的全职创业教育教师量从12位增加至15位，而雪城大学从18位增加至89位，同样接近翻了5倍、马里兰大学巴尔德摩分校则更从无直接增加到了60位，而本书前面分析到亚利桑那州立大学案例的全职创业教育教师上涨幅度在所有美国高校中是最快的，数量从29位增加至324位，增幅达到了1000%（卓泽林、赵中建，2017）。

（3）高校的支持

高校的支持，既包括把政府和社会的支持进一步落实，也包括为创业教育成立专门的部门或委员会等管理支持机制。

进一步仔细分析上述提及的全职创业教育教师增长最快的亚利桑那州立大学，可以发现该校的"大学是创业者"（黄扬杰、邹晓东，2011）活动是在尤因马里恩考夫曼基金会（Marion Kauffman Foundation）的支持下启动的，是ASU全校范围的活动，该活动的目标是进行永久的制度创新，而且鼓励学生和教师都参与，主要有五个层次。从下往上第一层是各类学科，艺术、人文、社会、自然科学、工程专业学科等全都参与其中，这也是建立创业型大学的基础。第二层是丰富的首创活动（initiatives），以埃德森学生首创活动（Edson student initiative）为例，其规模为每年20万美元投入，旨在最大限度地发挥企业的资源、兴趣和亚利桑那州立大学的学生的创造力。它还提供办公场地和团队训练，同时协助学生与来自学术界或私营部门的教师、研究者以及成功的创业家进行合作，探索他们关于企业产品或服务的创新思想。该活动的目标是：使ASU的学生产生把创业作为职业道路的兴趣；为了ASU的学生有机会获得创业技能、知识和观点；让学生企业家能与成功的私营部门创业者沟通联系；让学生创造的新公司数增加，也为市场带来更多的产品；要生成新的合资企业，获得经济、社会和财务回报。此外，还有亚利桑那天使投资、创新者挑战、创新空间、企业家优势项目等。第三层是先进的创业基地"天空之歌"（Sky Song）。在全球知识经济时代，ASU 把自身定位为知识驱动型产业、技术创新和商业活动概念化的枢纽。在斯科茨代尔市和亚利桑那州立大学基金会的合作下，亚利桑那州立大学成立了 Sky Song 办公楼，一方面，为当地的成熟公司提供空间，另一方面，还招聘大型全球性的和跨国的公司，从而促进大学和创业者能进行有益的交流，然后围绕着"大学是创业者"活动。ASU 认为完整的创业型大学的结构则还需要另外很重要的两层。第四层是政策，即 ASU 制定了许多促进创业的制度政策。例如，为了简化程序，ASU 推出了许可使用模板和赞助研究协议范本，帮助减少创业时在条款和条件谈判的时间。同时，阻碍创业行为的政策则尽量减少。如抑制创造性思维，使院长疲于应付报表文书等。第五层是高度网络化（networks），即学生、教师、企业家和产业界以及各种各样的个体或团队等共同参与合作，通过各种途径使大学的创业获得成功。以"大学是创业者"为核心，这样五层就构成了 ASU 创业型大学的结构，每一层既都是独立的，又相互关联成一个整体（Crow，2008）。可见社会支持要进一步发挥作用，还需要各高校推行一系列的措施使得自身更有效地进行创业型的转型。

再如美国哥伦比亚大学工程和应用科学学院就专门设立了教师咨询委员会和创业咨询委员会来指导学院创业教育的开展。教师咨询委员会成员来自院内各系，成员选择标准主要是基于创业教育方面的兴趣以及经验。而该校的创业咨询委员会选择标准是由来自工商业、银行金融以及非政府组织等创业高层次代表组成的国际性委员会，这样能确保帮助审查学校创业教育计划是否为师生以及周边的社区成员提供了最前沿的知识和最高水平的能力（范惠明，2012）。

四　对本书的启示

1. 美国对创业教育教师能力要求至少包含"态度—知识—技能"三个维度

美国各高校的经验显示一名合格的专职的创业教育教师，其创业能力至少需要包括创业精神、创业知识、职业能力和学术能力。这与本书访谈初步调查的结论相接近。由于国内外学者对"创业"的认知都已经统一为"广义的创业"的概念，即不仅仅是创办企业，因此本书对创业能力的概念也是广义的，即不仅包括创业技能，还包括知识、意志、精神等各方面。

因此，进一步明确：高校创业教育教师的创业能力是指高校创业教育教师顺利完成创业教育相关工作所需要的态度、知识和技能三个方面的综合素质。因此包括态度、知识、创业技能三个一级指标。其中态度主要包含创业认同、创业意志、创业精神三个二级指标；知识主要包括教育学相关知识、教师本学科专业知识、风险投资知识、创业相关知识四个二级指标；创业的技能主要包括教学组织技能、创业实践指导技能、机会探索技能（技术发明、咨询）、机会开发技能（创办企业、入股）和经营管理技能五个二级指标。

2. 系统打造"学习—激励—合作—支持"四个层面，共同作用促进教师创业能力提升

案例通过美国多所创业教育较成功的学校的综合分析，发现美国高校对创业教育教师"学习—激励—合作—支持"四个层面进行了大量理论和成功实践，对中国高校创业教育教师的成长提供了丰富的策略措施，也为本书后续的问卷设计提供了丰富的文献支撑。

3. 普及化的创业教育离不开专业化的创业师资队伍支持

从美国的经验，可以看出创业学博士学位有效开展有助于为高校培养专业化的高水平的创业教育师资队伍；创业学教职或创业学科的设立有助于创业师资队伍的稳定；创业教育教师专业化成长离不开专业化的人力资源管理，包括招聘遴选、培训、绩效考核、薪酬激励、职业生涯管理等。最后，创业教育教师的成长还离不开政府、社会各界为教师提供的良好的职前和职后资源条件和多渠道的保障体系。借鉴美国把创业教育教师培养作为一个有机系统，而不是"局部治疗"，是当前中国普及化创业教育进程中教师专业化的首要任务。

4. 为创业教育教师量身打造创业能力提升机制

百森商学院的本科创业教育近 20 年均位列全美第一，这跟它在创业教育理念、创业教育课程（80 多个不同的创业课程自主选择）、教学、师资、创业教育平台 5 个要素的系统提升分不开。其关于创业教育师资的

建设，尤其值得中国高校借鉴，除了专兼结合，该学院经验显示：每年还对那些具备优秀教师潜力，但创业经验较缺乏的青年教师提供量身打造的创业教育培训。由于中国高校创业教育发展极为迅速，大约 20 年的时间去追赶国外 70 年的历程，创业教育教师的培训需求也极为庞大，供不应求，导致当前中国多数高校对创业教育师资的培训都是千篇一律，质量不高，一批一批的大量培训，比如 KAB、某某省创业导师工程等，内容上比较接近、针对性不强，未能充分考虑被培训教师个体的培训需求差异，也未能充分了解教师是"不能创业"抑或"不想创业"抑或"根本没时间去创业"，因此在用一般方法提升创业教育教师创业能力的基础上，还急需构建一套教师创业能力差异化提升模型，分类分阶段，按教师需要量身打造的创业能力提升机制。

第三节　欧盟提升创业教育教师
创业能力的案例研究

在上述对国外创业教育教师研究文献的知识图谱分析中，本书发现"European Commission"的报告引用频次非常之高，排在前三位。结合本书的开题报告专家的建议，[①] 发现欧盟对创业教育教师的能力和培养有非常详细的论述和指导方针，值得借鉴。

一　欧盟创业教育教师发展基本情况

进入 21 世纪后，欧洲经济持续低迷，创业在发展经济方面的引擎效应使得欧盟各国纷纷将其上升到国家振兴战略的高度。2006 年，欧盟发布《欧洲创业教育奥斯陆议程》（*The Oslo Agenda for Entrepreneurship Education in Europe*），明确提出建立欧洲创业教育发展体系，即将创业教育融入包括中小学教育、职业教育和高等教育在内的教育体系全过程。这一目标的提出，即意味着欧洲也需要大量的创业教育师资。然而，欧盟在成员国内部进行的调研显示，当前欧洲"创业型教师"教育仍然滞后于创业教育的发展，主要原因在于：第一是政策层面对"创业型教师"

---

① 特别感谢东北师范大学王占仁教授提供的资料和建议。

教育关注不够。成员国内只有荷兰、波兰和罗马尼亚等少数国家将其上升到了国家政策层面（这与本书前面对创业教育的知识图谱分析结果相同）。第二是现行的教师职前教育很少涉及创业内容，也没写入相应的课程大纲。成员国除了奥地利、波兰等少数国家将创业意识培养作为教师教育的必备环节写入了课程大纲外，更多的国家采取的模式只是将创业作为一门选修课供学生选择。高等院校对毕业生从事创业教育工作的鼓励措施十分欠缺。第三是教师持续专业发展环节对创业的重视不够。创业意识开发并没有成为教师持续专业发展的学习内容，相反仅由一些机构为在职教师提供创业相关培训课程，时间短、效果差，并且缺乏科学考评机制的保证。

在此背景下，2011 年欧盟先后在布达佩斯和伊斯坦布尔召开两次专题研讨会，专项讨论创业师资问题，会议基于欧盟倡导的"广谱式"创业教育理念提出了"创业型教师"（the entrepreneurial teacher）的理念。"广谱式"（王占仁，2015）创业教育主张创业教育不应局限于创办实体，而应培养年轻人的"创业思维"，使他们获得将创意付诸实际行动的能力（王占仁、常飒飒，2017）。这种"广义的创业"的理念有更大的包容性，也可以吸引更多师生参与到创业教育进程中来，从而促进创业教育的普及化、专业化。

二　欧盟"创业型教师"的基本内涵

1. 创业型教师的内涵

欧盟从特点（characteristics）和行动特征角度对"创业型教师"的基本内涵进行了描述。共归纳了以下几点：（1）充满激情的（Passionate），（2）积极的态度（Positive attitude），（3）自信（Confident），（4）善于打破规则（Rule breaker），（5）行动集中（Action focused），（6）充满活力（Being a Spark），（7）有远见（Having a proper vision），（8）横向思维（Lateral Thinking），（9）思想开放的（Open minded），（10）网络化的（Networked），（11）销售理念（Sells Ideas），（12）负责任的（Responsible）。

因此具体而言：创业型教师应该对他们所做的事情充满激情。他们应该有一种非常积极的态度，并且能够激励他人。创业型教师应该对自己的教学充满信心，实际上是领导者本身，而不一定要等待更高级职员的领导。在创业型教师的新角色中，他们的任务是领导学生。是那种只专注做这种事的人，有能力的老师会对他们的职业充满信心，并相信自己在做什么。创业型教师需要成为一个充满活力的人，也应该有远见，同时也要对新想法持开放态度，并且能够对问题进行横向思考，并对其他教师、家长、企业、学生均持开放态度。这些特点将意味着，创业型教师具备良好的条件，能够在学校内提供创业教育课程，并创造性地思考如何利用当地社区的资源。创业型教师也应该能够有效地建立网络，并与广泛的利益相关者建立联系。创业型教师需要是一个认真倾听的人，能够接受并充分利用新思想，还需要有能力向他人推销自己的想法。最重要的是，创业型教师应该保持所有教育工作者都要坚守的目标，即培养那些对创造、成长和学习充满热情的年轻人。这些品质加起来是完美的创业型教师。但很显然，所有这些理想的品质都不可能只在一个人身上找到。更现实的是，这些品质会分布在不同的个人身上，所以创业型教师需要成为整体的一部分，需要相互合作。

2. 创业型教师的角色定位

欧盟明确地指出"创业型教师"在学生学习过程中的角色定位是"促进者"（facilitator）。如果创业型教师要有效扮演促进学习的角色，那么上述这些特点将是必不可少的。创业教育需要学生掌握主动的学习方法（active learning method），并且改变传统"填鸭式"（chalk and talk）地讲授。教师的作用在学生学习后期显得尤为重要，教师主要起引导、反思和总结作用，主要要帮助学生他们学会如何学习，学会如何从经验中（尤其是失败经验中）获得成长。因此作为"促进者"的教师需要会根据不同学生的特点，在放任不管和管得太严两者之间有效把握平衡度。

三　欧盟培养"创业型教师"的具体措施

为构建"创业型教师"成长的支持系统，欧盟主要有教师职前教育、教师持续专业发展、国家（地区）支持体系和地方学校的支持四大措施（见图4—1）。

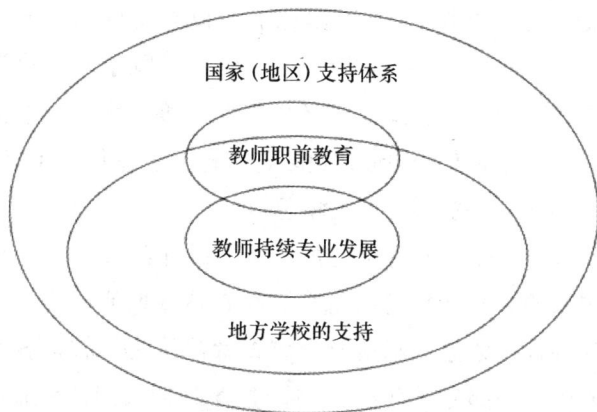

图4—1 欧盟培养创业型教师的四项行动

按照本书前面提出的创业教育教师创业能力提升的理论分析框架"学习—激励—合作—支持"，结合王占仁教授的资料（王占仁、常飒飒，2017），对欧盟创业型教师培养的四大措施进行整理剖析如下。

1. 学习层面

（1）重视在职前教师教育中进行创业教育培训

职前教师教育是指教师在正式入职前所接受的教育，是指在形式上比较正式，辐射面广泛的教育培训方法。瓦利（Vali，2012）亦强调了创业教育教师职前培训的重要性。在职前教师的创业教育中，欧盟重点强调了以下几个方面：第一是强调创业教育要面向所有类型教师，包括中小学教师和高校教师，即"广谱式创业"的概念，欧盟主张师范院校都应开设创业教育课程，认为创业教育课程应是当前和今后所有职前教师教育课程体系中不可缺少的部分（王占仁，2017）。第二是强调采用新型的课程内容和教学方法。虽然要求新型方法，但欧盟认为"创业型教师"教育并不需完全独辟蹊径，抛弃现有模式。"创业型教师"培养的特别之处要强调创业能力和创新精神，因此对"创业型教师"教育在教学方法上更强调体验式学习和参与性授课等新教学方法的使用。

（2）鼓励教师参加创业学专业的硕博学习，专业发展

跟职前培训不同，创业型教师持续专业发展更着眼于现在的师资队伍，这在欧盟"创业型教师"教育中起着非常关键的作用。欧盟的教师

持续专业发展有两个特点：一是形式多样，既包括国家区域教育培训机构等举办的正式在职教师培训，也包括日常的各种学校的培训和实践活动；二是教师持续专业发展受学校环境影响程度很大。在欧洲，由于国家众多，教师持续专业发展的形式也多种多样（王占仁，2017）。

（3）明确教师在创业教育中的角色定位

欧盟明确教师在创业教育中的角色是"促进者"，"创业型教师"的培养需要与国家的教育战略有效融合。在布达佩斯研讨会上，欧盟就进行了一项问卷调查，数据显示所有受调查者都认为将教师教育作为国家创业教育战略中的一部分很有必要，超过75%的人则认为非常必要（王占仁，2017）。

（4）发展创业教师关系网络，满足教师社交学习需要

欧盟认为，发展"创业型教师"社群有利于创业教师间分享理论知识和实践经验，同时也有助于满足教师的社交需要、学习需要。因此，国家和地区层面上应对发展"创业型教师"社群提供支持。教师社群可以不拘于形式，可采取正式与非正式相结合的方式，并充分利用互联网等多媒体手段。例如，欧盟的"创业教育和培训促进项目"就是一项由欧盟发起，由冰岛、荷兰、挪威、西班牙、瑞士和英国共同参与的跨国项目。该项目旨在通过建立网络社群，将与创业教育相关的人和组织联系在一起，促进创业教育的传播和知识分享（王占仁，2017）。

2. 激励层面

（1）将教师创业教育业绩纳入绩效考核标准

在创业教育教师的招聘和晋升中，欧盟主张把对教师创业技能和创业观念（态度）的考量作为教师招聘遴选以及晋升过程中的重要参考指标。

在创业教育中，如何有效地评估教师和学生是一个非常重要的方面。一方面，评价体系需要能够识别教师是否为"创业型教师"，他们是否能够运用主动学习和体验式学习的方法；另一方面，评价体系中也需要有标准来评价学生的创业能力（包括从错误中学习、风险承受能力、创新创造能力等），而不只是评价学生在知识层面的获取程度。欧洲国家针对小学生的调查数据显示，一些核心能力，如母语、外语、数学等经常得到评估，而另一些核心能力，如创造力、创业能力和学习能力却很少被

评估。这导致"创业型教师"也很难从这些评估中得到激励。因此，欧盟的经验显示，在国家和地区政策制定时需要考虑建立切实可行的创业能力评价体系。

（2）有良好的专业教师参与创业教育教学的激励机制

除了考虑评价措施外，国家和地区政策体系中还应该有相应的激励措施来保证创业型教师作用的发挥。通常激励措施包括正式的和非正式的两个部分。对于教师而言，正式的激励措施包含物质收入、职业发展晋升等，而非正式的激励则包括教师一些无形的收入，个人经验或者社交关系网络等。

此外"创业型教师"只有拥有了适当的资源（人、财、物等），才能保证其教学过程中"促进者"作用的发挥。欧盟鼓励国家和地区结合自身优势，打造"创业型教师"教育资源中心。如欧洲创业教师培训项目就是由欧盟资助，由多个大学参与，自 2013 年设立以来，已成功举办 5 期，超过 250 名创业教师从中获益。并且该项目连续 3 年被评为"欧洲最佳实践项目"。

（3）有合理创业教育效果考核评价机制

传统书面考试的评价方式非常适合评估学生的知识掌握情况，但是却无法对其创业技能、精神以及深层次的观念等内容做出评价。欧盟将英国的位于北爱尔兰的圣玛丽大学贝尔法斯特学院（St Mary's University College Belfast）的成功经验进行了推广介绍。圣玛丽大学通过两种方式提供创业教育，一种是"嵌入式"，即将创业课程嵌入现有的学历项目中；另一种是独立的"创业格证书"项目。创业资格证书的取得分为四个部分：分别需在"教育入门""创业能力学习""社会创业"和"选择性活动"等方向修满 240 学分才可通过。其中，从"教育入门"和"创业能力学习"方面所选择的学分不得低于 90 学分。为了避免"临时抱佛脚"式的突击学习，该学校还规定每人一年所修学分不得超过 100 学分。

3. 合作层面

（1）建立了相关教师到企业挂职锻炼制度或校外师资评聘办法

欧盟强调企业界的参与，提倡通过"到社区体验"和"社区进课堂"这两种方法让企业界参与"创业型教师"的教育。即要建立"请进来走出去"的交流合作机制。只有将"创业型教师"放入一个可以相互交流、分享创意的创业生态系统中，教育效果才会彰显，创业教师才能成长。因此要鼓励教师参与到各类众创空间，到各类中小企业中进行参观、访问或挂职锻炼。

（2）定期进行创业教育交流的知识分享机制

对高校创业教育教师建立定期的创业教育交流的知识分享机制非常必要。欧盟经验是从三个方面入手：一是以人为本，创业教育教师为核心，帮助他们更好地了解创业教育和自身在创业教育中所起的重要作用；二是以创业教育的相关利益者为目标，帮助相关利益者进一步了解"创业型教师"的重要性以及他们可能提供的各种支持；三是提高公众对创业教育以及创业教育教师重要性的认识。如德国联邦政府倡议的"学校中的创业教育"宣传网络旨在提高教师对创业教育认识水平、鼓励教师将创业教育融入教学的宣传项目。该项目不仅宣传成功的创业教育案例，还为教师提供丰富的资料，使其熟悉和了解创业教育。

4. 支持层面

（1）国家战略支持并持续推动

欧盟认为只有将"创业型教师"持续专业发展纳入国家战略并持续推动，才能确保创业型教师获得强有力的职业发展。欧盟早期创业教育取得的一些成绩主要是因为教师个人的行为和政府的一些实验项目的原因。但欧盟认为这明显还远远不够，国家需要通过法律或制度等手段逐级授权来保证创业教育作为课程体系必不可少的一部分。另外，国家还需要建立质量标准框架来确保创业教育的实施。例如，冰岛的创业教育相关工作把自身与欧洲资格框架（European Qualifications Framework）（包括创业核心能力等）相联系，从国家层面保障了创业教育的质量。

（2）地方学校的支持并持续推动

欧盟鼓励地方学校对"创业型教师"教育提供支持，并提出要发展"创业型学校"（Entrepreneurial School）。"创业型学校"的发展目标与"创业型教师"发展目标高度契合，教师与学校可以共同发展，可以最大限度地实现资源共享。"创业型学校"主要有四个方面特征：一是创业与学校的教育理念和发展战略相互融合。把创业教育嵌入学校的整体课程体系之中。二是学校有专门的管理者来负责创业教育的实施。强调创业教育教师和创业教育管理都要专业化。三是学校为创业教育的实施提供丰富资源。四是学校为"创业型教师"提供社交网络支持，尤其是在教学上提供最大的支持。

四　欧盟高校推进创业教育实践案例

在推进创业教育过程中，欧盟各高校也积累了一些成功的经验。下面简单举例分析之：

Anette Curth（2011）基于对欧盟8个国家等的实证研究，得出提高创业教育教师水平的四种方法：丰富教师自身的创业知识；提高创业教师的教学能力（包括新型的教学方法）；确保教师培训的质量（培训者、培训过程、培训效果等）；提高教师的创业素养，包括创业态度和价值观等。

Kondracka-Szala（2016）通过对位于波兰的亚当密茨凯维奇大学（Adam Mickiewicz University）和芬兰的卡亚尼大学（Kajaani University）创业教育课程比较分析提出要想使教育的改变生效，教师应该有一种创业的心态（Entrepreneurial mindset）和能力来培养孩子的这种态度。

Ranga（2003）通过比利时卡列利克大学（鲁汶大学）的案例研究指出：随着时间的推移，学术研究团体出版了与大学—行业联系的学术研究，与大学内外的因素密切相关，这些因素都激发了学术创业行为。在1985—2000年，基础研究出版物似乎比应用的出版物要多，无论是在总数还是在增长率上。该研究结果表明，应用和基础研究出版物在同一年普遍上升。没有明确的、普遍的证据表明，对应用研究的转变是由参与U-I联系所决定的。因为所研究的学术研究小组在不影响其基础研究出版物的情况下，开发了应用出版物的记录，而不是对应用和基础研究出版物进行区分，而是将基础和应用的出版物结合在一起，巩固了该组织的研发潜力。

Ladeveze（2018）关注的是教师角色是否作为欧洲创业政策中心的争论。他首先分析学校层面的"创业"概念。并以创业教育自我评估问卷（旨在衡量创业教育的政治实施情况，评估教师的意愿，促进以创业为导向的教学）来收集的数据。Ladeveze对西班牙173名不同教育水平的教师（主要是通过"激励"来提升创业能力的教师）研究发现，作为创业能力实施条件的教师态度存在差异，以及私立学校和公立学校的创业教育发展存在显著差异。最后，作者分析指出教师较缺乏实施跨课程能力，因为它受到水平和学科的高度制约。

克罗地亚的马蒂亚安特恩瑞捷克职业学校（Matija Antun Reljkovic High School）则致力于发展学生的灵活性、创造力和风险承担能力等创业能力。

英国（已脱欧，此处主要参考其高校经验）华威大学的教育和企业研究中心（Centre for Education and Industry, University of Warwick）通过研发创业教育的实施和评估的标准来保证教育质量。如该校研发了《创业教育质量框架和全国实施标准》。该标准从创业教育的愿景、审计、计划和管理创业教育、课程计划的实施以及评估这五个关键要素展开，并要求每个学校根据自身情况灵活选择应用（王占仁、常飒飒，2017）。

德国慕尼黑工大（TUM）的创业教育也非常值得我们参考（黄扬杰、邹晓东，2015）。实现创业教育预期目标，应从满足不同类别学生需求的多样性设计，融入专业教育的持续性设计，推动创业教育运行机制创新发展的长效性设计，形成专业教师内源性支持的引导性设计四个方面开展组织实施。TUM 在这四个方面都做得相当成功。

1. 满足不同类别学生的多样需求

TUM 的创业教育涵盖建立一个企业的各个阶段（STARTUM，见表4—1），确保他们教学的内容和方法是实践为导向，以需求为基础的。

表4—1　　　　　　　　TUM 创业教育步骤（STARTUM）

缩写	创业阶段	TUM 在创业各阶段的教育内容
S	感知（Sense）	除了做雇员，还能做？
T	接触（Touch）	接触真正的创业者！
A	评估（Assess）	我想不想创业？有多想？
R	识别（Recognize）	成为创业者必须要做什么？识别机会、收集一切所需信息！
T	实践（Take-off）	我怎么开始我的企业？
U	理解（Understand）	我怎样才能更了解创业理论？
M	更进一步（More）	通过尖端研究如何推进其更进一步？

资料来源：作者根据 TUM 学校网站资料整理。

2. 实现生源与专业的最佳匹配

TUM 约有 26000 名学生，23% 来自国外。学校不仅希望能够吸引最优秀的学生，也期望学生的才能和爱好能够和专业选择实现最佳匹配。科学家和专业人士针对学员不同的学科背景和经验来培养，包括学士和硕士以及博士。为此，1998 年，TUM 引入一种入学倾向性测验（aptitude tests for admission），目的是基于候选人的兴趣和禀赋而确定哪些申请者最适合特定学习计划的学习。除此之外，TUM 近年来还给大一学生开设专业概论性课程，主要由具有多年产业界经验的导师讲授，对职业发展和专业领域前沿进行疏导。这大大减少了毕业前放弃学习计划的学生数量，而之前在不同学科领域，有 20%—50% 的学生会提前放弃自己的课程学习计划。入学倾向性测验实现了个性化、多样化的选拔方法，促进了TUM 对优质生源的竞争，也为高质量创业人才培养打下扎实基础。

3. 推动创业教育运行机制创新发展的长效性设计

（1）及时把技术和市场等前沿知识整合到课程计划中

近年来，TUM 加大了在课程计划调整上与产业界的沟通合作，使得人才培养更有针对性，如通过对毕业生就业去向的广泛调研反映出 TUM 毕业生大多毕业后从事技术管理岗位，因此在所有专业都开设管理学课程，培养学生管理能力。当然，那些与企业相关的重要的其他非技术知识也已经列入许多学院学生的学习范围，如社会竞争力、工商管理知识和外语能力等。

TUM 的教学计划非常注意及时将最新科技成果、新近信息资料引进课程，提高信息学在各专业教学中的地位。TUM 的学生在大一时就可以参与企业赞助项目中的时间管理、工作技巧和学习方法的培训。再如信息学院（Faculty of Informatics）就认为，培养学生社会交往和经济管理的能力是非常重要的，因此要让所有学生都将接受经济、管理、法律、沟通和团队合作的基础教育，密切关注企业的需要，开设实用方向的课程，把学生培养成为未来商业社会中的可以合作的对象。经济学院的 MBA 培养项目，与莱比锡管理研究生院（Leipzig Graduate School of Managment）、UnternehmerTUM 及麦肯锡公司（McKinsey & Company）、Intel 公司合作，注重人才的创业创新能力培养，把管理能力培养、创业能力培育结合起来，通过创业体验、管理科学学习等方式提升学生的综合素质。

（2）良好的创业传统和创新的用人机制

卡尔·冯·林德（Carl von Linde）教授是慕尼黑工大的第一个学术创业家。1877 年，他为了深化在机械制冰系统领域的研究，成立了林德制冰机有限公司，也为今天全球关注的"林德集团"奠定了基础。先辈的创业精神被完整地继承下来。

慕尼黑工业大学还有许多激励机制。比如 TUMentrepreneurship 行动计划主要就是鼓励并指导四个学科领域进行创业：信息和通信技术、医疗技术、清洁技术和生命科学。鼓励他们为社会价值和经济的增长做更多的贡献。在 TUM，高水平的教学将与高水平的研究受到同样对待，如学校正努力争取将欧洲以外的学者纳入它的 17 项用英语授课的硕士研究生课程计划，并为一线教师提供丰厚薪金。在从企业界招聘教师时，学校也把在工业界的实践等同于在大学的经历。

TUM 认为其最大胆的新措施就是教授终身制（Faculty Tenure Track System），这在德国是独一无二的。它为年轻有为的学者提供和允诺了清晰、长远的职业前景，计划到 2020 年，达到 100 名。这项措施还预留了些职位专门给女性学者。这项针对高级学者的招聘计划以及家庭友好式的配套项目，确保了 TUM 在顶尖人才中的竞争力，亦是学校未来成功的关键。

4. 一流的、跨学科的专业教师支持

（1）优良的师资队伍结构

TUM 至今共有 13 名教师获得过诺贝尔奖，还有众多的莱布尼茨奖或洪堡教授职位，学校自身也会赋予教师一些有声望的奖项和荣誉。学校注重从全世界范围内的大学、企业或科研院所揽才。近年来，TUM 不断优化教师队伍结构，提高学术人员比重，精简非学术人员，扩大女性及来自国外的学术人员比重；为海外优秀人才营造宽松的学术环境，解决他们生活方面的特殊困难，使这些科学家能心无旁骛地投入工作。其中，自 2008 年以来共有 4 名洪堡教授加盟 TUM，这代表了 TUM 在人才引进上的国际竞争力。

（2）建立跨学科研究中心，注重互补和结果导向

TUM 同时鼓励（旨在促进在一般的科学知识和见解的）基础研究

和（重点放在定义问题和具体解决方案的）应用研究。互补性的研究链既能塑造知识，通过与行业伙伴合作，也能创造能转移到社会的技术。每年，慕尼黑工业大学与科学界和产业界签署 1000 多项的研究协议。

为了应对复杂的研究，TUM 除了学科卓越和跨学科网络"两张王牌"，还有一项重要的措施就是建立了 4 个跨学科研究中心（Integrative Research Centers）。因为在今天复杂的社会中，一些问题需要来自不同领域的专家一起努力攻克，那么如何来集合他们？谁来发起和协调那些重大长期的研究计划？TUM 的跨学科研究中心提供了理想的网络枢纽。在这中心里，不同部门的成员并肩作战，不管职称高低，唯一重要的就是围绕共同研究主题共享利益。这种整合的、结果导向的方法有利于全面协调 TUM 巨大的学术版图，最终获得成功。

五　对本书的启示

欧盟"创业型教师"理念的提出以及相应的成熟培养体系，无疑在世界范围内处于领先地位，德国、西班牙、比利时等各国高校的具体做法与成熟经验也值得我们学习借鉴，归纳为以下三点。

1. 树立"广谱式创业"理念，重视创业教育教师的终身学习和培养

欧盟"创业型教师"的培养是为了满足欧盟将创业教育贯穿学生的义务教育、中等教育、职业教育和高等教育各个阶段的战略而提出的。欧盟政策制定者普遍认为学生创业思维需要从小培养，开展得越早，效果越好，并且号召成员国在学生离开义务教育阶段后，至少为其提供一次创业实践机会。与此相比，中国的创业教育发展起步较晚，但发展速度较快，大量的社会需求尤其是中国高校的需求使得教师的缺口很大。因此，急需相关有实力的师范院校、企业机构或者社会团体主动积极地承担起培养创业教育教师的重任来。

2. 欧盟对创业教育教师能力要求全面，涵盖了"态度—知识—技能"等维度，且落到实处，可操作性强

上述案例中可见欧盟在"创业型教师"的教育中注重构建一个完善的教师教育"生态系统"。在这"生态系统"中，主要的参与方包括欧

盟、成员国政府、教育部门、区域（地方）政府、学校、中间机构、商业企业家、教师教育培训机构八大方面。生态系统涵盖"创业型教师"职前教育、教师持续专业发展、国家（地区）支持、和地方学校支持等各个教育培养环节。为了确保"创业型教师"教育参与各方都能够对自己的责任有比较清晰的认识，将各个环节落到实处，还制定"创业型教师"教育框架，专门起草了《布达佩斯议程》，具有非常强的可操作性，已成为欧盟各国开展"创业型教师"教育的指导性文件。而当前中国在这方面还没有类似可操作性的文件，急需要大量的实证研究来构建本土化的"创业教育教师胜任框架"。

3. 系统打造"学习—激励—合作—支持"四个层面，共同作用促进教师创业能力提升

同样案例中基于学习—激励—合作—支持理论分析框架，分析了欧盟培养创业型教师的相关措施，每个维度欧盟都有较成功的经验措施。为本书后续问卷的设计提供了重要的测量指标参考。中国高校创业教育的发展需要借鉴欧盟各成员国和组织机构间成熟的伙伴合作经验。因此，中国高校创业教育的发展必须把握新的发展契机，通过高校之间、高校与地方政府、高校与企业间的协同合作，促进内涵发展，从而切实提升创业教育质量。欧盟作为当今世界上一体化程度最高的国家联合体，以培养青年的创新创业精神、创业知识以及创业能力的创业教育自然而然地成为作为经济发展引擎、维系竞争力的重要战略选择。从未来的发展趋势来看，欧盟各国亦会根据自身情况探索更多本土化的措施。中国创业教育的发展，应当借鉴欧盟创业教育的改革经验，尤其是通过创业能力提升来大力培养创业型教师。

第四节　新时代中国高校创业教育的瓶颈和突破策略

党的十九大胜利召开表明中国特色社会主义进入了新时代，这是中国发展新的历史方位。新时代的到来以及中国社会主要矛盾的转化势必伴随着广泛深刻的变革。马克思主义哲学指出，世界上唯一不变的是变化。面对不断变化的环境，新思维、新技术、新模式等层出不穷，中国

高校创业教育想要更好地发展，自身也必须不断进行变革突破。在国家统一领导下，中国高校用20年的时间追赶国外高校70多年的创业教育历程，取得了巨大的成功，但这种跨越式发展也难免会存在一些不足。因此无论是新时代变革的呼唤还是创业教育自身的历史演进，中国高校创业教育想要更好更快地发展必须有效把握新时代高校创业教育的瓶颈和突破策略。

本案例基于A省高校创业学院的实证数据调查（$N = 81$ 份），有助于更深刻和全面把握中国当前创业教育的实施进程，也有助于更全面地把握创业教育教师创业能力提升机制的影响因素，因此有必要深入分析之。

一 中国高校创业教育的历史演进轨迹（1997年至今）

中国高校的创业教育始于1997年，以清华大学创业计划大赛作为标志性事件，之后经历了四个发展阶段。尤其是2015年的大众创业、万众创新将创新创业视为了中国经济增长的新引擎，之后相关部门又陆续发布文件，推进深化改革，中国高校创业教育用20多年的时间进入了历史发展新机遇。百森商学院（美国）和伦敦商学院（英国）等联合发起的项目全球创业监测（GEM）报告2015—2016年显示，在全球60多个经济体中，中国的政府政策支持（Government policies：support and relevance）指标高居第2位（得分5.8，与韩国并列，排名第一的为比利时6.5分）。学校创业教育指标（Entrepreneurial education at school stage）在2015年排名第43位（得分2.6分），但在2017—2018年报告中，该指标已升至第24位，在政府的努力下表现出强劲的后发优势。

回顾历史，有助于把握高校创业教育新时代的阶段特征，中国经济已由高速增长阶段转向高质量发展阶段，正处在转变发展方式、优化经济结构、转换增长动力的攻关期，同时当前群众在就业、教育、医疗、居住、养老等方面面临不少难题，社会文明水平尚需提高，社会矛盾和问题交织叠加等。实践证明全球创业教育的兴起与世界经济的转型密切相关，而创业教育的发展又成为大学知识转化、财富创造、产业升级和经济发展的内在驱动力。高校创业教育在培养各类创新创业型人才，解决上述这些难题无疑有着不可替代的催化助力作用。那么新时代中国高校创业教育的瓶颈主要又是什么？

二　新时代中国高校创业教育的瓶颈——基于 A 省数据的实证分析

2015 年国家双创战略提出后，A 省相关政府部门、高校、企业等做了大量的努力，创新创业教育实践走在全国高校的前列，是探索新时代中国高校创业教育发展非常有效的样本缩影。因此本书借助 2016—2017 年 A 省高校样本数据（81 所受调查高校含独立学院、高职等）实证探索新时代中国高校创业教育的瓶颈和突破策略，有一定理论创新和实践价值。

创业教育专家徐小洲指出创业教育的国际趋势是战略化、全球化、终身化、全民化和系统化，但观念滞后成为制约创业教育可持续发展的瓶颈（徐小洲、倪好、吴静超，2017）。杨晓慧在 2017 年中国创业教育联盟会议上指出，当前中国高校创新创业教育已进入生态系统阶段，并存在思想认识不清，理论建设不足，要素发展不均衡、不充分等问题。王占仁认为高校创业教育存在着育人合力尚未形成、运行机制尚未成熟、学科体系亟待建立等问题。黄兆信认为当前是中国高校创业教育的高峰阶段，而创业教育生态系统的构建是变革的重要方向（黄兆信、王志强，2017）。结合样本数据，综上所述，笔者认为当前中国高校创业教育主要存在以下瓶颈。

（一）创业教育体现强劲后发优势，但创业新理念仍需进一步普及

前已述及，在学校创业教育指标上中国体现出强劲后发优势。在欧美，创业教育不再限于高校学生群体，成了面向全体社会成员开放，任何人在生命各阶段都可以接受的教育形式。比如 2013 年欧盟委员会制定的"创业 2020 行动计划"（Entrepreneurship 2020 Action Plan）就强调公民从幼儿园到大学均要接受创业教育。GEM 报告中显示学校后创业教育指标（Entrepreneurial education at post school stage）中国在 2015 年得分 5.0 分，排名第 16 位，在 2017 年得分 5.1 分，排名第 17 位，虽有进步，但却并不明显。根据 A 省受调查学校平均每所有 3464 名学生接受了创业教育必修课或模块选修课的学习，约占平均全体在校生（9841 名）的 35.2%，在线学习创业教育课程的学生平均数为 1758 名，两者合计占比约

53.1%，虽呈高速增长态势，但与欧美高校的普及化、专业化仍有一定的差距。进一步深入访谈分析后发现，不少人对创业教育理念的理解太狭隘，认为创业就是创办企业，学生参与创业积极性不高（35.7%），不少学生提到"我将来当医生、公务员，不创业"。Heinonen 和 Poikkijoki 指出创业教育至少有三层目标：教授学生理解创业；以创业精神行事；成为一名创业者（Heinonen, J. and Poikkijoki, S, 2006）。一些高校师生认为创业教育就是把学生培养成创办企业的自主创业者（数据显示受调查高校学生自主创业平均比率约为 2.9%），这导致当前的创业教育过度偏重大学生创业实践能力的培养，弱化了创业教育对学生创业精神的培养，尤其是忽视大学生创建新事业的意识和能力培养，也忽略了对于高校整体创业文化的培育。

（二）优秀创业教育师资不断涌现，但师资短缺仍是首要瓶颈

2015 年国务院办公厅印发的《关于深化高等学校创新创业教育改革的实施意见》，提出力争到 2020 年建立健全高校创新创业教育体系。2016 年教育部推出的全国万名优秀创新创业导师人才库建设等活动，也培养了一批又一批的具有较高理论水平和实践经验的高校创业教育教师。但未来几年，专业创业师资短缺将成为阻碍中国高校创业教育发展的瓶颈，这也一定程度上间接导致了创业教育的普及度仍不高。2016—2017 年 A 省内高校样本数据也显示师资短缺仍是首要瓶颈（见表4—2）。

表4—2　　　　　　学校（N＝81）在创业教育开展过程中遇到的
主要障碍（排序前五）

序号	遇到的主要障碍	百分比（降序）
1	缺乏专业的创业教育师资	91.4%
2	缺乏完善的创业教学计划	51.4%
3	缺少创业教育教材	44.3%
4	学生参与创业教育的积极性不高	35.7%
5	缺乏相关政策支持	35.7%

（三）创业教育成果增长显著，但本土化研究成果及教材建设仍不足

王志强等用知识图谱分析2000—2016年教育学文献发现，创业教育成果增长显著，但缺乏本土理论创建（王志强、杨庆梅，2017）。本土化理论建设不足也导致了优秀创业教育教材（51.4%）和师资（91.4%）的匮乏。数据显示，A省高校开发创新创业教育优质课堂教学课程数平均为2.48门，开发创新创业教育优质视频教学课程数平均为1.18门，编写创新创业教育教材数平均为1.47门，相关课程和教材建设不足。平均约有61.8%的高校设有创业教育和创业教学专项研究项目，高校公开发表创新创业教育相关论文、著作等研究成果数平均为46.78篇。不少学者均提出尤其是实证类、调查类的创业教育研究成果在数量和质量上都有待进一步加强。

进一步实证分析发现，以样本高校（$N=81$）"创新创业经验和做法受到上级部门的奖励或荣誉数量（简称荣誉G，以此代表样本高校创业教育较成功）"为研究变量，与是否有系统的创新创业教育发展规划（H1）、是否有创业教育必修课或模块选修课（H2）、创新创业教育优质课堂教学课程数（H3）、创新创业教育优质视频教学课程数（H4）、发表创新创业教育相关论文或著作等研究成果数量（H5）、大学生创业企业成活三年及以上的数量（H6）、编写创新创业教育教材数（H7）等变量进行spearman相关分析得出荣誉（G）与H3、H4、H5、H6、H7显著相关，尤其是发表创新创业相关论文或著作相关性最高，相关系数为0.691，编写创新创业教育教材次之，相关系数为0.62，实证说明了创业教育本土化理论建设的重要性（见表4—3）。

表4—3　　　　　　　　　　样本高校变量间 spearman 相关分析

G \ H		H1	H2	H3	H4	H5	H6	H7
G	相关系数	−0.120	0.198	0.596**	0.467**	0.691**	0.532**	0.620**
	Sig. 双侧	0.422	0.183	0.000	0.001	0.000	0.001	0.000

说明：* 在置信度（双侧）为0.05时相关性是显著的；

　　　** 在置信度（双侧）为0.01时相关性是显著的。

（四）创业教育飞跃式发展，尚缺多样、多维、与专业融合的质量评估体系

李克强总理一再强调大众创业万众创新，使中国创新创业教育得到了飞跃式的发展。2016 年教育部也提出了要把创新创业教育质量作为衡量高校办学水平、考核领导班子的重要指标。据中国政府网 2017 年数据显示，中国成为拥有"独角兽"第二多的国家，并缩小与第一名美国的差距。在"全球创新指数"上中国已经跻身全球创新领导者行列。

美国创业专家 Scott Shane 的数据调查显示，大量典型的初创公司（指一家注册资金约 25000 美元，以创始人的储蓄为主的，零售或个人经营服务的公司；或者指创始人希望在未来五年产生大约 10 万美元的收入的公司）所产生的就业岗位及经济贡献总和比不上少量的高成长的初创公司（黄扬杰等，2015）。而培育这些高成长潜力的公司离不开高校创业教育与专业教育（专业能力）的深度融合，离不开对创业教育质量全面科学的评价。A 省数据调查显示大学生创业企业成活三年及以上的数量平均约为 42.55 个（见表 4—3 中其与荣誉 G 的显著相关系数为 0.532，说明了重视创业教育质量的重要性），大学生创业企业成活三年及以上的比例平均百分比约为 37.4%，77.5% 的高校将教师指导学生创业实践和创业项目等纳入教师业绩考核，只有 69.1% 的高校开展多种形式的创新创业教育改革模式，创业教育质量有待进一步提升。高校对创业教育质量的评价长期以来也存在着认知上的偏差，往往将大学生自主创业率、创业项目数量、科技创新获奖数量及层次等作为评价的重要指标。而且现有创业教育质量评价研究存在不少不足之处：创业教育评价体系缺乏宏观层面的研究，尚没有形成科学合理的指标体系；创业教育评价体系的研究存在着研究者专业性不足、研究样本覆盖范围较小、研究结论缺乏说服力等问题，既有的研究成果大多以定性研究为主，缺乏基于数据分析、综合利用多种模型分析方法的实证研究。

（五）创业如火如荼开展，但作为二级的创业教育生态系统有待完善

大学的创业教育并非上几门课就能够解决，重要的是要构建一个创业教育的良好生态系统。而创业教育生态系统作为二级生态系统，离不开其一级创业生态系统的成长和支持。在中国，据不完全统计，2015 年一年共诞生了 75 万家创业企业，平均每 7 分钟就有一家创业企业诞生。

但是这 75 万家创业企业中有 50% 已经消失。如果全社会不对这些每年诞生的创业企业和那些有创业意愿的人进行指导和引导，将会是对社会资源非常大的浪费，而这都离不开理想的创业生态系统。近几年国外关于创业生态系统理论的相关研究逐渐增长，Cohen 认为创业生态系统是指在某个地理区域内一组相互依赖的行动者，通过各子系统一系列相互依赖的演化，相互作用，随着时间的推移产生新的企业或影响区域经济的一个整体（Cohen，B.，2006）。Zahra and Nambisan 认为创业生态系统的特征是高能力（high capacity）和高创新意愿（Zahra，S. and Nambisan，S.，2011），但仍有不少学者认为创业生态系统理论仍需要深入开发（Simatupang，T. M.，Schwab，A.，& Lantu，D. C.，2015）。Bischoff 基于利益相关者理论，通过欧洲高等教育机构的跨案例分析创业教育生态系统，指出欧洲大学的利益相关者参与创业教育总体上是相当强大和广泛的，企业家和公司代表是最经常参与的外部利益相关者群体（Bischoff，K.，Volkmann，C. K.，Audretsch，D. B.，2017）。

国内创业教育学者近年来也大力呼吁完善创业教育生态系统，提出创业教育生态系统是"创业性"与"教育性"的融合，但如何构建还需更多地深入理论和实践研究。A 省调查数据显示，平均约有 3 家政府部门（最大值为 10 家）参与学校的创业学院建设，同时平均约有 28.9 家企业参与学校创业学院的建设。因此创业教育生态系统的建设仍需更多利益相关者的共同努力。现有创业生态系统研究经常是从系统视角和区域经济的视角出发，而创业教育生态系统的相关文献更多地关注高等教育机构，忽视其他利益相关者以及与创业生态系统的相关性。两者有待进一步融合。

三　新时代中国高校创业教育的突破策略

结合国内外高校创业教育的发展历史和 A 省样本高校的实证调查，中国高校创业教育要努力实现五个新突破。

（一）继续强化创业教育新理念

在全球创业教育终身化、全民化趋势下，岗位创业教育、广谱式创业教育等新理念越来越受到高校认可。如果高校仍然采取"精英式"创业教育模式，以少数大学生创业实践的成功来评价学校整体创业教育的成效，这种做法把重心放在"创业（创办企业）"而不是注重成为"创业型"的人才，显然是有失偏颇的。大学生是创新创业主力军，2017 年 8 月，习近平总书记给"青春红色筑梦之旅"的大学生回信"勉励他们扎根中国大地了解国情民情，在创新创业中增长才干，在艰苦奋斗中锤炼意志品质，在亿万人民为实现中国梦而进行的伟大奋斗中实现人生价值。"总书记办成了许多过去想办但没有办成的大事，无疑与他优秀的意志品格和敢于担当的精神气概密不可分。新时代中国高校的创业教育应特别注重大学生艰苦奋斗精神的培养，鼓励成为创业型公民，把创业与人的终身发展联系起来，与中国国情民情联系起来，"常思奋不顾身，而徇国家之急"，面向全体学生开展持续性的"创业观"教育，全面培养国际化创业人才、区域本土创业人才、女性创业人才等各类国家需要的人才。

（二）大力引进和培养创业教育师资

国外高校创业教育发展史证明创业教育逐渐走向成熟需要一个必要条件：大量专业化的创业教育师资。除了创新灵活的用人机制，大力引进企业界的创业教育师资外，关键是要做到大力培养创业教育师资：（1）既需要更多相关高校开设创业学学士—硕士—博士系统的培养体系，也需要各类创业教育教师的终身学习计划；（2）创立更多高质量的关于创业类的学术期刊为教师提供学术成果发表和交流的平台；（3）社会媒体更多地报道创业教育教师典型榜样、先进事迹；（4）类似全球创业研究奖设立中国的创业研究奖；（5）各高校根据动机激励理论，基于物质、兴趣、声誉、自我实现等需求全方位激励各类教师参与学术创业。

A 省数据调查显示，有 82.1% 的高校将创业教育专职教师纳入教师编制队伍，每所高校平均约有 14 人参加省级创业导师培训，77.5% 的高校将教师指导学生创业实践和创业项目等纳入教师业绩考核。其中有竞争力的薪酬、良好的晋升通道（如在企业界的实践等同于在大学的经历，等等）、大量培训学习机会、科学公平的绩效考核是多数受访创业教育教师谈及频次较多的关注点。因此对高校创业教育教师既要有"宏观上让教师有创业的活力、中观上让教师有创业的动力、微观上让教师有创业的能力"的保障机制，又要有根据教师多样化、自主式发展目标，结合其不同类型、不同专业发展阶段制定针对性帮扶机制（黄扬杰、黄蕾蕾、李立国，2017），是解决师资短缺的关键。

（三）从创业型大学、创业精神、公司创造的过程三大方面深入开展创业教育本土化研究

创业教育作为一项强有力的战略和区域发展的工具，其重要性不言而喻，也亟须大量深入的本土化研究。国外学者 Galvão 通过文献综述指出当前创业教育促进区域发展的研究分为三大主流：创业型大学、创业精神、公司创造的过程。首先，关于创业型大学的本土化研究，国内已有不少学者展开，如宣勇提出创业型大学呈现学术导向与市场导向兼顾的二元价值取向（宣勇、张鹏，2012），邹晓东提出"变革式"和"引领式"两种不同创业型大学的概念内涵（邹晓东、陈汉聪，2011）。后续的本土化研究可多关注创业型大学在不同区域的角色或变量差异等；其次，关于创业精神的研究，国内徐小洲教授提出创业精神是创业教育的核心，创业技能是创业竞争力的基础（徐小洲、张敏，2012）。国外不少学者也提出了国家层面的创业精神指标，通过创业意识（被访者是否认识某人在过去一年开始创业）、机会感知（被访者是否认为在当地区域创业存在的好机会）、创业自我效能感（被访者是否认为他们拥有知识、技能和经历去创业）三个方面来测量。后续的本土化研究可更关注企业家的行为与特征，如企业家的态度、创造力、创新、领导力和自主性以及创业教育影响创业意向的方式等议题，亦需更多关注创业精神、创业意愿如何有效转化为创业行动，创业教育的影响研究，等等；最后，关于公司创造的过程，后续的本土化研究可更关注大学和利益相关者在企业设立过程中的作用，创业教育生态系统在建立企业过程中的重要性等方面。创业教育的本土化研究也有助于创业教学计划科学设计、创业教育教材建设、创业教育师资成长等。

（四）探索新型创业教育教学模式，建立基于专业能力的高校创业教育质量评估体系

自 1947 年创业教育提出至今，70 多年过去了，高校创业教育被认为是创新型国家建设的重大战略举措，培养学生创新精神和实践能力的重要途径已达成普遍共识。但作为一门学科，创业教育仍然处于早期发展阶段，因为对于创业教育尚未有一致的标准体系，学者们对于如何教授创业仍有很多不同的意见。创业教育教学模式的本体论维度要求明确界

定创业是一个教学领域，在创业环境中教育者和学生应具备什么样的教育意义。学者们往往理所当然地认为没有一种最好的方法来教授创业（Neck，H. M.，Greene，P. G.，2011）。但是 Huq 等通过案例研究发现运用设计思维，比如整合正义与公平、建构主义、幽默和角色扮演等作为创业教育学的学习原则能显著提高学生的满意度和学习成绩。这种设计的关键是减少学生和教师之间的障碍，创建了师生共同的创业教育学习之旅。不少学者也赞同创业者的思考和行动在某种程度上更像是设计师，因为设计师需要识别可能的机会或问题，设计思维也是从根本上关心人的需要，它不是一个"基于线性、里程碑的过程"。相反，它是三个空间之间的相互作用：灵感、构思和实施。所以在创业教育中运用设计思维往往有较好的教学效果（Huq，Afreen Gilbert，David，2017）。Nabi 则通过把创业教育的四种教学方法和教学影响 5 级模型对应研究表明，四种教学方法（供给、需求、胜任力、混合）对学生的创业态度（1 级）和意图（2 级）都有积极的影响。然而，基于胜任力的教学方法更适合发展更高层次的影响。胜任力模型教学法与 2 级的主观措施（例如创业意图）和 3 级的客观目标（例如，五年初创企业）和 4 级（对企业长达 10 年的长期影响）有关。他指出这种更深、更多的体验式教学方法适合在更高水平的影响，注重培养学生解决现实生活中的创业问题并发展实践能力（Nabi，G.，Linan，F.，Krueger，N.，et al.，2016）。上述中也证实优秀的创业教育课程（H3）、优质的创业教育视频教学课程（H4）与创业教育的成功与否显著相关。

另外，在创业教育快速发展和培养模式多样化的形势下，如果不在创业教育的质量评价方面进行引导和规范，就会严重影响中国创业教育实践的健康发展。比如国内创业教育文献大多是从创业教育的必要性、实现路径、发展模式、国际与区域比较、实践方法等维度进行探讨，对于创业教育评价体系等方面的研究则十分匮乏。仅见运用模糊评价、BSC、数据包络分析等方法对创业教育质量进行评价。创业教育评价体系的研究缺乏理论深度，对创业教育评价体系的内涵、理论模型、指标体系、评价方法等关键性问题关注不足。创业教育质量更多地也应体现在结合专业培养大学生创新创业意识和创业能力。因此新时代中国急需建立起多样化、多维度、基于专业能力角度的高校创业教育质量评估体系，以更为全面和开阔的视角促进创业教育的发展。并通过"计划—实施—反馈—改进"的质量控制循环系统持续推动高校创业教育工作的完善。

（五）基于利益相关者完善四维融合的高校创业教育生态系统

1. 完善高校创业教育生态系统首先要注重商业性、社会性、专业性和未来性四维融合

商业创业注重利润，而社会创业即指注重公益性，强调实现社会价值，推动社会进步的创新性活动。作为创业教育的重要组成部分，高校社会创业教育则始于格雷格·迪斯（Greg Dees）于 1997 年在哈佛大学开设的第一门社会创业课程，之后便在欧美高校迅速扩展。因此高校社会创业教育的主要目的即培养社会创业者，并且在培养目标、师资要求、课程模块、教学模式等有别于一般的侧重于商业的创业教育（黄兆信、黄扬杰，2016）。新时代中国高校应充分认社会创业教育的作用，社会创业围绕社会问题并加以解决，以推动社会创新，同时对未来的关键学科专业领域做好创业规划。比如德国慕尼黑工业大学 TUMentrepreneurship 行动计划主要就是面向未来，鼓励并指导四个学科领域进行创业：即信息和通信技术、医疗技术、清洁技术和生命科学，鼓励他们为社会价值和经济的增长做更多的贡献（黄扬杰、邹晓东，2015）。因此高校创业教育生态系统的建设在基于学科专业的基础上既要注重利润性，也要注重公益性、未来性，四维融合，协同促进。

2. 完善高校创业教育生态系统离不开利益相关者的共同努力

Bischoff 指出高校创业教育生态系统的利益相关者包括创业者、企业、财务机构、支持服务提供商、孵化器和加速器、学生组织、校友、高校、科技园、政府机构、非政府组织以及其他组织等。他进一步研究指出，创业者和企业代表参与创业教育生态系统频次最高，财务机构、支持服务提供商、学生组织等参与的频次较低。而利益相关者参与创业教育最常见的类型包括讲课和讲故事、组织活动、提供网络、知识交流、辅导和指导等。A 省数据实证发现，以政府部门参与贵校创业学院建设的数量（H8）、企业参与贵校创业学院建设的数量（H9）与表中的荣誉 G 是显著相关的，系数分别为 0.40、0.336。中国高校可以借鉴企业中先进的利益相关者管理方法，能更有效地促进创业教育生态系统

的建设。

3. 完善高校创业教育生态系统还离不开一级创业生态系统的共生演进

创业教育生态系统是一个由不同要素组成的复杂系统，是创业属性和教育属性的结合，其成长需要从一级创业生态系统中汲取养分并不断衍生。在它形成与发展的每一个阶段中，无论是大学内部的学术机构之间或学术机构与行政力量之间，甚至包括了高校与产业界、研究机构、政府部门、社会组织等为代表的外部要素之间都存在着相互依存、开放合作、共生演进的密切联系。而创业生态系统具备的是创业属性，是从一个系统的角度出发，从社会嵌入的角度看企业的整体环境（Jack, S. L., Anderson, A. R., 2002）。两大系统又紧密交叉联系，但系统间的结构、功能、环境、层级、过程又均有所区别，忽视其他利益相关者以及与创业生态系统的相关性高校创业教育生态系统都将无法有效运转。

四　对本书的启示

该案例回顾了国内外高校创业教育的历史演进轨迹，基于81份A省高校数据实证分析，指出中国高校创业教育新理念仍需进一步普及；专业创业教育师资短缺；创业教育本土化研究成果及教材建设不足；缺乏多样、多维、与专业融合的质量评估体系；作为二级的创业教育生态系统有待完善五大瓶颈。提出新时代中国高校创业教育要努力实现五个突破：继续强化创业教育新理念，鼓励大学生成为创业型公民；大力引进和培养创业教育师资；深入开展创业教育本土化研究；探索新型创业教育教学模式，建立基于专业能力的高校创业教育质量评估体系；基于利益相关者完善四维融合的高校创业教育生态系统。

该案例通过笔者参与的81份A省高校创业学院的实际情况数据调查分析，有助于更好地把握中国高校创业教育师资建设的现状，尤其是A省关于选择优秀示范创业学院的评价指标体系（见附录四）为本书的问卷题项设计提供了重要理论和实践参考。

第五节　社会创业：创业教育教师创业能力提升的新视角

李克强指出大众创业、万众创新是中国经济提质增效升级新引擎。"十三五"规划提出了"美丽中国""健康中国""平安中国"等理念，但雾霾问题、食品安全问题、医疗卫生问题仍旧突出。而社会创业（Social Entrepreneurship）是社会转型升级的重要手段（Alvord, S. H., Brown, L. D., Letts, C. W., 2004），它同时包含创业和社会责任两个层面的内涵，尤其为了应对中国经济的新常态、社会公共服务需求迅猛增长，其价值和意义日益凸显。因此本书将从社会创业的内涵、过程、影响因素出发，分析国外社会创业的发展历史和新趋势，最后提出相应的对策措施。

第二章在分析国外"创业教育教师"研究关键词共现图谱时通过对结果进行 K 聚类和自动抽词标识，发现社会创业、创业领导力（Educational Leadership）、教学（Teaching）等几个相关性较大的聚类，是创业教育教师的研究热点主题。同时在对近 40 年被引用期刊关于国外"学术创业"文献的分析，发现学术创业的核心学科资源 K 聚类图谱也显示出其较多地关注创业、社会创业、私有化、本土化学习、小企业绩效、技术转移、公司成长、天生全球化等主题。一般美国和欧盟在提创业教育教师时均是与商业创业、经济等主题密切相关，因此本部分有必要就社会创业新视角切入，就其和创业教育教师的相关内容进行深入剖析，对教师创业能力的提升也有一定的理论和实践意义。

一　社会创业的内涵

社会创业（也叫公益创业）目前还是较前沿的学术研究领域，其本身仍是一种创业形式，和传统商业创业之间具有紧密的联系。厘清其内涵、过程及其不同层次的影响因素是准确把握当前中国高校社会创业教育的问题及对策的前提。

1. 社会创业和商业创业

Austin 等认为社会创业是创新性的创造社会价值的活动，它能够发生在商业组织和非营利性组织、公共部门之内或者之间（Austin，J.，Stevenson，H.，Wei Skillern，J.，2006）。Mair 和 Marti 认为社会创业是创新性使用和组合资源来促进社会变革和满足社会需要的过程（Mair，J.，Marti，I.，2006）。Pless 则认为社会创业为应对经济层面造血功能的不足，对外部伙伴有较强的依赖，这决定了社会创业过程中合作多于对抗（Pless，N. M.，2012）。Dees 指出社会创业的受众多数来自被市场和政府所忽略的金字塔底层需求，这与商业创业（Commercial Entrepreneurship）追求突破性、创新性需求不同，表现出基础、长期、普遍、可及等特征（Dees，J. G.，1998）。

清华陈劲教授等指出社会创业是一种在各种环境下持续产生社会价值的活动（陈劲、王皓白，2007）；王晶晶等通过国外创业管理专业期刊的 47 篇社会创业文献分析提出广义的社会创业就是可以创造社会价值的创新活动，可以处理社会问题的创新解决办法，社会创业不仅应该包括外部创业，即创建一个新的社会企业，也应包括内部创业，即现存组织内部能创造社会价值的活动（王晶晶、王颖，2015）。

综上所述，虽然创业研究的学者对社会创业定义的角度和方法不一样，也未达成统一，但很多都提到社会创业同样也离不开创新，本书提出的社会创业指注重公益性，强调实现社会价值，推动社会进步的创新性活动。

2. 社会创业的过程：发现并解决社会问题

Shane 认为机会探索和开发能力是创办企业最重要的两方面能力（Shane，S.，Khurana，R.，2003）。李华晶等认为社会创业过程包含创业机会识别、创业机会开发以及资源获取和整合三个环节（李华晶、肖玮玮，2010）。焦豪指出社会和商业价值并重是社会创业实施关键，它同时涵盖了创业和社会责任活动，他研究较全面，在国外学者提出的社会创业意向过程模型、发展两阶段、三阶段模型、社会创业过程影响因素模型等各种模型基础上建构了一个新整合模型（焦豪、邬爱其，2008）。由于社会创业属于创业的范畴，从不同学者对"创业"这一概念所包含核心要素来看，一般指提出创意、机会识别、机会探索、机会开发、资源整合、创办企业等过程，社会创业的过程亦大同小异。因此社会创业是创业者发现社会问题或机会，并运用商业原则来组织、创造、管理一个企业，从而解决社会问题、创造社会价值的过程。

3. 社会创业的影响因素：宏观、中观和微观层面

社会创业是一个受到多因素交叉影响的复杂过程。宏观层面的影响因素，如经济、文化等因素。Sonnino 等指出，受全球经济危机的影响，创业者们开始更多地关注社会经济部门，认为社会创业在经济不佳状况下具有更大的潜力应对亟待解决的社会问题，更能够为全球经济和社会发展做出贡献（Sonnino，R.，Griggs-Trevarthen，C.，2013）。并且由于文化背景的差异性，社会创业会有不同的形式（Phillips，W.，Lee，H.，Ghobadian，A.，et al.，2015）。中观层面的影响因素如社会网络、高校特征或组织能力（Martin，R. L.，Osberg，S.，2007）等。如有学者指出创客运动和创客空间作为公众参与创新的社会网络，前者根植于不断扩展的后者，他们以开源、大众创新为特征的，并且创客运动是代表了公众参与创新的新趋势（徐思彦、李正风，2014）。微观层面的影响因素如社会创业者的个人特质等。如有研究指出社会创业者相对于商业创业者，具有对当地社会问题关注度更高、更乐于共同行动等特质（Williams，C. C.，Nadin，S. J.，2013）。王平认为社会创业家具备 3A 特质，分别是：Aim—目标驱动力；Approach—方法创新力；Action—行动执行力（王平，2015）。

二　国外社会创业教育历史及发展趋势

当前，我国创新创业由精英走向大众，出现了创业"新四军"（即以大学生等 90 后年轻创业者、大企业高管及连续创业者、科技人员创业者、留学归国创业者为代表），而且越来越多草根群体投身了创业。而大学生又是这"新四军"中基数较大，最年轻充满活力的群体。依托高校现有的人才培养、科学研究、社会服务功能大力开展大学生社会创业教育，意义重大。

1. 国外社会创业的四个发展阶段

第一阶段是社会创业的萌芽期，在 20 世纪前，这时有一些社会创业的活动，但还未对其有真正的定义。如 1854 年弗洛伦斯·南丁格尔以英国军事医院主管伊斯坦布尔斯库台区。

第二阶段是社会创业的兴起期，在 1970—1990 年，开拓者们建立起

了显著的群体，使企业和社会的利益融为一体。如 1971 年斯坦福大学推出公共管理计划，以培养社会意识的领导人。之后不少企业家提出了价值导向（Values Led）、绿色环保（Echoing Green）等概念。1999 年 Stanford 又建立社会创新中心，发展领导者，以解决全球社会和环境问题。

第三阶段是社会创业的发展期，在 2000—2009 年，社会创业的组织结构得到显著发展。如 2001 年哈佛商学院为其年度经营计划的竞争增添了一个社会企业的轨道。2003 年牛津大学的 SAID 商学院建立了 Skoll 社会创业中心。2009 年奥巴马政府建立了社会创新和公民参与办公室，来帮助解决非营利组织、社会企业、商业、宗教和其他社会组织所面临的问题。

第四阶段是社会创业的成熟期或大众期（Mainstream），从 2010 年起到现在，如 2010 年英国实施社会影响债券，以建立基金来帮助社会企业。美国社会企业家设立的第一个奖学金，努力改善了美国黑人的生活。而美国马里兰成为第一个制定了公司法的州，强调公司社会和环境使命与利润同等重要。又如 2015 年众多基于网络平台的创客网站走向公益，著名众筹网站 Kickstarter 也宣称将改组为"公益公司"，即不追求将公司出售或上市。

2. 国外高校社会创业教育现已走向大众化、尖端化

哈佛大学 20 世纪 90 年代中期就成立社会企业发展研究中心，Dees 教授在商学院首开了社会创业课程，并很快由传统的商学院主导模式转化为学科交融模式。2004 年，哈佛大学甚至招收了第一批社会创业博士生。其商学院与肯尼迪政府学院学生组织的社会创业大会（Social Enterprise Conference），在全球也产生了较广泛的影响力（徐小洲，2016）。国外其他著名大学如牛津、斯坦福、芝加哥等大学的社会创业亦均进入成熟期。如牛津大学认为社会创业是一种融合创新、机会和资源来创造社会和环境影响的方法，它挑战传统的结构，并确定了新的机会，以解决问题的根源。它产生系统性变化并提供可持续的解决方案。牛津大学提倡通过世界一流的教育，尖端的研究来培育社会创业家。而国外一流创业型大学如美国 Stanford、MIT、德国 TUM 等的创业教育已走向大众化、尖端化（黄扬杰、邹晓东，2015）。他们不仅提供全校性的创业教育，也为旨在社会创业的全世界的创业者提供一流的教育或研究支持。日本教

育界则创造性地将社会创业理论引入大学社会服务的研究中，探索如何更好地实现社会服务。他们从目的、中介、时间、立场四个维度入手，厘清了社会创业的性质。如在目的维度，日本教育界认为社会创业通常关注需求未被满足的社会群体，这同商业创业聚焦于经济利益存在根本差异；在中介维度，社会资本是社会创业过程中的重要资源，社会创业在利用社会资本的同时力求构筑社会网络；在时间维度，社会创业通常是持续的创业行为，而实现持续发展势必面临更多问题与挑战；在立场维度，社会创业过程中凸显双重特性，社会创业者必须从中寻找到平衡点（刘原兵，2015）。相比较而言中国大学的社会创业教育还处于发展期，差距较大。

三　国外高校社会创业教育的实践经验

由于当前中国社会创业教育还处在发展期，同样存在些创业教育的一些共性问题。如当前高校创业教育的典型问题：第一，创业教育受益面窄。以自主创业教育为主。第二，创业教育与专业教育脱节。在运行中缺乏有效深度融合。第三，创业教育相关机制不完善。创业教育组织仍较松散，合作不够紧密，缺乏顶层设计，挂靠在教学单位或行政部门，资源分散，缺乏合力（黄兆信，2014）。对比国外麻省理工学院、哈佛大学、芝加哥大学、牛津大学等高校社会创业教育的实践经验如下。

1. 国外社会创业教育受众面广

在美国 MIT 的社会创业就支持旨在帮助世界的企业家。通过各种各样的项目，如 D-LAB 奖学金（该奖学金通过一年的时间帮助那些扶贫的产品或服务达到一定的市场规模）、全球创业实验室（Global Startup Labs，主要通过培养青年科技创业者来促进新兴地区的发展）、全球挑战大赛（IDEAS Global Challenge）等，麻省理工学院支持在校园和世界各地的创业者。很多项目开始只是在宿舍或实验室里的一个想法，但后来在学院支持下发展成为面向社会公益并发展良好的创业项目，并为众多缺医少药的社区提供了低成本的技术。

在中国以自主创业为导向的传统创业教育更多地倾向于鼓励部分学生参与创业实践，而忽视普适性更高的传授学生创业知识、培养学生创业精神的课程教学主战场，社会创业受益面较窄（黄兆信、王志强、刘婵娟，2015）。另外，我们的国民公益意识相对薄弱，较缺乏像比尔·盖茨、扎克伯格、巴菲特等创业型的公益性榜样，整个社会还较缺乏社会创业的氛围，最终使得大学生从事社会创业的比例较小。

2. 国外高校社会创业课程体系成熟

徐小洲教授在分析哈佛大学的社会创业教育时非常详细地指出该大学通过开发融合性社会创业教育课程，如商学院开设的《金字塔底端的商业》《教育中的创业与技术创新》、法学院开设的《社会创业导论》等，以及通过基于多元体验学习平台创业实践、打造紧密协作的社会创业教育共同体等策略成为全球高校社会创业教育的标杆，为中国高校的社会创业发展提供了重要启示。

再如芝加哥大学社会创业的体验式学习与课程包括：社会企业实验室（The Social Enterprise Lab）、约翰·爱德华·森的社会创业的挑战（SNVC）、新的社会企业（New Social Ventures）、企业家发现（Entrepreneurial Discovery）、波斯基中心 i-corps 程序，并有许多配套的社会创业行动计划进一步支持。

由于中国创业教育起步晚，现有的创业课程内容大多脱胎于商学院的相关课程，或者"洋为中用"，本土化的创业课程体系仍不成熟，同时现有的教师多数是以有着企业管理或战略管理理论背景的教师或从事思想政治、就业指导、团委等工作的教师初步转型而来的代表，偏重商业创业教育，且水平有限。近年来，参与创业教育的高校数量虽然在逐年增加，但开设的创业课程数量依然有限，这就导致创业教育的受益面局限于少数参与创业实践的学生，难以满足 95 后、00 后学生的多样化需求，从而无法辐射更多的学生，而学生由于师资的匮乏，也无法获得有效针对性的指导。

3. 国外高校设立专门的社会创业教育机构，治理结构完善

牛津大学 SAID 商学院的斯科尔社会创业中心（Skoll Centre for Social Entrepreneurship）是一家为推进全球社会创业顶尖的学术单位。该机构通过世界一流的教育，尖端的研究，并在商业、政策、学术和社会领袖之间的合作，培育创新的社会转型。该机构的研究和服务对象是全球范围的，通过使用网络的力量来放大其工作，使得研究人员、学生能跨越界限到更广泛的地方和国家。该机构的价值观有 6 点：创业（即牛津大学

相信通过创业途径来改变社会，并致力于运用市场驱动的、营利或非营利的寻找解决贫困和环境恶化等问题的方法）、合作、全球关注、系统影响、知识严谨和诚实、重视团队。因此建立如牛津大学社会创业中心类似的科学有效的治理结构是促进大学生社会创业教育发展的重要保障。社会创业不仅需要政府、社会（如公益创投基金）、公益组织等利益相关者参与治理的外部结构，亦需要紧密协调合作的内部治理结构。又如芝加哥大学的 SEI（Social Entrepreneurship Initiative）办公室，就是位于芝加哥市中心的一个 5 万平方英尺的协作空间，被波斯基创业与创新中心（Polsky Center for Entrepreneurship and Innovation）和阿贡国家实验室中心（Argonne National Laboratory）共享的。

由于社会创业教育在中国还处于发展期，仅有部分国内高校建立了社会创业研究中心，总体还较缺少学校层面的顶层战略设计，具体实施策略亦不完善，进而使社会创业教育资源分散，难以形成工作合力。现行的创业教育运行体系在整合不同专业教师资源、校内外创业教育资源等方面也存在一定缺陷（黄兆信、曾尔雷、施永川，2011）。同时大多数大学生创业大赛的评价机制对社会责任指标的权重偏少。因此，社会创业教育的发展可借鉴如牛津大学的社会创业中心的设立模式，机构有明确的定位和价值观导向，同时运用网络的力量使得研究和服务对象都较广。

四　完善中国高校社会创业教育的对策

毋庸置疑，经济新常态下，高校完善社会创业对其自身更好地发挥人才培养、科学研究和社会服务功能具有重要意义。中国高校应更新理念，充分认识社会创业教育的重要作用和意义，社会创业围绕社会问题并加以解决，以推动社会创新，亦是实现高质量的"大众创业、万众创新"以及"美丽中国""健康中国""平安中国"等重要保障，是解决大学生就业问题、培养大学生责任感的重要途径。通过剖析社会创业的内涵、过程和影响因素，丰富创业教育的内涵，追踪社会创业教育的新趋势，在积极学习国外一流大学社会创业教育的先进做法的同时，着重还要做到以下三点。

1. 基于创客空间推行社会创客教育

社会创客教育要以创客空间为载体，基于"创新、实践、分享"的创客理念，注重培养学生的创新创业能力。而创客空间是创客教育推行的保障。如美国 UWSP 的 Garage 空间、NCSU 的开源硬件空间以及 Stanford 的 Fablab 创客实验室等。美国高校的创客空间多以图书馆为基地，既拓展了服务功能，也改变了大学生传统学习方式。有些高校则是直接利用已有的优势资源打造新型实验室，如 MIT 的比特和原子研究中心（Center for Bits and Atoms）（黄兆信、赵国靖、唐闻捷，2015）。

因此为了促进高校社会创业，使得有更多的"社会创客"，高校可以以现有图书馆为基地或本校的优势资源（如实验室或研究中心等）开设面向社会创业的创客空间，让致力于解决社会问题的相关学生、专家、企业家、政府人员、公益创投人员等定期聚集在一起交流思想、共享信息，把面向各种社会问题的创意（idea）转化为现实。

2. 创新教学模式，加强社会创业课程和师资建设

而从国外高校来看，社会创业教育出现了新的趋势，如社会创业辅修学位与主修学位相继出现，除商学院以外的其他院系也相继提供社会创业课程，社会创业的跨学科教学模式初现，全校性的社会创业教育体验也成为一种追求（倪好，2015）。中国的社会创业教学模式差距巨大。

首先，中国高校的创业教育近年来通过建立各种大学生创业实践基地、孵化器、创业园、高科技园区、与企业合作建立创业平台等多种形式，突出创业强烈的实践性，我们可以从美国高校创业教育的发展历程中证实这点。很显然中国高校将创业教育的重心放在创业实践教育无可厚非，但是我们需要注意的是创业教育的本土化问题、中国与欧美发达国家之间的差距、不同情境问题，因此不仅要推进专业类创业课程，将创业教育内容有效融入专业课程体系，更要以任务导向和学生兴趣相结合进行教学，促进课程与市场需求尤其是本土化的社会问题有效衔接。

其次，师资匮乏是中国创业教育的短板。近年来，杨晓慧、徐小洲等专家学者们呼吁通过制度创新建设专家化师资队伍，推动和促进中国高校创业教育的专业化发展进程，并提出了建立创业教育学科、开设专业学位教育、设置专任教职、建立激励机制、打破体制性流动障碍等策略，为创业教育的师资建设指明了方向。高校的社会创业教育需推进"校内导师＋企业兼职导师＋创业学生导师"的多元化师资建设。

3. 完善高校社会创业教育治理结构，系统优化机制

良好的创业教育治理结构是实施社会创业教育的重要前提。汪忠提出社会支持体系要包括：社会舆论、政策、资金、技术等，并要建设社会创业生态系统，包括动力机制、资源整合机制等（汪忠、廖宇、吴琳，2014）。本书认为完善社会创业治理结构需着力外部和内部，并系统优化运行评价机制。

首先，要完善社会创业教育的外部治理结构。社会创业相对于商业创业更依赖于广泛的社会关注、政府的政策支持，因为它通常要解决的是一个复杂性、深层性、公益性的社会问题。亟须社会舆论对社会创业的典型榜样进行宣传，尤其是大学生身边的同学、学长榜样。相关部门亦可举办更多地以"社会创业"为主题的创业大赛。如现在已有不少的社会创业大赛，资助社会创业者资金帮助他们在成功的同时能更好地为社会创造价值。

其次，要完善社会创业的内部治理结构。建议学校灵活设立专门的社会创业部门或岗位，或者依托专业的学院，负责统筹协调推进校内的社会创业课程、师资、政策、学位等各项事务，促进社会创业教育蓬勃发展。

最后，完善社会创业治理结构，还离不开系统优化的动力机制、运行机制和评价机制。如传统的商业创业由于基数较大，发展较成熟，是社会创业活动开展的重要动力机制，有条件的高校可依托已有的商业创业基础或成熟的众创空间，结合自身的资源优势，不断向社会创业拓展。社会创业是围绕特定的关键问题，整合各类人力、物力、财力资源以满足需求、解决问题的过程，克服各种困难，完美实现社会价值和商业价值双赢是每位社会创业者的目标，这离不开政府、高校、社会、众创空间等各创业要素的高效运行。从事社会创业的学生和教师同样离不开科学客观的评价机制，如应在传统各类创业大赛评价中加重社会责任指标的权重，对社会创业做出贡献的教师和学生给予应有的奖励，等等。

4. 建立创业教育的生态系统，迈向创业教育2.0

如有学者指出，在创业教育2.0时代，创业教育除了应在学校的战略层面进行规划外，受益面还要从少数学生扩展到大众（包括校外），而创业课程则要从零星、单独课程发展为立体化、定制化的创业课程体系。

如芝加哥大学的社会创业计划（Social Enterprise Initiative）为学生提供量身定制的资源和课程来帮助他们脱离传统的创业项目从而进行社会创业。特别是，可以帮助学生探索他们的社会企业应该采取什么形式，如何获得资助以及如何识别和培养一个区域性顾问网络。更重要的是高校创业教育离不开一个科学有效健康的高校创业教育生态系统，如大自然界的多样性生物一样，找到适合自己生长的空间。本书认为这个创业教育生态系统应该包括创业教育战略、执行创业战略的组织结构、创业配套的人、财、物资源支持（众创空间等）、激励师生创业的制度、鼓励创业的校园文化氛围、以学生为中心的创业课程体系、实践课程体系等各方面（王占仁，2015）。当这个创业教育生态系统的所有要素共同合作，自身能不断更新发展完善，才能确保培养一批又一批的高素质创新创业人才。

综上所述，社会创业是一种创新性的创造社会价值的活动，在"大众创业、万众创新"的背景下中国高校尤其要注重商业价值和社会价值的有效平衡，提升创业教育的内涵和层次，丰富创业教育的形式和内容，培养兼具创新创业能力和社会责任感的人才，早日实现中国梦。

五　对本书的启示

本案例主要从社会创业的内涵出发，分析了国外社会创业的四个历史发展阶段，指出国外高校社会创业教育现已走向大众、尖端化。再通过对比麻省理工学院、哈佛、芝加哥、牛津大学等高校社会创业教育的实践经验，提出中国高校应从基于创客空间推行社会创客教育；创新教学模式，加强社会创业课程和师资建设；完善社会创业治理结构，系统优化机制；建立创业教育的生态系统，迈向创业教育2.0的四大对策来发展社会创业教育。尤其是麻省理工学院、哈佛、芝加哥、牛津大学等高校社会创业教育的实践经验对提升创业教育教师的创业能力有较大启示，也为问卷的设计提供了文献支撑。

第六节　本章小结

除了上述涉及的美国、欧盟、中国等高校的案例。其实还有很多其他国家的高校也对创业教育师资队伍建设进行了探索。

　　新加坡高校的经验：首先，高薪聘请，如新加坡国立大学在美国和英国等城市通过设立师资招聘办事处，提出"要想把海外优秀人才空运到新加坡"，可见新加坡高校在师资招聘上的重视。其次，鼓励优秀教师"走出去"进行交流合作。南洋理工大学每年都有 1/5 的教师被派遣或批准到国内外高校、企业里进行交流合作（黄兆信、刘丝雨、张中秋，2016）。

　　李文英（2010）分析澳大利亚高校时指出：普通大学从事创业教育的教师专职和兼职的比例大约为 4：6。在高校创业教育的教师任用方面非常慎重，不仅要求创业教师具备良好的专业知识，而且要求必须要有一定实践经验才能录用。全职教师要求具备相应的学位和证书，还要有 3 年以上的实践经验，兼职教师必须经过学院评定并经过培训获得证书才能从事创业教育工作。

　　陈瑞英（2010）分析日本高校的经验，指出通过建立外聘教师候选者通信录的方式，即将外聘创业教师候选者的相关信息制作成候选名单，共享放在创业教育网站上，为学校和教师两者相互提供更多的应聘机会和相关交流渠道。

　　因此，跟上面的访谈研究一样，本书某些案例收集的是很广泛的信息，如创业教育师资队伍建设，创业教育各个方面的推进突破，但同样这些信息依然包含了很多影响创业教育教师能力的因素，因为教师创业能力提升的影响本身就是多层次的。所以通过案例研究，尤其是跨案例的研究为本书对高校创业教育教师创业能力的构成和影响因素的研究继续收集了更多有用的信息，也为问卷量表的设计继续提供了理论和经验支撑。

　　最后，通过上面的分析，我们对创业教育教师创业能力提升进一步明确了两翼的基本思路。这对后续模型的选择和具体的实证策略分析都有重要的指导作用。

第五章

保障之翼:教师创业能力提升
机制模型实证研究

《关于全面深化新时代教师队伍建设改革的意见》明确提出要深化改革:"抓住关键环节,破解发展瓶颈",尤其提到了要把管理体制改革与机制创新作为突破口。首先高校创业教育教师创业能力提升的最关键机制是什么?其次又有哪些机制必须建设来全面保障?

通过上述的访谈和案例分析,我们对创业教育教师创业能力提升有两翼的基本思路,即"两翼":一翼(保障之翼)指"有创业的活力、有创业的动力、有创业的能力"的保障机制。另一翼(帮扶之翼)指基于教师多样化和自主式发展原则,针对不同类型和不同发展阶段,制定针对性帮扶机制(黄扬杰、黄蕾蕾、李立国,2017)。

本章将重点以高校创业教育教师创业能力(总体)为因变量,以创业能力提升影响因素的四个维度为自变量,基于问卷,运用SPSS25.0实证分析教师创业能力的提升机制模型。目的在于构建更复杂详细保障机制模型。借鉴赫茨伯格的双因素理论,笔者称该提升机制模型为一般模型(也称保障之翼模型),意在该一般模型中的自变量均要好好构建,但想要更好更有效地提升创业教育教师的创业能力还需另外一个差异化模型(在后续一章中分析,笔者也称为帮扶之翼模型)。

第一节　变量的定义和测量

一　高校创业教育教师创业能力的定义和测量

综上所述,高校创业教育教师的创业能力是指高校创业教育教师顺利完成创业教育相关工作所需要的态度、知识和技能三个方面的综合素质。因此包括态度、知识、创业技能三个一级指标。其中态度主要包含创业认同、创业意志、创业精神三个二级指标；知识主要包括教育学相关知识、教师本学科专业知识、风险投资知识、创业相关知识四个二级指标；创业的技能主要包括教学组织技能、创业实践指导技能、机会探索技能（技术发明、咨询）、机会开发技能（创办企业、入股）和经营管理技能五个二级指标。

其中，创业认同是社会认同研究与创业研究两个领域交叉融合而产生的概念，近几年逐渐成为西方创业学领域的独立议题之一，创业认同对创业意愿、创业激情和创业成功均有较大影响（陈建安、曹冬梅、陶雅，2015）。关于创业意志，刘志成（2012）指出宏伟的梦想是近代企业家创业和经营的重要内在动力，但需要在坚强意志力的支撑下才能展开（刘志成、吴能全，2012）。创新创业型人才的人格特征表现为目标明确、意志坚韧等（李明建，2014）。汪宜丹（2007）提出创业精神培育关键是创业心理的培育，她根据成功创业企业家应具有的心理素质的共性，结合中国的创业环境和影响创业家个性心理的内、外部因素，探讨了创业人才的心理素质培养模式。而教师的教育学知识、本专业知识、风险投资和创业学知识等自然是其能力构成的重要内容。还有国外学者 Shane 等强调的机会探索、机会开发技能、经营管理技能和中国国内比较关注的创业实践指导技能也是教师创业能力构成的一部分。值得一提的是关于教师教学组织技能的研究，创业教育教师尤其需要该技能，比如斯坦福大学案例里提到的学徒制，欧盟培养创业型教师提到的体验式教学法等，以及国内学者王振洪（2015）研究指出现代学徒制是高技能人才培养新范式等。因此，具体指标和相应的支撑文献如表5—1所示。

表5—1　　　　　　高校创业教育教师创业能力测量指标体系

高校创业教育教师的创业能力	相关支撑文献
C1 教师对创业教育的总体认同感	Van Dam, K., 2010; Cardon, 2013; 陈建安，2015; 黄攸立等，2013; 刘穿石，2004; 访谈资料等

续表

高校创业教育教师的创业能力	相关支撑文献
C2 教师个人坚韧的创业意志	刘志成，2012；李明健，2014；访谈资料等
C3 教师具备较强的创业精神	Van Dam，K.，2010；汪宜丹，2007；访谈资料等
C4 教师具备丰富的教育学相关知识	王占仁，2017；国务院文件、案例、访谈资料等
C5 教师具备丰富的所学学科专业知识	Rothaermel，2006；木志荣，2006；访谈资料等
C6 教师具备丰富的风险投资知识	张霞，2011；访谈资料等
C7 教师具备丰富的创业学相关知识	Van Dam，K.，2010；Rothaermel，2006；案例、访谈资料等
C8 教师具备较强的教学组织技能	Huq，2017；Nabi，2016；王振洪，2015；国务院文件、案例、访谈资料等
C9 教师具备较强的创业实践指导技能	Rothaermel，2006；许勋恩，2017；国务院文件、访谈资料等
C10 教师具备较强的创业机会探索技能	Shane，2003；唐靖，2008；案例、访谈资料等
C11 教师具备较强的创业机会开发技能	Shane，2003；张玉利，2011；张爱丽，2010；访谈资料等
C12 教师具备较强的经营管理技能	Rothaermel，2006；唐靖，2008；访谈资料等

二　教师创业能力影响因素的定义和测量

高校创业教育教师的创业能力会受宏观上政府政策等；中观上学校制度、学科归属、激励措施等；微观上受教师其他个体因素的影响。Brennan 就提出教师的创业能力包括寻找优势、追求新颖、谋求机会能力，并分别受教师的声望、专业性、经纪人；创业环境；创业的意义和价值影响。Clarysse 则以创业能力等为自变量，通过回归得出个体层次的属性和经验是影响教师创业最关键的因素。D'Este 认为教师创业能力中的机会探索能力受教师研究的卓越性、更早的探索的影响，机会开发能力受先前产学合作经历、科学宽度、技术发现经验影响。本书在分析高校创业教育教师的创业能力时，即综合考虑微观、中观、宏观三个层次的影响因素，并最终将之融合在个体层次。

1. 在国家层次。如艾纳·拉斯姆森（Rasmussen，2011）用委托代理理论对挪威分析后指出，政府支持项目（Government Support Programmes，GSPs）对高校教师创业有一定的刺激作用，但是这角色往往不容易被理解，政府支持项目能减少政府和研究商业化代理人间委托代理中出现的反向选择和道德风险问题。政府的主要任务包括收集和共享信息，长期从事委托代理关系，发展战略和具体合同的关系，用风险代理规避高风险及运用多指标。布伦特·戈德法布（Goldfarb，2003）在分析"促进大学知识商业化方面，哪些国家政策是最有效的？"则认为瑞典自上而下的国家政策和学术环境不利于学者研究的商业化，而美国对研究资金竞争的制度对学者发明的商业化有着积极作用。

2. 在组织层次。马丁·肯尼（Kenney，2004）在分析教授创业模式差异的原因时，指出嵌入的学科文化有助于创业活动。而（Markovska，2008）提出了奖励机制对创业文化的建立很必要。Markman（2004）则研究奖励制度对美国大学的创业活动是否有影响时，指出若奖励给个人或系部对创业活动是负相关的，若奖励给 TTO 则是正相关的。也有学者指出产业资金和学术产出、创业产出（专利、商业化产品、新公司、咨询合同）是正相关的（Gulbrandsen & Smeby，2005）。Colyvas & Powell（2007）；Colyvas（2007）则研究了斯坦福大学生命科学教师创业如何从脆弱到受尊重、从不常见到普及的制度化的过程。Siegel & Waldman et al.（2003）通过 98 位产学合作利益相关者的实证，得出教师创业的主要障碍是官僚体制的不灵活性、文化冲突、差劲的奖励制度和 TTO 的低效，因此相应的对策就是消除文化和信息障碍、灵活的大学政策、改进职员实践、给更多的资源、奖励参与学术创业、鼓励非正式关系和社会网络。之后他又访谈了 55 位产学合作利益相关者，认为给 TTO 配置更多资源、增加大学的灵活性等对创业绩效有正影响（Siegel & Waldman et al.，2004）。

3. 在个人层次。迈克·赖特等（Wright & Clarysse et al.，2012）提出学术创业的相关研究容易忽略企业家的作用，建议要考虑学术企业家在学界和商界的流动性和学术企业家的行为和认知过程，还要考虑大学的异质性，尤其是领先的研究型大学中，特定学校内部学院间的创业文化的显著差异，并且关于学术创业的政策要对情境（Context）和个人敏感。Gurau & Dana et al.（2012）从个人层面，即学术企业家角度，将学术创业分为三类模式:学术创业经理（Academic Entrepreneur Manager）、学术项目经理（Academic Project Manager）、学术科学顾问（Academic Scientific Advisor），在此基础上通过对英国生物技术公司里的 26 个学术企业家的半结构式访谈，以创新专利（Innovation Patents）的数量、从学术机构得到许可（Licenses）的数量、与科学协作的数量三个指标为绩效，得出项目经理模式对总绩效影响最大。而在分项绩效上，项目经理模式对专利数影响大，科学顾问对应的是许可数量，而创业经理则是对应科学协作数量，等等。Colyvas & Snellman et al.（2012）则研究了性别差异对医学院学术创业绩效的影响。Jensen & Thursby（2013）提出要根据学者研究生命周期来促进学术创业绩效。学者的机会探索能力取决于其先前的创业经验和卓越的学术基础，机会开发能力取决于创业经验、产学合作及资源整合（D. Este & Mahdi et al.，2010）。

综上所述，影响高校创业教育教师创业能力的因素是多样且复杂的，结合上述国内外文献和理论基础、访谈、案例，并在（Rasmussen & Borch，2010；Rothaermel & Agung，2007）和（O'Shea & Thomas J. Allen et al.，2004）的学术创业分析框架基础上，得出影响高校创业教育教师创业能力提升的四个构面的测量指标及相关支撑文献如下。

（一）学习构面的定义和测量

学习构面，我们设计了 8 个指标如表 5—2 所示。谢雅萍、黄美娇（2014）通过小微企业创业者的实证研究指出创业者创业能力是决定创业能否成功的核心要素，创业学习则是发展创业能力的关键，社会关系网络（X7）为创业能力的提升提供了大量的知识资源（谢雅萍、黄美娇，2014）。Philpott（2011）则发现大学要提高创业产出，大学的管理者要更加关注个体的教师层次，尤其克服缺乏创业楷模、缺乏统一的创业文化、学术晋升过程对其创业努力之影响的三大障碍。许昆鹏（2017）指出创业榜样的示范效应能够激发他人产生创业意愿，因此，很多创业支持政策把创业榜样作为激励工具。已有研究多数只是探讨创业榜样的"有"和"无"对创业意愿的影响，他通过进一步将创业榜样细分为媒体创业榜样、虚拟社区创业榜样和社会网络创业榜样三个类别，并基于计划行为理论（TPB）发现不同类别的创业榜样对创业意愿产生影响是有所不同的。倪锋（2007）指出创业认知是个体创业能力产生、发展的必要前提。杨俊，张玉利（2015）等指出主流研究开始从关注创业者行为深化为研究创业者认知，并形成了以"情境—思维—行为"为研究框架的创业认知学派，中国学者应致力于探索中国情境下创业者行为背后的认知成因和机制等。胡平（2007）则指出建立基于心理契约的教师职业生涯管理体系，不论对教师个体的职业发展，还是对学校人力资源的有效管理都具有重要的理论和实践意义。综上，该8个指标的支持文献如表5—2所示。

表5—2　　　　　　　　　　　学习构面的定义和测量

学习构面	相关支撑文献
X1 挖掘树立教师成功创新创业典型	Philpott，2011；许昆鹏，2017；访谈资料等
X2 设计政策让教师创业或实践能有时间	MIT、斯坦福案例、访谈资料等
X3 重视创业教育理论与实践的研究	李波，2008；谢雅萍，2014
X4 明确教师在创业教育中的角色定位	Wright，2012；杨俊、张玉利，2015；访谈资料等
X5 重视在职前教师教育中进行创业教育培训	王占仁，2017；欧盟案例
X6 为创业教师发展做科学的职业生涯规划	胡平，2007；访谈资料等
X7 发展省级及以上创业教师关系网络	Siegel，2003；王占仁，2017；谢雅萍，2014；欧盟案例等
X8 鼓励教师参加创业学专业的硕士和博士学习	谢雅萍，2014；美国案例等

（二）激励构面的定义和测量

激励构面，本书设计了5个指标如表5—3所示。前已述及，国外学者（Siegel，2003；Markovska，2008；Markman，2004）等均从不同角度研究过高校各种奖励考核制度对教师创业的影响。中国高校创业教育发展过程中始终面对的一大挑战就是高质量专业师资队伍的短缺，黄兆信（2013）指出建立专业教育和创业教育融合机制，提升专业教师对创业教育的内源性支持是关键。孙冬梅（2010）指出高校教师角色发生变化的原因，主要是高校的内在需求、社会发展、经费问题以及相关政策四个方面。2012 年《南京理工大学鼓励师生依托产学研基地创新创业的暂行规定》，规定老师在产学研基地的创业经历，可作为校内职称晋升、干部聘任、岗位聘任的依据，一定程度上也激励了创业教师的成长（韦铭、葛玲玲，2012）。刘建佳（2017）指出加强创新创业教育教师能力建设的主要途径为：建立准入机制，保证师资能力的"高起点"；建立培养机制，促进教师的"专业发展"；建立评价机制，形成教师发展的动力源。综上，该 5 个指标的相关支撑文献如表 5—3 所示。

表 5—3　　　　　　　　　　　**激励构面的定义和测量**

激励构面	相关支撑文献
X9 学校有充足专项经费用于激励创业教育工作	孙冬梅，2010；案例、访谈资料等
X10 学校有良好的专业教师参与创业教育教学的激励机制	Markovska，2008；Markman，2004；黄兆信，2013；黄扬杰，2015；案例等
X11 学校有专门针对创业教师的职称晋升机制（教职岗位）	Philpott，2011；Rothaermel，2007；刘建佳，2017；案例、访谈资料等
X12 将教师创业教育业绩纳入绩效考核标准	Rothaermel，2007；王占仁，2017；案例、访谈资料等
X13 学校有合理的师生共创的考核评价机制	Seikkula-leino，J.，2010；O'Shea，2004；斯坦福案例、访谈资料等

（三）合作构面的定义和测量

合作构面，本书设计了 6 个指标如表 5—4 所示。周建松（2012）指出完善专任教师企业挂职锻炼的保障机制是加强高职院校师资队伍建设的应然选择。雷华（2017）指出"行政管控"模式下高校教师聘任工作存在着诸多缠绕相伴的现实困境，而构建政府、高校党政、学术组织、教师等主体共同参与治理模式以及建立与各自主体相匹配的权力（权利）

结构，是破解当前困境的可行路径。完善的校内外师资聘任管理办法对高校创业教育教师能有效地"引进来走出去"的双向交流机制有重要意义。邓志伟（2006）指出学校教师的知识分享是教师专业发展的重要手段、过程与目的。张涵、康飞（2017）等以科技创业孵化成员为研究对象，发现知识共享在关系强度与联盟绩效间发挥中介作用，成员能力正向调节关系强度对知识共享的影响，随着成员能力的提升，关系强度通过知识共享影响联盟绩效的中介效应逐渐增强。而美国斯坦福、ASU 等案例证明跨学科能有效提升教师的学术生产力和创业能力（陈艾华，2011）。综上所述，该 6 个指标的相关支撑文献如表 5—4 所示。

表5—4　　　　　　　　　　合作构面的定义和测量

合作构面	相关文献
X14 建立了相关教师到企业挂职锻炼制度	周建松，2012；国务院文件、案例、访谈资料等
X15 建立了完善的校内外师资聘任管理办法	雷华，2017；案例、访谈资料等
X16 教师所在团队定期进行创业教育交流的知识分享机制	Kenney，2004；张涵，2017；访谈资料等
X17 有鼓励跨学院（学科）的创业教育合作机制	Rasmussen，2010；陈艾华，2011；黄扬杰，2014
X18 有鼓励师生合作开展科研创业项目的机制	Seikkula-leino, J.，2010；访谈资料等
X19 与企业建有先进的创业教育实训中心等交流合作场地	德国 TUM；斯坦福、MIT 等案例、访谈资料等

（四）支持构面的定义和测量

支持构面，本书最终设计了 6 个指标如表 5—5 所示。这和在访谈研究中的设计略有不同。访谈研究时支持构面里的"学校有给创业教育教师时间、场地和经费保障"该指标我们通过课题组多次讨论认为应该结合文献更合理地分配到相应的构面中去，然后让问卷调查数据"自己说话（即探索性因子分析）"这样的结论更可靠（吴明隆，2010），否则肯定是支持构面如访谈研究统计的那样，高居第一影响因素。朱飞（2016）指出协同破除资源整合力度不强、创业生态环境闭塞等瓶颈问题已成为深化高校创业教育改革的方向所在，因为高校创业教育是一个复杂系统工程，离不开政府、高校、企业、社会等多元主体参与，师资、资金、技术、资源等多种要素流动以及专业教育、素质教育等多种教育的融合。因此该构面考虑了多元主体对教师创业能力的影响，而且该构面的指标设计多数是参考较为成熟的 A 省高校示范创业学院指标体系（见附录四）里关于创业教育师资队伍的内容，因此指标可信度和可行性均较高。综上所述，该 6 个指标的相关支撑文献如表5—5 所示。

表5—5　　　　　　　　　　　支持构面的定义和测量

支持构面	相关文献
X20 政府部门有推动学校创业教育的支持机制	Rasmussen，2011；案例、访谈资料等
X21 有行业企业推动学校创业教育的长效机制	美国高校各类基金会、访谈资料等
X22 学校有专门的创业教育工作领导小组	A 省高校创业学院实践、访谈资料等
X23 学校有系统的创新创业教育发展专项规划	A 省高校创业学院实践、访谈资料等
X24 学校有专门的创业学院来管理	A 省高校创业学院实践、访谈资料等
X25 所在二级学院的考核包含创业教育业绩指标	A 省高校创业学院实践、访谈资料等

三　创业教育工作绩效的定义和测量

Owen-Smith & Powell（2001）；Coup, E.（1998）的调研发现对于一些学术组织的大部分学者，出版物（publications）仍是他们最喜欢和最有价值的产出。Walsh & Huang（2014）通过美国和日本学术创业的比较，发现日本强调用专利来测量学术创业绩效，而美国更普遍用的是产业资助（Industry Funding）。而 Mars（2010）提出学术创业不管是市场导向还是非市场导向，现在要更注意平衡，要注重价值创新，既要考虑有形价值，也要考虑无形价值。Gulbrandsen（2005）在调研挪威 1967 名大学终身教授的产业资金投入与绩效产出关系时，对绩效评价用了学术产出、创业产业及学术和创业相结合的产出。

创业教育工作绩效指标的测量主要用于验证教师创业能力是否对个人的创业教育工作绩效正影响，因此主要是一些结果指标的测量。本书对高校创业教育教师个人创业教育工作绩效评价主要采用李克特量表 5 级打分法，而选用的主观评价结果指标主要包括高校教师在教育、科研、创业方面的有形的产出（奖项、科研成果、创业学生、初创企业等）和无形的结果产出（满意度）指标，后续研究将结合问卷调查的因子分析进一步优化，这亦是本书可能的创新之处。对教育个人创业教育工作绩效的测量及相关支撑文献如表5—6所示。

表5—6　　　　　创业教育工作绩效的定义和测量

创业教育工作绩效（结果指标）	相关支撑文献
P1 我的（或主要参与的）创业教育工作质量总体满意度	Mars，2010；Owen-Smith，2001；Mwasalwiba, E. S.，2010；案例、访谈资料等
P2 我的（或主要参与的）创业教育工作获得较多的省级以上荣誉和奖项	
P3 我的（或主要参与的）创业教育工作产生了较多教学科研成果	
P4 我的（或主要参与的）创业教育工作培养了较多学生成为创业人才	
P5 我的（或主要参与的）创业教育工作培育了较多初创企业	

四　控制变量的定义和测量

由于创业教育教师的创业能力研究，是个体层面的内容，因此性别、年龄等人口学变量势必要成为控制变量。

对于性别变量，蔡莉（2005）指出女性创业的研究越来越受到各国学者的关注，她从创业者学历与创业者性别的关系，创业融资与创业者性别的关系以及创业动机与创业者性别的关系等三个方面，对女性创业的特性进行了研究。姚晓芳（2011）则从女性创业的基本特征、创业动机、创业环境等方面进行了分析。

对于年龄变量，在教师的科研生涯中，35 岁普遍被认为是一个较重要的分水岭，而对于创业来说，美国考夫曼基金会数据显示：近 20 年来，35 岁前（年龄段 20—34 岁）成为新创业者的比例大幅下降了约 10%，相比 20 年前，2015 年成为新创业者平均比例对应的年龄段分布更加均匀。可见年龄肯定是一个重要的控制变量。

而学科领域更加由于其差异性要考虑将其控制。如学者研究发现生命科学作为近 40 年来发展最快、产学合作最深入的领域，大量的相关实证研究发现生命科学领域的专利比其他领域更具市场价值，专利申请和转移、教师创办衍生公司也较多（Owen-Smith & Powell, 2004；Owen-Smith & Powell, 2003；Owen-Smith & Riccaboni, 2002；Owen-Smith & Powell, 2001）；相比之下，以物理学科为例，由于其学科的基础学科性质，产学合作明显较少，专利的市场价值相对较低，学科仅与企业保持松散的合作和咨询等关系。因此学科领域也会对教师的创业能力产生一定的影响。综合上述文献、访谈，本书的控制变量主要选择三个，如表 5—7 所示。

表 5—7　　　　　　　　　　控制变量的定义和测量

控制变量	相关支撑文献
K1 性别	人口学变量；蔡莉，2005；姚晓芳，2011 等
K2 年龄	人口学变量；考夫曼基金会等
K3 学科领域	Owen-Smith, 2004；D'Orazio & Monaco, 2012 等

第二节　初始概念模型及研究假设

一　"保障之翼"的初始概念模型

结合文献、访谈、案例和上面四个构面测量指标，高校创业教育教师的创业能力提升的"保障之翼"的初始概念模型如图5—1所示。

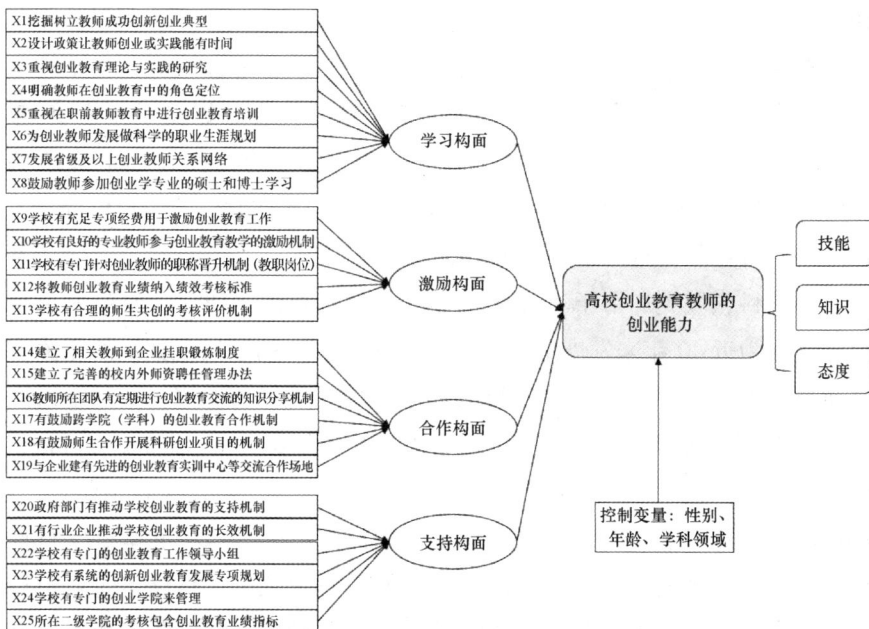

图5—1　教师创业能力提升的"保障之翼"的初始概念模型

二　"保障之翼"模型的研究假设

"保障之翼"的概念模型的因变量是创业教育教师的创业总体能力，即综合了态度、知识、技能三个维度。

并且假设（见表5—8）：图5—1中左边 X1 到 X25 这25个影响因素指标对提升高校创业教育教师的创业能力均正相关。

表 5—8 "保障之翼"模型的研究假设

解释变量	假设	具体内容
学习构面	H1	挖掘树立教师成功创新创业典型与提升教师创业能力正相关
	H2	设计政策让教师创业或实践能有时间与提升教师创业能力正相关
	H3	重视创业教育理论与实践的研究与提升教师创业能力正相关
	H4	明确教师在创业教育中的角色定位与提升教师创业能力正相关
	H5	重视在职前教师教育中进行创业教育培训与提升教师创业能力正相关
	H6	为创业教师发展做科学的职业生涯规划与提升教师创业能力正相关
	H7	发展省级及以上创业教师关系网络与提升教师创业能力正相关
	H8	鼓励教师参加创业学专业硕士和博士学习与提升教师创业能力正相关
激励构面	H9	学校有充足专项经费用于激励创业教育工作与提升教师创业能力正相关
	H10	学校有良好的专业教师参与创业教育教学的激励机制与提升教师创业能力正相关
	H11	学校有专门针对创业教师的职称晋升机制(教职岗位)与提升教师创业能力正相关
	H12	将教师创业教育业绩纳入绩效考核标准与提升教师创业能力正相关
	H13	学校有合理的师生共创的考核评价机制与提升教师创业能力正相关
合作构面	H14	建立了相关教师到企业挂职锻炼制度与提升教师创业能力正相关
	H15	建立了完善的校内外师资聘任管理办法与提升教师创业能力正相关
	H16	教师所在团队有定期进行创业教育交流的知识分享机制与提升教师创业能力正相关
	H17	有鼓励跨学院(学科)的创业教育合作机制与提升教师创业能力正相关
	H18	有鼓励师生合作开展科研创业项目的机制与提升教师创业能力正相关
	H19	与企业建有先进的创业教育实训中心等交流合作场地与提升教师创业能力正相关
支持构面	H20	政府部门有推动学校创业教育的支持机制与提升教师创业能力正相关
	H21	有行业企业推动学校创业教育的长效机制与提升教师创业能力正相关
	H22	学校有专门的创业教育工作领导小组与提升教师创业能力正相关
	H23	学校有系统的创新创业教育发展专项规划与提升教师创业能力正相关
	H24	学校有专门的创业学院来管理与提升教师创业能力正相关
	H25	所在二级学院的考核包含创业教育业绩指标与提升教师创业能力正相关

第三节　研究设计与研究方法

一　问卷内容与设计流程

（一）问卷的内容

本书的问卷内容，围绕着高校创业教育教师创业能力的提升机制模型展开。调查问卷主要包括了四个方面的基本内容（见附录三）：

（1）被调查者个人、所在的学校及其创业教育工作经历等的基本信息，包含模型控制变量所需的各种信息；

（2）高校创业教育教师的创业能力构成做出判断，主要为收集模型因变量（创业能力）所需的信息；

（3）高校创业教育教师的创业能力提升的影响因素量表情况，主要为收集模型自变量所需的信息；

（4）高校创业教育教师个人工作绩效量表情况，主要探讨创业能力和个人工作绩效间的关系，按我们正常的理论假设，创业能力强的教师，个人创业教育工作绩效势必也强，课题通过问卷调查将实证该假设成立与否等。

（二）问卷设计的流程

首先，本书所使用问卷在 Rothaermel & Agung（2007）和 O'Shea & Thomas，J. Allen et al.（2004）等的学术创业分析框架上，结合 A 省示范创业学院指标，基于大量的国内外期刊文献，并结合 30 多位有丰富经验的创业教育教师的深度半结构访谈以及国外多所大学的案例分析综合而成。具体问卷设计流程如图 5—2 所示。

其次，课题组成员经过数十次的探讨，在问卷的初稿生成后：①第一轮试测：发放给几位创业教育领域的长江学者以及专门研究创业教育的学者或行政人员帮忙修改完善，如在这第一轮的问卷试测中，很多专家学者提出了宝贵的意见。比如××创新创业教育学院院长、长江学者黄兆信教授就此问卷的多个题项提议要尽量使受访者容易理解和填写；东北师范大学的创业教育长江学者王占仕教授建议，创业教育教师的创业能力不仅包括创业技能还应包括各项教育技能，等等；浙江大学教育学院的梅伟惠副教授建议本问卷创业能力的影响因

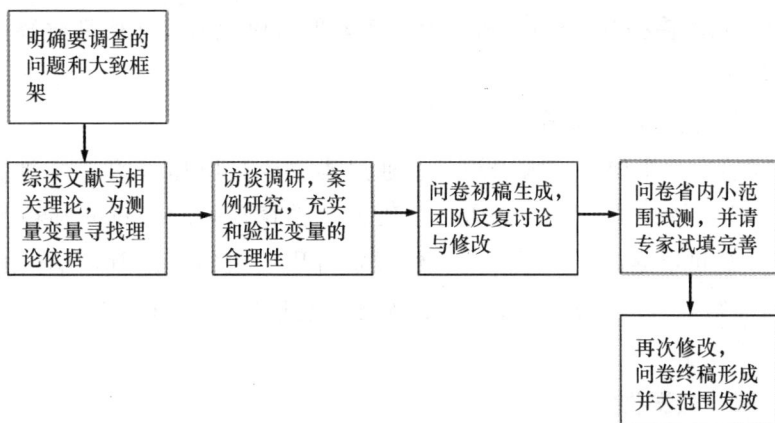

图5—2　本书的问卷设计流程

素应加"创业教育教师的时间、经费、场地保障等题项应一项项分拆开来。"②第二轮试测:对周边学校的创业教育教师进行了30份小范围的试测,初步验证问卷的题项是否足够解释本书的理论假设模型,等等,并在此基础上进一步修改完善。③会议集中讨论定稿:本书成员在各位专家学者修改意见基础上,集中开会讨论,逐项修改,形成问卷。

最后,综合上述意见,问卷终稿形成,并制作成在线问卷发放。

二　问卷的发放与数据收集

(一)在线问卷的设计

由于本次的问卷调查是以电子在线问卷为主(少数纸质),通过问卷星进行,在该系统中设计好问卷后,只需将问卷网址链接通过微信、QQ或邮箱发送给受访者即可。

(二)样本选择

借鉴(D'Este,2012;谢觉萍,2014;李雯,2011)等的样本界定,本书所调研的高校创业教育教师范围界定在中国高校(985、211普通院校、高职高专等各类高校)从事创业教育工作或有较丰富创业经历的教师(教师、科研人员、教育管理人员等)。具体而言这些教师具备如下特征之一:创办企业或入股的教师;给企业提供核心技术或关键咨询,在企业中兼较重要的职务的教师；有较丰富的科研成果转化或创业教育经验的教师。

（三）问卷发放渠道

问卷发放主要有三大渠道：①通过本书成员所加入的各种创业教育QQ群、微信群发放；②通过收集创业教育教师的E-mail邮箱，一对一发放问卷链接；③通过课题组成员分别发放给自己所在单位的创业教育教师，并通过各自的社交网络，通过同学、同事进一步拓展发放。

（四）数据收集

问卷调查工作始于2017年2月，结束于2018年5月，共历时约15个月。主要调查方式是在线调查，辅以少数纸质问卷是访谈时或学术会议时的实地发放。其间总访问次数3500多次，收到问卷共1157份，剔除问卷关键题项填写不完整、不同题项答案无差异、所填答案明显不符要求等各类无效问卷为23份，有效问卷为1134份。本次调查向受访者承诺匿名，并保证若有需要，将发给研究报告作为回报。以最诚恳的态度期望受访者的帮助。本次调查的有效回收率相对较为理想。

三　问卷的整理与统计

对于收集的数据，本书将在描述性统计分析（各变量的均值、标准差、最小值、最大值、众数和频次分布等，以描述样本组织的特性、比例分配状态）和检验信度与效度的基础上，进行探索性因子分析、相关分析、多元回归分析及方差分析。课题所使用的统计分析软件为SPSS25.0。具体方法如下。

1. 探索性因子分析

因子分析是研究从变量群中提取共性因子的统计技术。最早由英国心理学家C. E. 斯皮尔曼提出。因子分析可在许多变量中找出隐藏的具有代表性的因子。将相同本质的变量归入一个因子，可减少变量的数目，还可检验变量间关系的假设。因子分析的方法有两类：一类是探索性因子分析；另一类是验证性因子分析。探索性因子分析不事先假定因子与测度项之间的关系，而让数据"自己说话"。验证性因子分析假定因子与测度项的关系是部分知道的，即哪个测度项对应于哪个因子，虽然我们尚且不知道具体的系数（吴明隆，2010），但探索性因子分析既可用于在未知理论构思的情况下探讨测量的理论结构，又可在理论构思驱动下优化测量（Church，1994）。

尽管本书对教师创业能力构成要素和影响因素的研究是基于大量的文献、国内的半结构访谈及国外的案例综合分析推论得出，已经得到初步验证，但上述研究得出的三大构成要素、四大影响机制及其潜在结构问题是否就如假设一样，均还需要通过大样本实证研究来进行检验。考虑到创业教育教师创业能力的相关理论基础还是不够强劲，本部分还将继续进行探索性因子分析，让数据说话，优化测量。

2. 相关分析

相关分析是回归分析的前提。本部分将针对理论模型中涉及的自变量、因变量和控制变量，考察各研究变量间是否存在显著相关，将为下一步统计提供基础。

3. 多元回归

通过多元回归实证高校创业教育教师创业能力提升机制模型中自变量、因变量及控制变量间的关系。

4. 方差分析

方差分析（Analysis of Variance，ANOVA），又称"变异数分析"或"F 检验"，是英国统计学家 R. A. Fisher 于 1923 年发明的，用于两个及两个以上样本均数差别的显著性检验。本部分将从不同变量入手，分析各变量间差异，探索不同个体在年龄、学位、工作年限、职称等各方面的能力或影响能力提升机制的差异。

第四节　变量的描述性统计

一　问卷的基本信息

1. 问卷填写者性别分布情况（见图5—3）

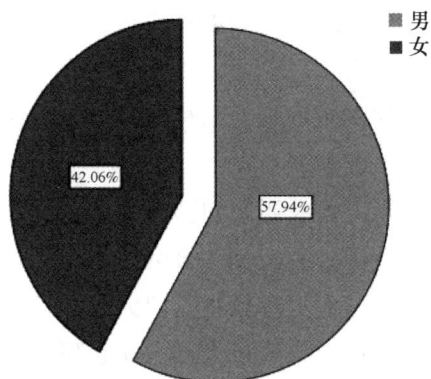

图 5—3　问卷填写者性别分布情况（左女右男）

2. 问卷填写者的职称分布情况（见图 5—4）

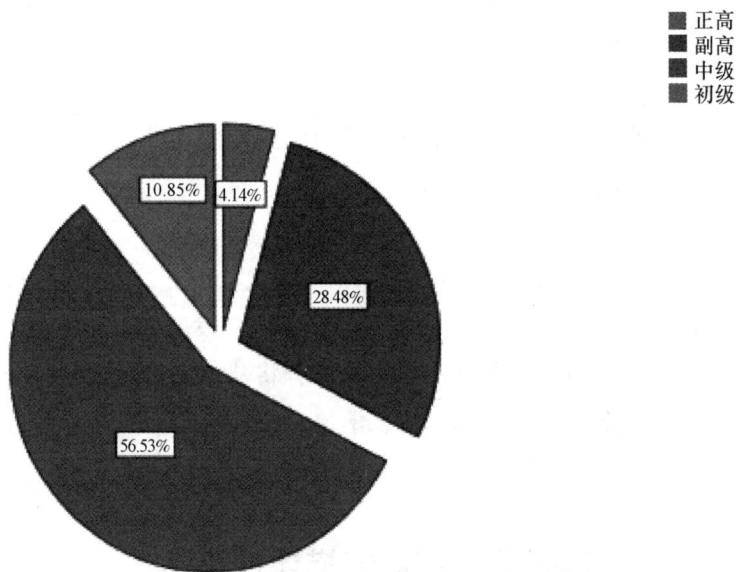

图 5—4　问卷填写者的职称分布情况

3. 问卷填写者年龄分布情况（见图 5—5）

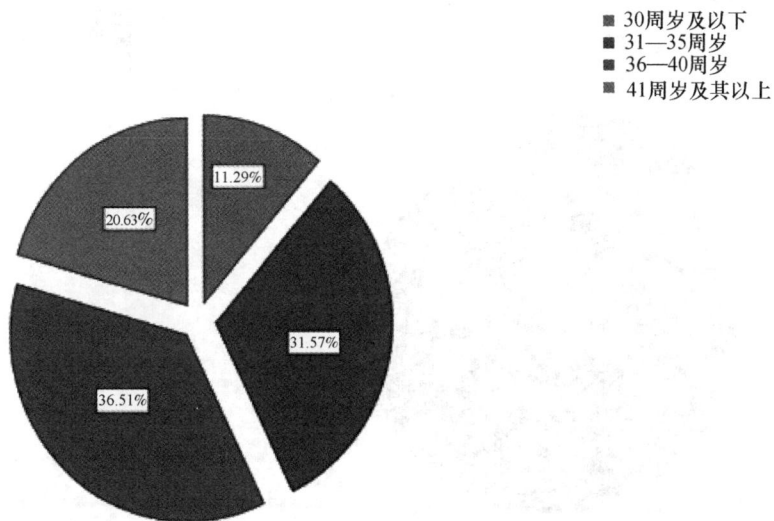

图5—5　问卷填写者年龄分布情况

4. 问卷填写者从事创业教育相关工作年限的分布情况（见图5—6）

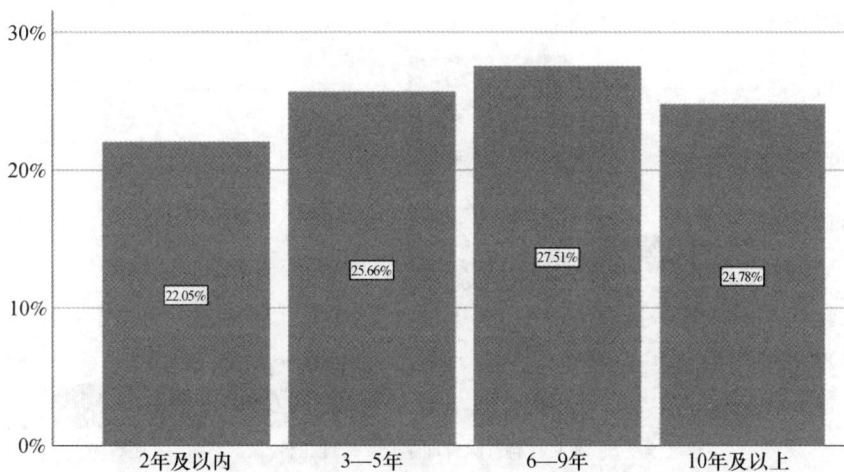

图5—6　问卷填写者从事创业教育相关工作年限的分布情况

5. 问卷填写者最高学位的分布情况（见图5—7）

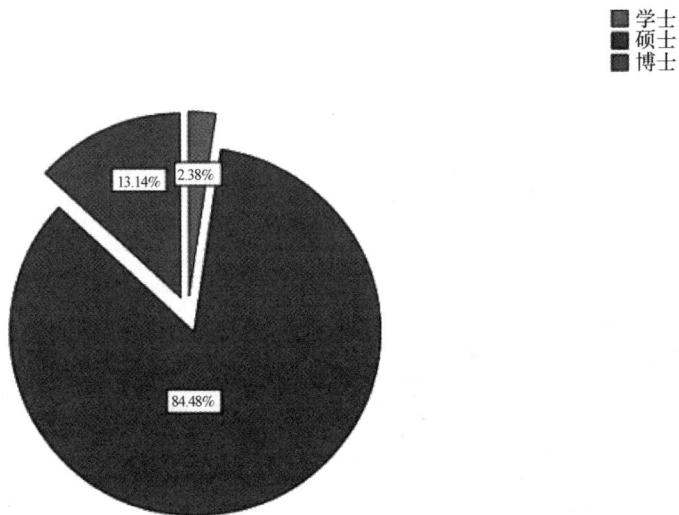

图5—7 问卷填写者最高学位的分布情况

6. 问卷填写者所学专业的学科门类的分布情况（见图5—8）

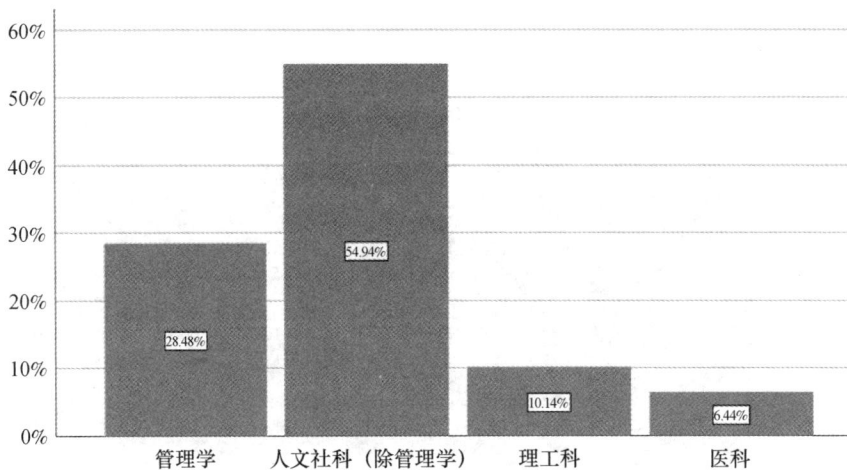

图5—8 问卷填写者所学专业的学科门类的分布情况

7. 问卷填写者所在学校类型的分布情况（见图5—9）

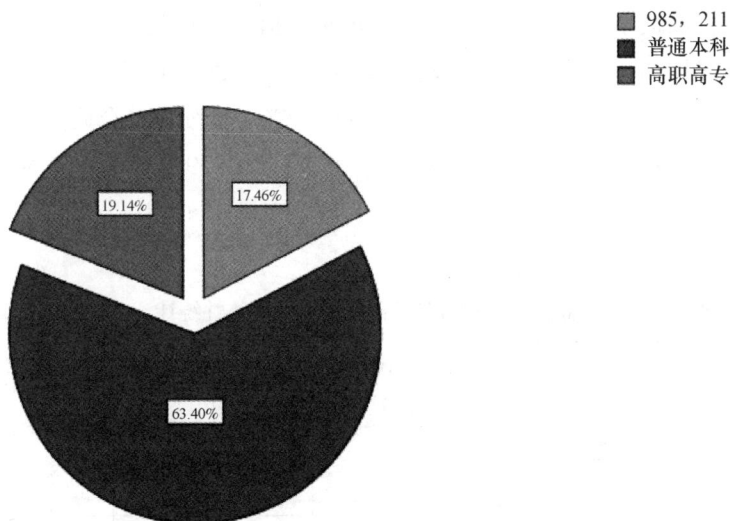

图5—9　问卷填写者所在学校类型的分布情况

8. 问卷填写者的创业教育教师类型的分布情况（见图5—10）

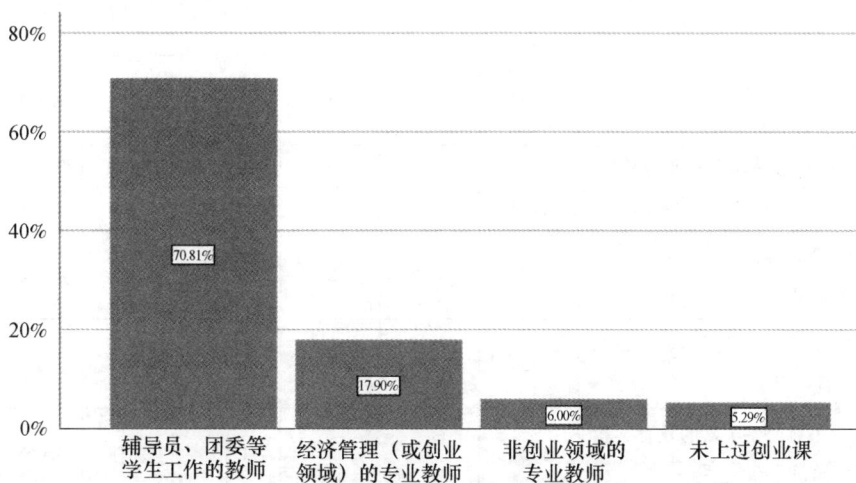

图5—10　问卷填写者的创业教育教师类型的分布情况

二　高校创业教育教师创业能力的描述统计

表5—9给出了高校创业教育教师创业能力的最小值、最大值、均值、标准差和方差。数据显示，只有测量指标C8、C4的最小值出现过1，

其他指标的最小值均为 2，12 个指标的最大值均出现过 5，样本个体有一定的差异性，测量指标的均值均在 4 以上，最大的均值达到 4.48，最小值为 C6 得分为 4.06，说明样本教师的创业能力较强，符合调查要求。各指标的方差在 0.476—0.838，标准差在 0.690—0.915，说明样本教师的差异性较小，评价结果一致性较好。

表 5—9　　　　　　　高校创业教育教师创业能力的描述性统计

描述统计					
	N	最小值	最大值	均值	标准差	方差
C9 教师具备较强的创业实践指导技能	1134	2	5	4.48	0.782	0.612
C12 教师具备较强的经营管理技能	1134	2	5	4.42	0.757	0.573
C10 教师具备较强的创业机会探索技能	1134	2	5	4.40	0.771	0.595
C1 教师对创业教育的总体认同感	1134	2	5	4.40	0.787	0.619
C11 教师具备较强的创业机会开发技能	1134	2	5	4.39	0.743	0.553
C3 教师具备较强的创业精神	1134	2	5	4.38	0.729	0.531
C2 教师个人坚韧的创业意志	1134	2	5	4.28	0.690	0.476
C7 教师具备丰富的创业学相关知识	1134	2	5	4.28	0.814	0.662
C8 教师具备较强的教学组织技能	1134	1	5	4.17	0.915	0.838
C4 教师具备丰富的教育学相关知识	1134	1	5	4.15	0.818	0.668
C5 教师具备丰富的所学学科专业知识	1134	2	5	4.12	0.751	0.565
C6 教师具备丰富的风险投资知识	1134	2	5	4.06	0.791	0.626

说明：按指标的平均值降序排列。

三　高校创业教育教师创业能力提升的影响因素的描述统计

从表5—10中可看出，高校创业教育教师创业能力提升的影响因素指标均值最高4.51，排在前五位的是X4明确教师在创业教育中的角色定位；X2设计政策让教师创业或实践能有时间；X3重视创业教育理论与实践研究；X24学校有专门的创业学院来管理；X22学校有专门的创业教育工作领导小组。均值最低为3.41，排名最后五位的指标是X12将教师创业教育业绩纳入教师绩效考核标准；X13学校有合理的师生共创的考核评价机制；X14建立了相关教师到企业挂职锻炼制度；X15建立了完善的校内外师资聘任管理办法；X11有专门针对创业教师的职称晋升机制（教职岗位）。而具体每个测量指标对公共因子的载荷程度，以及对创业教育教师创业能力的影响系数和指标自身的信度和效度，都有待更进一步的考查和分析。数据显示，25个测量指标中18个指标的最小值均出现过1，最大值则均出现过5，样本个体有一定的差异性。影响因素指标的均值最小值为3.41，说明本问卷的测量指标选的较好。另外标准差在0.681—1.080，方差在0.464—1.166，也说明样本教师的差异性较小，评价结果一致性较好。

表5—10　高校创业教育教师创业能力提升的影响因素的描述性统计

描述统计					
	N	最小值	最大值	均值	标准差	方差
X4明确教师在创业教育中的角色定位	1134	2	5	4.51	0.681	0.464
X2设计政策让教师创业或实践能有时间	1134	1	5	4.40	0.865	0.749
X3重视创业教育理论与实践研究	1134	2	5	4.34	0.707	0.499
X24学校有专门的创业学院来管理	1134	1	5	4.33	1.080	1.166
X22学校有专门的创业教育工作领导小组	1134	2	5	4.27	0.845	0.714

续表

描述统计					
	N	最小值	最大值	均值	标准差	方差
X5 重视在职前教师教育中进行创业教育培训	1134	2	5	4.27	0.817	0.668
X1 挖掘树立教师成功创新创业典型	1134	2	5	4.25	0.885	0.783
X6 为创业教师发展做科学的职业生涯规划	1134	1	5	4.24	0.793	0.629
X7 发展省级及以上的创业教师关系网络	1134	1	5	4.11	0.840	0.705
X17 有鼓励跨学院（学科）的创业教育合作机制	1134	2	5	4.09	0.930	0.866
X25 所在二级学院的考核包含创业教育业绩指标	1134	1	5	4.07	1.035	1.072
X20 政府部门有推动学校创业教育的支持机制	1134	1	5	3.99	0.866	0.749
X8 鼓励教师参加创业学专业的硕士和博士学习	1134	1	5	3.98	0.863	0.745
X23 学校有系统的创新创业教育发展专项规划	1134	2	5	3.96	0.891	0.794
X9 学校有充足专项经费用于激励创业教育工作	1134	1	5	3.92	0.897	0.805
X21 有行业企业推动学校创业教育的长效机制	1134	1	5	3.91	0.854	0.730
X18 有鼓励师生合作开展科研创业项目的机制	1134	1	5	3.90	0.837	0.701
X10 学校有良好的专业教师参与创业教育教学的激励机制	1134	1	5	3.82	0.854	0.729
X19 与企业建有先进的创业教育实训中心等交流合作场地	1134	1	5	3.81	0.865	0.749

描述统计						
	N	最小值	最大值	均值	标准差	方差
X16 教师所在团队定期进行创业教育交流的知识分享机制	1134	1	5	3.77	0.783	0.614
X12 将教师创业教育业绩纳入绩效考核标准	1134	1	5	3.76	0.820	0.673
X13 学校有合理的师生共创的考核评价机制	1134	1	5	3.71	0.968	0.937
X14 建立了相关教师到企业挂职锻炼制度	1134	1	5	3.57	1.053	1.109
X15 建立了完善的校内外师资聘任管理办法	1134	1	5	3.56	0.971	0.943
X11 学校有专门针对创业教师的职称晋升机制（教职岗位）	1134	1	5	3.41	1.009	1.017

说明：按指标的平均值降序排列。

四　高校创业教育教师创业教育工作绩效描述统计

从表5—11中可看出，高校创业教育教师创业教育工作绩效指标均值最高4.01，排在第一位的是：P2 我的（或主要参与的）创业教育工作获得较多的省级以上荣誉和奖项。均值最低为3.38，排名最后的指标：P5 我的（或主要参与的）创业教育工作培育了较多初创企业。这与中国大多数高校实际情况较符合。数据显示，5个指标的最小值均出现过1，最大值则均出现过5，样本个体有一定的差异性。另外标准差在0.806—1.111，方差在0.649—1.235，也说明样本教师的差异性较小，评价结果一致性较好。

表5—11　　　　高校创业教育教师创业教育工作绩效描述统计

描述统计					
	N	最小值	最大值	均值	标准差	方差
P2 我的（或主要参与的）创业教育工作获得较多的省级以上荣誉和奖项	1134	1	5	4.01	0.932	0.868
P1 我的（或主要参与的）创业教育工作质量总体满意度	1134	1	5	3.79	0.806	0.649
P3 我的（或主要参与的）创业教育工作产生了较多教学科研成果	1134	1	5	3.72	0.936	0.876
P4 我的（或主要参与的）创业教育工作培养了较多学生成为创业人才	1134	1	5	3.51	1.005	1.009
P5 我的（或主要参与的）创业教育工作培育了较多初创企业	1134	1	5	3.38	1.111	1.235

说明：按指标的平均值降序排列。

第五节　量表的信度检验

信度检验的方法是，计算各测量项的修正后的项总计相关性（Corrected Item—Total Correlation，CITC），其值若小于0.5则删去指标；同时计算克朗巴哈 α 系数，若 α 系数≥0.7，说明指标可靠性是可以接受的。但不同的学者对 α 系数的界限值有不同的看法，如有学者认为，在基础研究中克朗巴哈 α 系数要大于等于0.8才能接受，在探索研究中克朗巴哈 α 系数则至少应达到0.7才能接受，而在实务研究中，克朗巴哈 α 系数只需超过0.6即可。对于本书的整体量表，一般经验上，如果克朗巴哈系数 α ≥0.9，则认为量表的内在信度很高；如果 $0.9 > \alpha \geq 0.8$ ，则认为内在信度是可以接受的；如果 $0.8 > \alpha \geq 0.7$ ，则认为量表设计存在一定问题，但仍有一定的参考价值;如果 α < 0.7,则认为量表设计存在很大的问题,应考虑重新设计量表。

一　自变量的信度检验

根据上述访谈的结果和文献的综合分析,25 个影响因素指标我们初步分为 4 个构面,分别命名为学习构面 (X1—X8);激励构面 (X9—X13);合作构面 (X14—X19);支持构面 (X20—X25)。下面分别就这四个构面逐个进行信度检验。信度 (Reliability) 即可靠性,它是指采用同样的方法对同一对象重复测量时所得结果的一致性程度。信度指标多以相关系数表示,大致可分为三类:稳定系数,等值系数和内在一致性系数。

1. 学习构面的信度检验

由表 5—12 可以看出,学习构面的测量题项的一致性系数 Cronbach α 值为 0.931,校正的项总计相关性 (即 CITC 系数) 最小值为 0.659,大于 0.5;且表中删除各观测变量后的 α (Cronbach's Alpha) 值都比原量表的 α 值小,说明该构面的量表具有较高的信度。

表 5—12　　　　　　　学习构面的测量题项信度分析结果

测量题项	修正的项总计相关性 (CITC)	多相关性的平方	项已删除的 Cronbach's Alpha 值	Cronbach's Alpha
X1 挖掘树立教师成功创新创业典型	0.785	0.689	0.920	
X2 设计政策让教师创业或实践能有时间	0.799	0.732	0.919	
X3 重视创业教育理论与实践的研究	0.816	0.710	0.919	0.931
X4 明确教师在创业教育中的角色定位	0.770	0.657	0.922	
X5 重视在职前教师教育中进行创业教育培训	0.760	0.617	0.922	

测量题项	修正的项总计相关性（CITC）	多相关性的平方	项已删除的Cronbach's Alpha 值	Cronbach's Alpha
X6 为创业教师专业发展做科学的职业生涯规划	0.739	0.629	0.923	
X7 发展省级及以上的创业教师关系网络	0.795	0.688	0.919	
X8 鼓励教师参加创业学专业的硕士和博士学习	0.659	0.558	0.930	

2. 激励构面的信度检验

由表 5—13 可以看出，激励构面的测量题项的一致性系数 Cronbach α 值为 0.885，校正的项总计相关性（即 CITC 系数）最小值为 0.609，大于 0.5；且表中删除各观测变量后的 α（Cronbach's Alpha）值都比原量表的 α 值小，说明该构面的量表也具有较高的信度。

表 5—13　　　　　　　激励构面的测量题项信度分析结果

测量题项	修正的项总计相关性（CITC）	多相关性的平方	项已删除的Cronbach's Alpha 值	Cronbach's Alpha
X9 学校有充足专项经费用于激励创业教育工作	0.723	0.595	0.860	
X10 学校有良好的专业教师参与创业教育教学的激励机制	0.706	0.509	0.864	
X11 学校有专门针对创业教师的职称晋升机制（教职岗位）	0.748	0.561	0.855	0.885
X12 将教师创业教育业绩纳入绩效考核标准	0.609	0.440	0.884	
X13 学校有合理的师生共创的考核评价机制	0.835	0.709	0.832	

3. 合作构面的信度检验

由表5—14可以看出，合作构面的测量题项的一致性系数Cronbach α值为0.913，校正的项总计相关性（即CITC系数）最小值为0.618，大于0.5；且表中删除各观测变量后的α（Cronbach's Alpha）值，除了"X17有鼓励跨学院（学科）的创业教育合作机制"外都比原量表的α值小，说明该构面的量表总体上具有较高的信度，但是对X17指标暂时持保留意见，后续的效度分析将重点关注该指标。

表5—14 **合作构面的测量题项信度分析结果**

测量题项	修正的项总计相关性（CITC）	多相关性的平方	项已删除的Cronbach's Alpha值	Cronbach's Alpha
X14 建立了相关教师到企业挂职锻炼制度	0.752	0.645	0.901	0.913
X15 建立了完善的校内外师资聘任管理办法	0.848	0.750	0.884	
X16 教师所在团队定期进行创业教育交流的知识分享机制	0.739	0.618	0.902	
X17 有鼓励跨学院（学科）的创业教育合作机制	0.618	0.392	0.918	
X18 有鼓励师生合作开展科研创业项目的机制	0.796	0.680	0.893	
X19 与企业建有先进的创业教育实训中心等交流合作场地	0.827	0.696	0.889	

4. 支持构面的信度检验

由表5—15可以看出，支持构面的测量题项的一致性系数Cronbach α值为0.896，校正的项总计相关性（即CITC系数）最小值为0.655，大于0.5；且表中删除各观测变量后的α（Cronbach's Alpha）值都比原量表的α值小，说明该构面的量表也具有较高的信度。

表5—15　　　　　　　　　支持构面的测量题项信度分析结果

测量题项	修正的项总计相关性（CITC）	多相关性的平方	项已删除的Cronbach's Alpha值	Cronbach's Alpha
X20 政府部门有推动学校创业教育的支持机制	0.655	0.718	0.887	
X21 有行业企业推动学校创业教育的长效机制	0.736	0.731	0.876	
X22 学校有专门的创业教育工作领导小组	0.689	0.608	0.883	
X23 学校有系统的创新创业教育发展专项规划	0.723	0.666	0.877	0.896
X24 学校有专门的创业学院来管理	0.730	0.552	0.878	
X25 所在二级学院的考核包含创业教育业绩指标	0.806	0.685	0.863	

二　因变量的信度检验

同样根据上述访谈的结果和文献的综合分析，因变量创业能力的测量总共有 12 个测量指标。因变量创业教育工作绩效总共有 5 个测量指标。下面分别就其进行信度检验。

1. 因变量创业能力的信度检验

由表5—16 可以看出，教师创业能力测量题项的一致性系数 Cronbach α 值为 0.954，校正的项总计相关性（即 CITC 系数）最小值为 0.667，大于 0.5；且表中删除各观测变量后的 α（Cronbach's Alpha）值都比原量表的 α 值小，说明该构面的量表具有较高的信度。

表5—16　　　　　　　　　教师创业能力测量题项信度分析结果

测量题项	修正的项总计相关性（CITC）	多相关性的平方	项已删除的 Cronbach's Alpha 值	Cronbach's Alpha
C1 教师对创业教育的总体认同感	0.667	0.661	0.953	
C2 教师个人坚韧的创业意志	0.691	0.591	0.953	
C3 教师具备较强的创业精神	0.822	0.784	0.949	
C4 教师具备丰富的教育学相关知识	0.775	0.733	0.950	
C5 教师具备丰富的所学学科专业知识	0.747	0.675	0.951	
C6 教师具备丰富的风险投资知识	0.770	0.773	0.950	
C7 教师具备丰富的创业学相关知识	0.874	0.834	0.947	0.954
C8 教师具备较强的教学组织技能	0.719	0.635	0.953	
C9 教师具备较强的创业实践指导技能	0.864	0.801	0.947	
C10 教师具备较强的创业机会探索技能	0.851	0.879	0.948	
C11 教师具备较强的创业机会开发技能	0.744	0.830	0.951	
C12 教师具备较强的经营管理技能	0.820	0.863	0.949	

2. 因变量教师个人创业教育工作绩效的信度检验

由表5—17可以看出，教师创业教育工作绩效的测量题项的一致性系数 Cronbach α 值为0.910，校正的项总计相关性（即 CITC 系数）最小值为0.730，大于0.5；且表中删除各观测变量后的 α（Cronbach's Alpha）值都比原量表的 α 值小，说明该构面的量表也具有较高的信度。

表5—17　　　　教师创业教育工作绩效测量题项的信度分析结果

测量题项	修正的项总计相关性（CITC）	多相关性的平方	项已删除的Cronbach's Alpha 值	Cronbach's Alpha
P1 我的（或主要参与的）创业教育工作质量总体满意度	0.779	0.655	0.893	
P2 我的（或主要参与的）创业教育工作获得较多的省级以上荣誉和奖项	0.730	0.653	0.899	
P3 我的（或主要参与的）创业教育工作产生了较多教学科研成果	0.742	0.653	0.897	0.910
P4 我的（或主要参与的）创业教育工作培养了较多学生成为创业人才	0.805	0.764	0.884	
P5 我的（或主要参与的）创业教育工作培育了较多初创企业	0.836	0.815	0.878	

第六节　量表的效度检验和探索性因子分析

一　效度检验概述

综上所述，自变量创业教育教师创业能力提升的影响因素的四个构面均通过了信度检验（除了其中 X17 保留观察），并且因变量创业能力和教师创业教育工作绩效也均通过了信度检验，下面将进一步进行量表的效度检验。

测验或量表所能正确测量的特质程度，就是效度（Validity）。效度有两大特点：一是效度的相对性，任何测量的效度是对一定目标来说的，只有用于与测量目标一致的目的和场合才会有效，因此在评价测验的效度时，必须考虑效度测验的目的与功能。二是效度的连续性，测验效度通常用相关系数表示，它只有程度上的不同，而没有"全有"或"全无"的区别。效度是针对测验结果的效度可以分为三种：①内容效度

（content validity），指测验或量表内容或题目的适切性与代表型，也称为逻辑效度；②效标关联效度（criterion-related validity），指测验与外在效标间关系的程度；③建构效度（construct validity），是指能够测量出理论的特质或概念的程度（吴明隆，2010）。其中，建构效度由于有理论的逻辑分析为基础，同时又根据实际所得的资料来检验理论的正确性，因此是一种相当严谨的检验方法，而因子分析可以求得量表的建构效度，它可以抽取变量间的共同因素，以较少的构想代替原来较复杂的数据结构（吴明隆，2010）。

综上所述，本部分将通过探索性因子来分析"创业能力提升的影响因素—创业能力—创业教育工作绩效"各个测量指标的效度。

二 创业能力构成的探索性因子分析

同样，对教师创业能力的构成进行 KMO 和 Bartlett 检验，结果如表5—18 所示，KMO 为 0.918，表明很适合做因子分析；Bartlett 球体检验的显著性概率为 0.000，表明数据具有相关性，也适宜做因子分析。

表5—18 　　创业能力构成的 **KMO** 和 **Bartlett** 的检验结果

KMO 和巴特利特检验		
KMO 取样适切性量数		0.918
巴特利特球形度检验	近似卡方	14429.207
	自由度	66
	显著性	0.000

在分析创业教育教师创业能力的构成因子时，如果按照采用因子分析（取特征根 >1）的方法，我们只会得到 2 个公共因子，且总方差解释只有 77.507%。这与我们对初始对创业能力的三维度理论假设（态度、知识、技能）不是很符合，因此我们采取了提取因子固定数量等于 3 的方法，同时按照上述提及的因子分析的 5 点标准，经过多次反复的运算验证，删除了"第 C6 题：教师具备丰富的风险投资知识"得到结果如表5—19，表 5—20 所示。

表5—19 **创业能力构成因子分析解释的总方差**

总方差解释

成分	提取载荷平方和			旋转载荷平方和		
	总计	方差百分比	累积（%）	总计	方差百分比	累积（%）
1	7.416	67.418	67.418	3.859	35.084	35.084
2	1.161	10.551	77.969	2.709	24.625	59.709
3	0.507	4.608	82.577	2.515	22.868	82.577

提取方法：主成分分析法

表5—20 **创业能力构成因子分析结果**

旋转后的成分矩阵[a]

	成分		
	1	2	3
C11 教师具备较强的创业机会开发技能	0.908	0.249	0.082
C12 教师具备较强的经营管理技能	0.870	0.221	0.311
C10 教师具备较强的创业机会探索技能	0.860	0.320	0.259
C9 教师具备较强的创业实践指导技能	0.698	0.348	0.477
C7 教师具备丰富的创业学相关知识	0.691	0.392	0.438
C8 教师具备较强的教学组织技能	0.328	0.787	0.249
C5 教师具备丰富的所学学科专业知识	0.272	0.724	0.405
C4 教师具备丰富的教育学相关知识	0.381	0.722	0.312
C2 教师个人坚韧的创业意志	0.279	0.252	0.819
C3 教师具备较强的创业精神	0.381	0.451	0.712
C1 教师对创业教育的总体认同感	0.158	0.498	0.651

提取方法：主成分分析法

旋转方法：凯撒正态化最大方差法

a. 旋转在6次迭代后已收敛

可见，最后得到三个因子，累计解释总方差为85.577%，高于两个公共因子时的77.507%。并将公共因子1命名为创业技能型因子，公共因子2命名为传统学术型因子，公共因子3命名为创业态度型因子。且上表中相应的因子负荷系数均大于0.5，最低为0.651，最高为0.908，因子分析结果较好。

三 创业能力影响因素的探索性因子分析

马庆国（2002）指出 KMO 的值大于 0.7，并且各测量题项的负荷系数大于 0.5 时，可以利用因子分析将同一变量的各测量题项合并为一个因子。为了判断处于同一变量的不同测度项能否准确反映被测度变量的特性，本书采用 SPSS25.0 软件对所有潜变量的题项进行因子分析，并将这些题项合并为一个因子。采用因子分析（取特征根 >1），对创业能力影响因素所包含的 25 个题项进行分析，首先进行 KMO 和 Bartlett 检验，结果如表 5—21 所示，KMO 为 0.867，表明很适合做因子分析；Bartlett 球体检验的显著性概率为 0.000，表明数据具有相关性，适宜做因子分析。

表 5—21　创业能力影响因素 25 个指标的 KMO 和 Bartlett 的检验结果

KMO 和巴特利特检验		
KMO 取样适切性量数		0.867
巴特利特球形度检验	近似卡方	30829.347
	自由度	300
	显著性	0.000

吴明隆（2010）指出因子结构因不同研究者、不同步骤会有所差异，即由于使用者删除的题项不同，因而最后保留的结构也可能不同，研究者必须从数个不同的因素结构中选取一个最简约、最适宜的结构。因此本书按照 5 点标准：①因子载荷系数标准要大于 0.5；②在一个共同因素中若包含不同向度的测量题项，保留测量题项较多的构面；③某一题项若在多个共同因素上载荷系数均较大，则考虑删除；④每个公共因子至少保留 3 个或 3 个以上题项；⑤尽量得到结构最简单，解释性最高的模型的标准，经过多次反复的运算验证，依次：

（1）删除第 X20 题：政府部门有推动学校创业教育的支持机制；

（2）删除第 X16 题：教师所在团队定期进行创业教育交流的知识分享机制；

（3）删除第 X18 题：有鼓励师生合作开展科研创业项目的机制；

（4）删除第 X17 题（该题效度也未通过检验）：有鼓励跨学院（学科）的创业教育合作机制；

（5）删除第 X23 题：学校有系统的创新创业教育发展专项规划。

最后得到高校创业教育教师创业能力影响因素的探索性因子分析结果如表 5—22，表 5—23 所示。

表 5—22　　　　教师创业能力影响因素的因子分析解释的总方差

成分	总方差解释					
	提取载荷平方和			旋转载荷平方和		
	总计	方差百分比	累积（%）	总计	方差百分比	累积（%）
1	9.204	46.021	46.021	5.519	27.596	27.596
2	3.353	16.763	62.784	4.025	20.123	47.720
3	1.403	7.017	69.801	2.852	14.258	61.977
4	1.087	5.434	75.236	2.652	13.258	75.236

提取方法：主成分分析法

表 5—23　　　　　教师创业能力影响因素因子分析结果

旋转后的成分矩阵[a]				
	成分			
	1	2	3	4
X1 挖掘树立教师成功创新创业典型	0.898	−0.039	0.107	−0.119
X2 设计政策让教师创业或实践能有时间	0.839	0.033	0.323	0.014
X3 重视创新创业教育理论与实践的研究	0.822	0.293	0.043	0.063
X5 重视在职前教师教育中进行创业教育培训	0.803	−0.011	0.235	0.163
X4 明确教师在创业教育中的角色定位	0.778	0.049	0.046	0.411
X7 发展省级及以上的创业教师关系网络	0.776	0.400	0.039	0.124
X6 为创业教师专业发展做科学的职业生涯规划	0.759	0.259	0.111	0.057
X8 鼓励教师参加创业学专业的硕士和博士学习	0.677	0.241	−0.198	0.334

旋转后的成分矩阵ᵃ				
	成分			
	1	2	3	4
X11 学校有专门针对创业教师的职称晋升机制（教职岗位）	0.065	0.865	0.024	0.243
X13 学校有合理的师生共创的考核评价机制	0.224	0.791	0.425	0.124
X10 学校有良好的专业教师参与创业教育教学的激励机制	0.087	0.692	0.238	0.314
X12 将教师创业教育业绩纳入绩效考核标准	0.129	0.626	0.309	0.079
X9 学校有充足专项经费用于激励创业教育工作	0.310	0.613	0.334	0.380
X21 有行业企业推动学校创业教育的长效机制	0.340	0.549	0.153	0.442
X14 建立了相关教师到企业挂职锻炼制度	0.133	0.171	0.851	0.229
X15 建立了完善的校内外师资聘任管理办法	0.217	0.364	0.804	0.161
X19 与企业建有先进的创业教育实训中心等交流合作场地	0.063	0.489	0.732	0.201
X24 学校有专门的创业学院来管理	0.057	0.271	0.112	0.837
X22 学校有专门的创业教育工作领导小组	0.084	0.232	0.421	0.734
X25 所在二级学院的考核包含创业教育业绩指标	0.285	0.445	0.244	0.656

提取方法：主成分分析法

旋转方法：凯撒正态化最大方差法

a. 旋转在 6 次迭代后已收敛

可见，最后得到四个因子，与本书的理论假设基本吻合，累计解释总方差为 75.236%。并将公共因子 1 命名为学习—培训机制因子，公共因子 2 命名为激励—考核机制因子，公共因子 3 命名为交流—合作机制因子，公共因子 4 命名为管理—支持机制因子。且上表中相应的因子负荷系数均大于 0.5，最低为 0.549，最高为 0.898，因子分析结果较好。

四　创业教育工作绩效的探索性因子分析

同样，对教师创业教育工作绩效进行 KMO 和 Bartlett 检验，结果如表 5—24 所示，KMO 为 0.799，表明很适合做因子分析；Bartlett 球体检验的显著性概率为 0.000，表明数据具有相关性，也适宜做因子分析。

表 5—24　　创业教育工作绩效的 KMO 和 Bartlett 的检验结果

KMO 和巴特利特检验		
KMO 取样适切性量数		0.799
巴特利特球形度检验	近似卡方	4490.959
	自由度	10
	显著性	0.000

表 5—25　　教师创业教育工作绩效 5 个指标的因子分析结果

成分矩阵ª	成分
	1
P5 我的（或主要参与的）创业教育工作培育了较多初创企业	0.904
P4 我的（或主要参与的）创业教育工作培养了较多学生成为创业人才	0.877
P1 我的（或主要参与的）创业教育工作质量总体满意度	0.860
P3 我的（或主要参与的）创业教育工作产生了较多教学科研成果	0.834
P2 我的（或主要参与的）创业教育工作获得较多的省级以上荣誉和奖项	0.828
提取方法：主成分分析法	
a. 提取了 1 个成分	

同样，再根据取特征根 >1 的原则进行因子提取，因子分析解释的总方差为 74.156%，即得到 1 公共因子，命名为教师创业教育工作绩效因子。

第七节　教师创业能力提升保障之翼模型的回归分析

通过上述的因子分析，已验证了教师创业能力影响因素四个构面的理论假设,此部分本书对创业教育教师创业能力的构成维度测量选择用一个总能力的指标(即综合了态度、知识和技能三维度的指标)来测量,目的是为了判断这四大影响因素对教师创业总能力相对重要性,我们称之为"保障之翼模型"。

因此本部分将继续采用多元回归分析方法,以教师创业总能力为被解释变量,以学习—培训机制因子、激励—考核机制因子、交流—合作机制因子、管理—支持机制因子为解释变量,并以教师的性别、年龄、创业教育工作年限、学位、职称、学科领域六个变量为控制变量,建立了回归模型,以对这些变量间的关系进行更为精确的验证。

一　控制变量及相关分析

1. 控制变量和虚拟变量

由于本书对创业教育教师采用的控制变量为性别、年龄、创业教育工作年限、学位、职称、学科领域六个变量,这六个变量均为类别变量,而在多元回归分析中,自变量应为计量变量,即等距的或是等比变量,如果自变量是间断的,如名义或次序变量,则需在投入回归模型时先转为虚拟变量(dummy variable),以使间断变量具备连续变量的特性,再将转化后的虚拟变量作为多元回归的预测变量之一(吴明隆,2010)。在虚拟变量的转换方面,如果间断变量有 K 个水平,则需要 K–1 个虚拟变量,未经处理的水平称为参照组,且这水平定义要明确,如"其他"就不能作为参照组。

基于此,本书将六个控制变量全部设置为虚拟变量:

(1)性别:设置为男 & 女,即以女教师为参照组。

(2)年龄:设置为年龄 A&C、年龄 B&C、年龄 D&C 三个虚拟变量,ABCD 代表的是调查问卷中的题项:A 30 周岁及其以下;B 31—35 周岁;C 36—40 周岁;D 41 周岁及其以上。即以"C 36—40 周岁"为参照组。

(3)工作年限:设置为工作年限 A&C、工作年限 B&C、工作年限 D&C 三个虚拟变量,ABCD 代表的是调查问卷中的题项:A 2 年及其以内;B 3—5 年;C 6—9 年;D 10 年及以上。即以"C 6—9 年"为参照组。

(4)学位:设置为学位 A&B、学位 C&B 两个虚拟变量,ABC 代表的是调查问卷中的题项：A 学士；B 硕士；C 博士。即以"B 硕士"为参照组。

（5）职称：设置为职称 A&C、职称 B&C、职称 D&C 三个虚拟变量，ABCD 代表的是调查问卷中的题项：A 正高级；B 副高级 ；C 中级；D 初级 。即以"C 中级"为参照组。

（6）学科领域：设置为学科领域 A&C、学科领域 B&C、学科领域 D&C 三个虚拟变量，ABCD 代表的是调查问卷中的题项：A 管理学；B 人文社科（除管理学以外）；C 理工农科；D 医科。即以"C 理工农科"为参照组。

2. 相关分析

在做多元回归分析前，还需判断自变量、控制变量和因变量之间是否相关。将控制变量和影响因素的四个因子按强迫进入变量法，用 SPSS25.0 软件运行，进行 Pearson 相关分析，结果显示各变量与因变量教师创业能力均相关，其中虚拟变量若有 1 个相关，则代表该整个控制变量即相关。但同时发现控制变量年龄、工作年限、学位、职称四个变量间有较强的相关性，为减少多重共线性的影响，根据相关系数强弱综合判断，本书这里最终选取了性别、年龄、学科领域三个控制变量，其余控制变量在后续的教师创业能力提升差异化分析中再重点论述。

二　多元回归分析的三大检验

为了保证正确使用多元线性回归模型以便得出较科学的结论，必须检验回归模型是否存在多重共线性、序列相关和异方差三大问题。

1. 多重共线性问题检验

回归模型的多重共线性问题可以采用容差（Tolerance）和方差膨胀因子（VIF）两个指标来检验。其中，容差的取值范围在 0—1，其值越接近 1，共线性越弱。容差的倒数即方差膨胀因子（VIF），一般认为，当 $0 < VIF < 10$ 时，不存在多重共线性问题；当 $VIF > 10$ 时，存在较强的多重共线性（马庆国，2010）。其值越小（即接近 1），共线性越弱。由表 5—26 可以看出，本模型基本不存在多重共线性问题。

表 5—26　　　　　　　　　　模型的多重共线性检验表

模型		共线性统计	
		容差	VIF
2	（常量）		
	男 & 女	0.760	1.316
	年龄 A&C	0.723	1.383
	年龄 B&C	0.585	1.711
	年龄 D&C	0.617	1.622
	学科领域 A&C	0.249	4.020
	学科领域 B&C	0.247	4.057
	学科领域 D&C	0.418	2.393
	学习—培训机制因子	0.799	1.251
	激励—考核机制因子	0.640	1.562
	交流—合作机制因子	0.658	1.520
	管理—支持机制因子	0.793	1.261

2. 序列相关问题检验

由于本书的样本数据是截面数据，因此出现序列相关问题的可能性比较小。一般主要依靠德宾—沃森（Durbin-Watson，DW）值对序列相关问题进行检验，DW 取值范围在 0—4，其值越接近 2，表明存在序列相关的可能性越小。本模型（见表 5—27）的 DW 值为 2.021，说明几乎不存在序列相关。

表 5—27　　　　　　　　回归模型的 **Durbin-Watson** 值

模型摘要[b]					
模型	R	R^2	调整后 R^2	标准估算的错误	德宾—沃森
2	0.767[a]	0.588	0.584	0.64476658	2.021

a. 预测变量：（常量），自变量（4 个公因子），3 个控制变量

b. 因变量：创业能力（总）

3. 异方差问题检验

通常，对异方差的检验是通过观察标准化残差的散点图是否有明显的变化规律来实现的。在本书中，以回归模型的标准化预计值为横轴、标准化残差为纵轴进行残差项的散点图分析，结果发现该散点图呈现无序状态，表明本书中回归模型不存在异方差问题。

三　多元回归分析的结果

最后多元回归模型的结果汇总如表5—28所示，显示如果还未投入创业能力影响因素的四个机制因子时，模型一中的所有控制变量（虚拟）与教师创业能力的多元相关系数 R 为 0.401，共能解释教师创业能力 16.1% 的变异量。多元回归整体检验的 F 值为 30.850，达到 1% 的显著水平，说明控制变量中至少有一个变量的回归系数会达到显著，再看模型一的标准化回归系数，主要是年龄和学科领域这两个虚拟变量在起影响，系数为正，即表示考察组与参照组相比之下，考察组的创业能力要强于参照组，反之系数为负，代表考察组与参照组相比之下，考察组的创业能力要弱于参照组。

再看表中的模型二，即投入了影响因素的四个因子后，11 个自变量与教师创业能力的多元相关系数 R 为 0.767，多元相关系数的平方为 0.588，即整体解释变异增加了 42.7%，显著性改变的 F 值为 291.198，达到 1% 的显著性水平，表示学习—培训机制因子（$\beta = 0.569$，$p < 0.001$）、激励—考核机制因子（$\beta = 0.170$，$p < 0.001$）、交流—合作机制因子（$\beta = 0.262$，$p < 0.001$）、管理—支持机制因子（$\beta = 0.250$，$p < 0.001$）对教师创业能力提升有显著影响，方程整体拟合效果较好。从标准系数 β 也可看出，四个因子均显著，回归系数最高是学习—培训机制因子，其次依次是交流—合作机制因子，管理—支持机制因子和激励—考核机制因子，且四个因子对绩效的影响均为正向。

而对于三个控制变，回归模型二中性别、年龄、学科领域均达到了 1% 的显著性水平，一定程度上说明了本书构建的创业能力提升机制的四个构面的解释力较强韧，且控制变量的选择较好。

表5—28　　　　　　　"保障之翼"多元回归模型分析结果摘要表

预测变量		模型一			模型二		
	β	标准误	t 值	β	标准误	t 值
（常量）		0.104	− 6.932 ***		0.080	− 3.137 ***
男 & 女	0.006	0.059	0.211	0.101	0.044	4.589 ***
年龄 A&C	0.089	0.096	2.917 ***	0.066	0.071	2.930 ***
年龄 B&C	0.095	0.069	2.934 ***	0.084	0.054	3.353 ***
年龄 D&C	− 0.257	0.078	− 8.114 ***	− 0.190	0.060	− 7.776 ***
学科领域 A&C	0.272	0.102	5.886 ***	− 0.063	0.085	− 1.650 *
学科领域 B&C	0.477	0.100	9.576 ***	0.149	0.078	3.868 ***
学科领域 D&C	0.206	0.141	5.952 ***	0.091	0.121	3.085 ***
学习—培训机制因子				0.569	0.021	26.540 ***
激励—考核机制因子				0.170	0.024	7.111 ***
交流—合作机制因子				0.262	0.024	11.112 ***
管理—支持机制因子				0.250	0.022	11.618 ***
回归模型摘要	F 值	30.850 ***			145.761 ***		
	R^2	0.161			0.588		
	ΔF 值	30.850 ***			291.198 ***		
	ΔR^2	0.161			0.427		

注：因变量：创业教育教师的创业能力（总体）。

*,**,*** 分别表示在10%、5%和1%的水平上显著。

因此，其标准化回归方程式为：教师的（总体）创业能力≈0.569 * 学习—培训机制因子 + 0.262 * 交流—合作机制因子 + 0.250 * 管理—支持机制因子 + 0.170 * 激励—考核机制因子+控制变量。

方程相应的回归系数的解释：在其他条件不变的情况下，每增加学习—培训机制1单位，教师创业能力平均提升0.569。同理交流—合作机制、管理—支持机制和激励—考核机制在其他条件不变的情况下，每增加1单位，能力会平均提升0.262、0.250、0.170。而对于虚拟变量，即在其他条件不变的情况下，男老师比女老师的创业能力显著要强；以教师年龄在36—40周岁为参照组，发现年轻的教师比年纪大的教师创业能力显著要强；在学科领域，管理学领域的教师比理工农科领域的教师创业能力显著要弱等。总的来说，本书选择的控制变量对教师创业能力的影响适中，这与本书是从个体层面展开创业能力的研究有关，人口学变量势必有较大影响。在回归分析中，未达到显著水平的预测变量不一定与因变量没有关系，其次未放入回归模型的控制变量也可能与教师的创业能力存在一定程度上的关系。因此，后续非常有必要通过交叉分析、方差分析等进一步探究其差异性。

四 实证结果与探讨

通过对1134份问卷的实证分析，本节进一步验证了上述模型初始概念图，如图5—11所示。实证结果也支持了25个影响因素的假设验证中的20个，如表5—29所示。

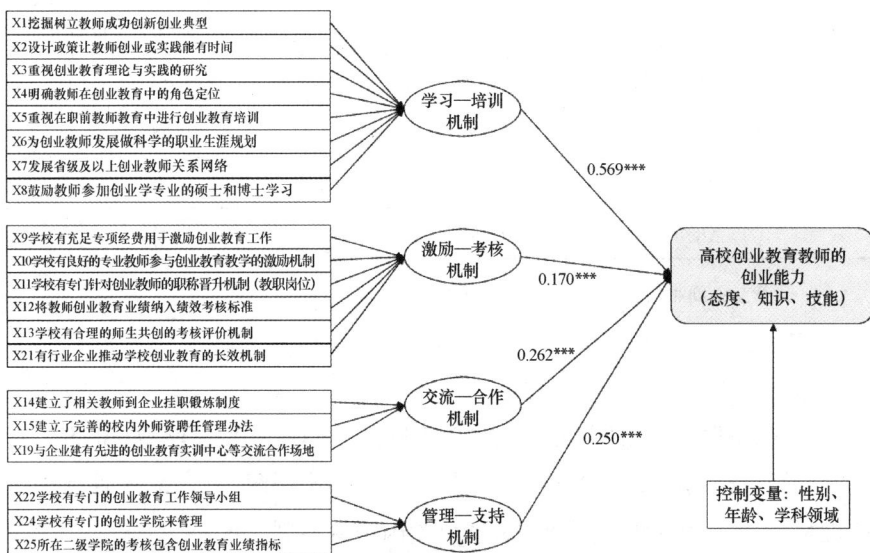

图5—11 "保障之翼"模型构建的多元回归实证结果

表 5—29　　　　　**"保障之翼"模型的研究假设检验结果汇总**

解释变量	假设	具体内容	验证情况
教师创业能力概念	HC	高校创业教育教师的创业能力是一个多维度的概念。	通过
影响因素	HX	高校创业教育教师的创业能力提升受宏观、中观、微观多方面的影响，有四个机制	通过
学习培训机制构面	H1	挖掘树立教师成功创新创业典型与提升教师创业能力正相关	通过
	H2	设计政策让教师创业或实践能有时间与提升教师创业能力正相关	通过
	H3	重视创业教育理论与实践的研究与提升教师创业能力正相关	通过
	H4	明确教师在创业教育中的角色定位与提升教师创业能力正相关	通过
	H5	重视在职前教师教育中进行创业教育培训与提升教师创业能力正相关	通过
	H6	为创业教师发展做科学的职业生涯规划与提升教师创业能力正相关	通过
	H7	发展省级及以上创业教师关系网络与提升教师创业能力正相关	通过
	H8	鼓励教师参加创业学专业硕士和博士学习与提升教师创业能力正相关	通过
激励考核机制构面	H9	学校有充足专项经费用于激励创业教育工作与提升教师创业能力正相关	通过
	H10	学校有良好的专业教师参与创业教育教学的激励机制与提升教师创业能力正相关	通过
	H11	学校有专门针对创业教师的职称晋升机制（教职岗位）与提升教师创业能力正相关	通过
	H12	将教师创业教育业绩纳入绩效考核标准与提升教师创业能力正相关	通过
	H13	学校有合理的师生共创的考核评价机制与提升教师创业能力正相关	通过

解释变量	假设	具体内容	验证情况
	H14	建立了相关教师到企业挂职锻炼制度与提升教师创业能力正相关	通过
	H15	建立了完善的校内外师资聘任管理办法与提升教师创业能力正相关	通过
交流合作机制构面	H16	教师所在团队定期进行创业教育交流的知识分享机制与提升教师创业能力正相关	未通过
	H17	有鼓励跨学院（学科）的创业教育合作机制与提升教师创业能力正相关	未通过
	H18	有鼓励师生合作开展科研创业项目的机制与提升教师创业能力正相关	未通过
	H19	与企业建有先进的创业教育实训中心等交流合作场地与提升教师创业能力正相关	通过
管理支持机制构面	H20	政府部门有推动学校创业教育的支持机制与提升教师创业能力正相关	未通过
	H21	有行业企业推动学校创业教育的长效机制与提升教师创业能力正相关	通过
	H22	学校有专门的创业教育工作领导小组与提升教师创业能力正相关	通过
	H23	学校有系统的创新创业教育发展专项规划与提升教师创业能力正相关	未通过
	H24	学校有专门的创业学院来管理与提升教师创业能力正相关	通过
	H25	所在二级学院的考核包含创业教育业绩指标与提升教师创业能力正相关	通过

1. 针对本书的第 1 个研究问题，结果显示：

高校创业教育教师的创业能力是一个多维度的概念研究假设成立。提出高校创业教育教师的创业能力包括创业技能型、传统学术型、创业态度型三个公共因子。

2. 针对本书的第 2 个研究问题，结果显示：

高校创业教育教师的创业能力提升受宏观、中观、微观多方面的影响，有四个机制的研究假设成立。25 个假设通过了 20 个，显示总体理论假设较好，并提出了学习—培训机制、激励—考核机制、合作—交流机制、管理—支持机制四个公共因子。

3. 针对本书的第 3 个研究问题，结果显示：

高校创业教育教师创业能力的提升机制模型是什么？本节通过多元回归分析，结合控制变量（虚拟变量），提出了"保障之翼"模型，即对高校创业教育教师创业（总体）能力提升做了深入的探索，结果显示影响因素的四个构面均显著回归，其中学习—培训机制最为关键。

在回归分析中，未达到显著水平的预测变量不一定与因变量没有关系，其次未放入回归模型的控制变量也可能与教师的创业能力存在一定程度上的关系。因此，本节解决了高校创业教育教师创业能力的提升机制最普遍适用的情况。后续非常有必要将通过能力分类、交叉分析、方差分析等进一步探究其差异性。即对"帮扶之翼"模型的分析。

4. 针对未通过验证的 5 个指标的探讨：

虽然由于样本个体差异、调查误差、不同的因子分析方法等原因，在实证分析中的指标未通过验证是属于非常正常的现象，并不是说未通过就说明该指标不重要，但我们还是有必要探讨其未通过验证的可能原因，为后续研究者使用本问卷时提供更好的理论基础：

关于指标"X16 教师所在团队有定期进行创业教育交流的知识分享机制"未通过可能之原因：张涵、康飞（2017）等研究发现知识分享和成员自身的能力有关，但起的是中介作用。创业教育教师势必需要团队间成员相互交流教学方法、创业经验等来提高自身的创业能力，该指标未通过可能是受到其他因素的干扰，比如知识的显性和隐性属性（柴旭东、戚业国，2014），交流的奖励机制（常涛、廖建桥，2008）［把自己的经验分享了是否有奖励（李默、刘伟，2010）］等影响。

关于指标"X17 有鼓励跨学院（学科）的创业教育合作机制"未通过可能之原因：陈艾华、邹晓东（2011）等的研究均发现，跨学科可以促进学术组织的学术生产力（陈艾华、吕旭峰、王晓婷，2017）。但跨学科合作机制对个体的创业能力是否有影响还有待更多的研究，比如卓泽林（2017）案例研究发现：政府指引大学通过转变培养目标或办学定位、构建跨学科创业课程体系和成立创业发展研究院等举措来开展创业教育，但在实践过程中，由于缺乏有利的创业环境、大学内部不同院系缺乏多方参与和缺乏创业背景出身的创业教师，导致效果不甚理想（卓泽林，2017）。

关于指标"X18 有鼓励师生合作开展科研创业项目的机制"未通过可能之原因：师生共创机制，让更多的学生参与到科研创业项目中是当今创业教育提供培养质量的重要趋势。宣勇（2017）指出教师首先要把身份转变为学者，才能为学生提供高层次的科研项目。还有一些专家在访谈中提到，由于学校或学科背景原因，一些学生水平不够，难以有能力参与到教师的科研项目中，更别说对教师自身创业能力的提升了。

关于指标"X20 政府部门有推动学校创业教育的支持机制"未通过可能之原因：Rasmussen（2011）用委托代理理论对挪威分析后指出，政府支持项目对高校教师创业有一定的刺激作用，但是这角色往往不容易被理解。Goldfarb（2003）分析瑞典自上而下的国家政策和学术环境不利于学者研究的商业化，而美国对研究资金竞争的制度对学者发明的商业化有着积极作用。在中国政府部门推动高校创业教育取得明显的成效，但要进一步提升教师创业能力，还需教师所在的学校和院系通过一系列的政策机制落实到教师身上，真正让教师有保障、有动力、有报酬，这样才能更好地提升。

关于指标"X23 学校有系统的创新创业教育发展专项规划"未通过可能之原因：调查发现，由于中国大多数高校创业教育教师均是高校的行政安排而来，还没有真正转化为自身的内部动机。很多学校空有各种专项规划，但真正实行起来却是另外一回事。和指标 X20 一样，政府的政策需要学校有效的层层落实，学校的规划也需要政府、行业、教师、学生等利益相关者的监督（何郁冰、丁佳敏，2015），形成良好的治理体系和创业教育生态系统（黄兆信、王志强，2017）才能真正促进创业教育的发展。

第八节　本章小结

本章的重心在于以高校创业教育教师的创业能力（总体）为因变量，以影响教师创业能力提升的 25 个因素为自变量，以性别、年龄、学科领域为控制变量，进行了深入系统的数据实证分析。并将该模型命名为保障之翼模型，是为后续的章节分别以教师创业能力各个维度为因变量的帮扶之翼模型奠定基础。

通过描述性统计，展示了问卷受访者性别、年龄、职称、学位等各方面的基本信息。

通过信度效度检验，显示了各个构面较好的信度，为后续的分析奠定基础。

通过因子分析：①从教师创业能力构成的12个指标中，选取了11个指标，剔除了C6指标。并且构建了创业能力包括创业技能型、传统学术型、创业态度型三个公共因子，为后续的差异化分析奠定基础；②从影响因素的25个指标体系中选取了20个指标，剔除了X16、X17、X18、X20、X23这5个指标。构建了学习—培训机制、激励—考核机制、合作—交流机制、管理—支持机制四个公共因子。最终验证了上述对教师创业能力的概念构成和影响因素的理论假设。

通过多元回归分析，结合三个控制变量（虚拟变量），对高校创业教育教师创业（总体）能力提升做了深入的探索，结果显示影响因素的四个构面均显著回归，其中学习—培训机制最为关键。同时三个控制变量也均显著回归，数据显示即在其他条件不变的情况下，男老师比女老师的创业能力显著要强；以教师年龄在36—40周岁为参照组，发现年轻的教师比年纪大的教师创业能力显著要强；在学科领域，管理学领域的教师比理工农科领域的教师创业能力显著要弱等。

第 六 章

帮扶之翼：教师创业能力提升
差异化模型研究

《关于全面深化新时代教师队伍建设改革的意见》中明确提出要分类施策："立足中国国情，借鉴国际经验，根据各级各类教师的不同特点和发展实际，考虑区域、城乡、校际差异，采取有针对性的政策举措，定向发力，重视专业发展，培养一批教师；加大资源供给，补充一批教师；创新体制机制，激活一批教师；优化队伍结构，调配一批教师。"

由于学校和教师个体的精力、资源有时候是有限的，创业能力能全面提升固然最好，但是无法面面俱到的情况下，该怎么处理？

创业教育教师专业化的核心是引导、帮助和推动他们多样化、自主式发展。因此我们根据教师多样化、自主式发展目标，需要结合其不同类型、特点、不同专业发展阶段制定针对性帮扶机制。在第五章中我们对因变量创业教育教师的创业能力考察的是总体的维度，即综合考虑了态度、知识、技能三个维度的指标，我们称之为创业能力提升的一般模型（即保障之翼）。本章我们将更具体地将创业能力分为三个维度，分别为因变量，考察他们与自变量创业能力影响因素间的关系，这对当前高校创业教育教师差异化培养，自主发展显然有更重要的理论和实践意义，在本章我们称之为创业能力提升的帮扶之翼模型。

第一节　教师创业能力的三维分类

一　高校创业教育教师的分类

前已述及，关于高校创业教育教师分类的研究：如学术型企业家（academic entrepreneur）专指大学中那些有别于传统教授的人，他们通常借助自己的学术声望等参与学术以外的事业（陈劲，2004）。Dickson 等（1998）依据知识生产模式，把高校教师创业分为三种类型：典型的学术型企业家（the classic academic entrepreneur）、创业型科学家（the entrepreneurial scientist）、科学型企业家（scientific entrepreneur）。Czarnitzki（2010）通过对美国国家卫生研究院的生物科学家进行实证分析，探讨学术创业者的学术研究和创业能否取得平衡，最后得出这些科学家若追求在私人部门的创业，他们的学术产量将下降，而当这些科学家重新返回学术时，他们的产量也将不如从前。揭示了学术和创业的矛盾性，创业教育教师如何平衡自身的学术和创业就显得尤为重要性。Van Looy & Ranga et al.（2004）针对创业和科学相互干扰的怀疑，基于不同的学术组织，在比利时的大学里进行了实证，结果发现两者会相互促进，并随着资源的增加会出现马太效应，而两者间学术和创业的平衡主要取决于政策的制定。

国内学者姚飞（2013）分析了顺其自然型创业者、关系型创业者等五种。黄攸立（2013）依据学术受到商业化的威胁性等维度将高校教师分为4种类型：新兴型、守旧型、勉强型、正统型。张翔（2018）等从"德—知—能"三个维度出发，采用国际经合组织（OECD）所倡导的"发展自我、融入社会及胜任工作"分析框架，建构出高校创新创业教师的素质要求三维结构框架。张英杰（2018）从创业精神、创业知识和创业技能等维度构建了高校创业教育教师的学术创业能力评价指标体系，并以浙江省高校创业教育教师学术创业能力的评价作为分析案例。研究结果显示，高校创业教育教师学术创业能力的机会识别能力、企业管理能力和风险管理能力还比较薄弱，科技成果转化能力显著不足（张英杰，2018）。

二　创业能力视角下的创业教育教师分类

本书通过第五章的因子分析，得到创业教育教师创业能力三个公共因子，累计解释总方差为 85.577%。并将公共因子 1 命名为创业技能型因子，公共因子 2 命名为传统学术型因子，公共因子 3 命名为创业态度型因子。相对应的本书基于创业能力把创业教育教师分为创业技能型教师、传统学术型教师、创业态度型教师。

创业技能型教师指侧重于创业机会探索、开发以及经营管理、实践指导能力的创业教育教师。其特征："C11 教师具备较强的创业机会开发技能、C12 教师具备较强的经营管理技能、C10 教师具备较强的创业机会探索技能、C9 教师具备较强的创业实践指导技能、C7 教师具备丰富的创业学相关知识"。

传统学术型教师指侧重于传统学术知识，致力于教学和科研的创业教育教师。其特征："C8 教师具备较强的教学组织技能、C5 教师具备丰富的所学学科专业知识、C4 教师具备丰富的教育学相关知识"。

创业态度型教师指对创业非常认同，侧重于创业精神、创业意志，但学术知识和创业技能不怎么强的创业教育教师，或者称之为精神领袖型导师。其特征："C2 教师个人坚韧的创业意志、C3 教师具备较强的创业精神、C1 教师对创业教育的总体认同感"。

第二节　初始概念模型及研究假设

一　"帮扶之翼"的初始概念模型

结合上面分析，以教师创业能力的三个维度分别为因变量，以四个影响能力提升的机制构面为自变量，控制变量同样为性别、年龄和学科领域。高校创业教育教师的创业能力提升的"帮扶之翼"的初始概念模型如图 6—1 所示。

二　"帮扶之翼"模型的研究假设

"帮扶之翼"的概念模型的因变量分别是创业教育教师的三个维度的能力。

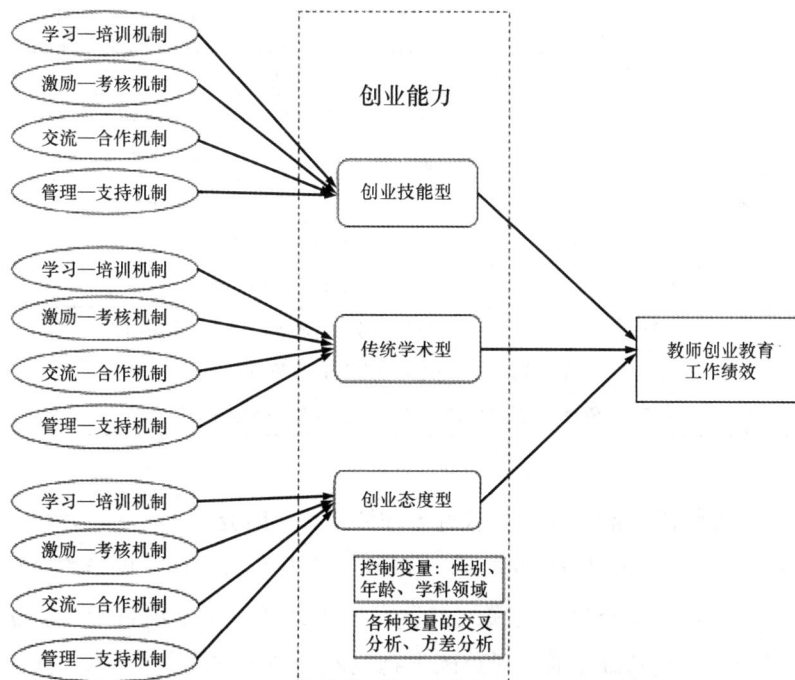

图6—1 教师创业能力提升的"帮扶之翼"的初始概念模型

并且假设：中间创业技能型、传统学术型和创业态度型均对教师创业教育工作绩效正相关；图6—1左边4个机制指标对提升高校创业教育教师的创业能力均正相关。因此一共又有15个假设如表6—1所示。

表6—1   **"帮扶之翼"模型的研究假设**

被解释变量	假设	具体内容
创业教育 工作绩效	HP1	教师的创业技能对提升教师的创业教育工作绩效正相关
	HP2	教师的传统学术对提升教师的创业教育工作绩效正相关
	HP3	教师的创业态度对提升教师的创业教育工作绩效正相关
创业技能	H26	学习—培训机制与提升创业教育教师的创业技能正相关
	H27	激励—考核机制与提升创业教育教师的创业技能正相关
	H28	交流—合作机制与提升创业教育教师的创业技能正相关
	H29	管理—支持机制与提升创业教育教师的创业技能正相关

被解释变量	假设	具体内容
传统学术	H30	学习—培训机制与提升创业教育教师的传统学术正相关
	H31	激励—考核机制与提升创业教育教师的传统学术正相关
	H32	交流—合作机制与提升创业教育教师的传统学术正相关
	H33	管理—支持机制与提升创业教育教师的传统学术正相关
创业态度	H34	学习—培训机制与提升创业教育教师的创业态度正相关
	H35	激励—考核机制与提升创业教育教师的创业态度正相关
	H36	交流—合作机制与提升创业教育教师的创业态度正相关
	H37	管理—支持机制与提升创业教育教师的创业态度正相关

三　教师创业能力和创业教育工作绩效关系研究

国外学者 Gurau & Dana et al. （2012）曾从个人层面，即学术企业家角度，将学术创业分为三类模式：学术创业经理、学术项目经理、学术科学顾问，在此基础上通过对英国生物技术公司里的 26 个学术企业家的半结构式访谈，以创新专利（innovation patents）的数量、从学术机构得到许可（licenses）的数量、与科学协作的数量三个指标为绩效，得出项目经理模式对总绩效影响最大。而在分项绩效上，项目经理模式对专利数影响大，科学顾问对应的是许可数量，而创业经理则是对应科学协作数量等。

本书以教师创业能力的三个公共因子为自变量，以教师创业教育工作绩效为因变量，同样以性别、年龄和学科领域为控制变量，得到多元回归模型如表 6—2 所示。其标准回归方程为：教师创业教育工作绩效 ≈ 0.391 * 创业技能因子 + 0.175 * 传统学术因子 + 0.255 * 创业态度因子 + 控制变量。该方程说明了创业能力因子中创业技能因子和教师创业教育工作绩效的关系最大，且呈正相关，其次是创业态度因子和传统学术因子。

该回归模型的 F 值为 50.389，达到 1% 的显著水平。多元回归系数 R 为 0.557，R^2 为 0.310，即该方程共能解释教师创业教育工作绩效 31% 的变异量。模型 DW 值为 2.032，几乎不存在序列相关，共线性统计结果也较好。自变量中只有性别控制变量不显著，其他变量均显著。

总体上说明了该回归模型结果较好。也证实了本书的假设：创业能力越强的教师，相对应的创业教育工作绩效也越好。即 HP1、HP2、HP3 假设均通过了验证，说明了提升创业教育教师各种创业能力的必要性。

表6—2　　教师创业能力和创业教育工作绩效关系回归分析结果

模型	未标准化系数		标准化系数	t	显著性	共线性统计	
	B	标准误	Beta			容差	VIF
（常量）	−0.199	0.103		−1.940	0.053		
创业技能因子	0.391	0.030	0.391	12.950	0.000	0.676	1.479
传统学术因子	0.175	0.029	0.175	6.103	0.000	0.748	1.337
创业态度因子	0.255	0.026	0.255	9.868	0.000	0.923	1.083
男 & 女	0.036	0.056	0.018	0.639	0.523	0.792	1.262
年龄 A&C	0.120	0.092	0.038	1.301	0.194	0.724	1.380
年龄 B&C	−0.124	0.064	−0.057	−1.933	0.053	0.696	1.437
年龄 D&C	0.318	0.076	0.129	4.203	0.000	0.654	1.529
学科领域 A&C	0.266	0.097	0.120	2.730	0.006	0.318	3.149
学科领域 B&C	0.237	0.099	0.118	2.402	0.016	0.255	3.922
学科领域 D&C	−1.049	0.149	−0.258	−7.023	0.000	0.457	2.188

系数[a]

a. 因变量：教师创业教育工作绩效

第三节　教师创业能力分类提升模型回归分析

本部分将以教师创业能力的三个公共因子为因变量，创业能力提升影响因素的四个机制因子为自变量，同样选取性别、年龄、学科领域为控制变量，分别进行差异化模型（帮扶之翼模型）的多元回归分析。

一　创业技能型教师提升机制模型实证研究

以教师创业能力中的第一个公共因子"创业技能型因子"为因变量，以教师创业能力提升影响因素的四个机制因子为自变量，同样以性别、年龄和学科领域为控制变量，得到多元回归模型如下所示。其标准回归方程为：创业技能型因子 $\approx 0.337*$（学习—培训机制因子）$+0.294*$（激励—考核机制因子）$+0.255*$（管理—支持机制因子）$+$控制变量。其中（交流—合作机制因子）标准化回归系数为 0.021，但在 5% 水平不显著。该方程说明了创业能力因子中创业技能因子主要取决于学习—培训机制因子、激励—考核机制因子和管理—支持机制因子，且呈正相关。

该回归模型的 F 值为 92.458，达到 1% 的显著水平。多元回归系数 R 为 0.690，R^2 为 0.475，即该方程共能解释教师创业技能因子 47.5% 的变异量。模型 DW 值为 2.183，几乎不存在序列相关，共线性统计结果也较好。总体上说明了该回归模型结果较好。

控制变量中性别、年龄和学科领域均在 1% 水平显著相关。通过表 6—3 数据显示：①在其他条件不变的情况下，样本中男创业教育教师的创业技能型因子显著要强于女教师；②在其他条件不变的情况下，年轻的创业教育教师的创业技能型因子也显著强于年纪大的创业教育教师；③在其他条件不变的情况下，学科领域为管理学的教师创业技能因子要强于理工农科，但不明显，人文社科和医科的创业教育教师的创业技能因子也要强于理工农科。

二　传统学术型教师提升机制模型实证研究

以教师创业能力中的第二个公共因子"传统学术型因子"为因变量，以教师创业能力提升影响因素的四个机制因子为自变量，同样以性别、年龄和学科领域为控制变量，得到多元回归模型如下所示。其标准回归方程为：传统学术型因子 $\approx 0.333*$（学习—培训机制因子）$+0.244*$（管

表6—3　　　　　　　　创业技能型教师能力提升机制模型回归分析结果

系数ᵃ

模型	未标准化系数		标准化系数	t	显著性	共线性统计	
	B	标准误	Beta			容差	VIF
（常量）	−0.832	0.090		−9.218	0.000		
男 & 女	0.617	0.050	0.305	12.281	0.000	0.760	1.316
年龄 A&C	0.671	0.080	0.213	8.359	0.000	0.723	1.383
年龄 B&C	−0.057	0.061	−0.026	−0.930	0.353	0.585	1.711
年龄 D&C	−0.489	0.068	−0.198	−7.197	0.000	0.617	1.622
学科领域 A&C	0.195	0.096	0.088	2.034	0.042	0.249	4.020
学科领域 B&C	0.679	0.087	0.338	7.761	0.000	0.247	4.057
学科领域 D&C	1.387	0.136	0.341	10.184	0.000	0.418	2.393
学习—培训机制因子	0.337	0.024	0.337	13.942	0.000	0.799	1.251
激励—考核机制因子	0.294	0.027	0.294	10.894	0.000	0.640	1.562
交流—合作机制因子	0.021	0.027	0.021	0.792	0.428	0.658	1.520
管理—支持机制因子	0.152	0.024	0.152	6.272	0.000	0.793	1.261

a. 因变量：创业技能型因子

理—支持机制因子）＋0.139＊（交流—合作机制因子）−0.128＊（激励—考核机制因子）＋控制变量。均在1%水平显著。该方程说明了创业能力中传统学术型因子主要取决于学习—培训机制因子和管理—支持机制因子和交流—合作机制因子且呈正相关。其中激励—考核机制因子和传统学术型呈显著负相关，即"X11学校有专门针对创业教师的职称晋升机制；X13学校有合理的师生共创的考核评价机制；X10学校有专业教师参与创业教育教学的激励机制；X12将教师创业教育业绩纳入绩效考核标准；X9学校有充足专项经费用于激励创业教育工作；X21有行业企业推动学校创业教育的长效机制"等激励—考核机制会冲击创业教育教师的传统学术型因子，这和学者们批判的学术资本主义、Czarnitzki（2010）对美国国家卫生研究院的生物科学家的实证分析以及 Van Looy & Ranga et al.（2004）针对创业和科学相互干扰的怀疑研究结果相类似。

该回归模型的 F 值为 77.313，达到 1% 的显著水平。多元回归系数 R 为 0.657，R 方为 0.431，即该方程共能解释教师传统学术因子 43.1% 的变异量。模型 DW 值为 2.000，几乎不存在序列相关，共线性统计结果也较好。总体上说明了该回归模型结果较好。

控制变量中性别、年龄和学科领域均在 1% 水平显著相关。通过表6—4 数据显示：①在其他条件不变的情况下，样本中男创业教育教师

表6—4　　传统学术型教师创业能力提升机制模型回归分析结果

系数[a]							
模型	未标准化系数		标准化系数	t	显著性	共线性统计	
	B	标准误	Beta			容差	VIF
（常量）	0.313	0.094		3.333	0.001		
男 & 女	−0.393	0.052	−0.194	−7.518	0.000	0.760	1.316
年龄 A&C	−0.060	0.084	−0.019	−0.723	0.470	0.723	1.383
年龄 B&C	0.073	0.063	0.034	1.148	0.251	0.585	1.711
年龄 D&C	−0.404	0.071	−0.164	−5.707	0.000	0.617	1.622
学科领域 A&C	0.025	0.100	0.011	0.247	0.805	0.249	4.020
学科领域 B&C	0.123	0.091	0.061	1.354	0.176	0.247	4.057
学科领域 D&C	−1.446	0.142	−0.355	−10.192	0.000	0.418	2.393
学习—培训机制因子	0.333	0.025	0.333	13.217	0.000	0.799	1.251
激励—考核机制因子	−0.128	0.028	−.128	−4.541	0.000	0.640	1.562
交流—合作机制因子	0.139	0.028	0.139	4.995	0.000	0.658	1.520
管理—支持机制因子	0.244	0.025	0.244	9.632	0.000	0.793	1.261

a. 因变量：传统学术型因子

的传统学术型因子显著要低于女教师；②在其他条件不变的情况下，年龄段为"D 41 周岁及其以上"的创业教育教师的传统学术型因子显著弱于年龄段为"C 36—40 周岁"的创业教育教师，其他年龄段差异不明显，结合上面的创业技能型分析，可以发现创业教育教师越年轻，无论是创业技能还是传统学术能力均越强；③在其他条件不变的情况下，学科领域为理工农科的教师传统学术型因子要强于医科，其他领域间差异不明显。

三 创业态度型教师提升机制模型实证研究

以教师创业能力中的第三个公共因子"创业态度型因子"为因变量，以教师创业能力提升影响因素的四个机制因子为自变量，同样以性别、年龄和学科领域为控制变量，得到多元回归模型如下所示。其标准回归方程为：创业态度型因子 $\approx 0.333 *$（交流—合作机制因子）$+ 0.318 *$（学习—培训机制因子）$+ 0.09 *$（激励—考核机制因子）$+$ 控制变量。三个机制因子自变量均在 1% 水平显著。其中，（管理—支持机制因子）的标准化回归系数为 0.029，但在 5% 水平不显著。该方程说明了创业能力中创业态度型因子主要取决于交流—合作机制因子、学习—培训机制因子和激励—考核机制因子，且呈正相关。

不同于创业技能型因子和传统学术型因子的提升主要都靠学习—培训机制，创业态度因子的提升主要靠交流—合作机制，即主要靠"X14 建立了相关教师到企业挂职锻炼制度、X15 建立了完善的校内外师资聘任管理办法、X19 与企业建有先进的创业教育实训中心等交流合作场地"。因此多派教师到企业挂职锻炼、有良好的引进来走出去交流机制，且有先进的场地设施非常有助于提升教师的创业态度。

该回归模型的 F 值为 38.453，达到 1% 的显著水平。多元回归系数 R 为 0.523，R^2 为 0.274，即该方程共能解释教师创业态度因子 27.4% 的变异量。模型 DW 值为 2.131，几乎不存在序列相关，共线性统计结果也较好。总体上说明了该回归模型结果较好。

控制变量中性别不显著，年龄和学科领域均在 1% 水平显著相关。通过表 6—5 数据显示：①在其他条件不变的情况下，年龄段为"A 30 周岁及其以下"创业教育教师的创业态度型因子显著弱于年龄段为"C 36—

40周岁"的创业教育教师；年龄段为"B 31—35周岁"创业教育教师的创业态度型因子显著强于年龄段为"C 36—40周岁"的创业教育教师；年龄段为"D 41周岁及其以上"的创业教育教师的创业态度型因子与年龄段为"C 36—40周岁"的创业教育教师无显著差别。②在其他条件不变的情况下，学科领域为"A 管理学"的教师创业态度型因子要弱于学科领域为"C 理工农科"的教师；学科领域为"B 人文社科（除管理学以外）"的教师创业态度型因子也要弱于学科领域为"C 理工农科"的教师；但学科领域为"D 医科"的教师创业态度型因子要强于学科领域为"C 理工农科"的教师。说明了在其他条件不变的情况下，理工农科、

表6—5　创业态度型教师创业能力提升机制模型回归分析结果

模型	未标准化系数		标准化系数	t	显著性	共线性统计	
	B	标准误	Beta			容差	VIF
（常量）	0.240	0.106		2.256	0.024		
男 & 女	0.027	0.059	0.014	0.465	0.642	0.760	1.316
年龄 A&C	−0.385	0.094	−0.122	−4.069	0.000	0.723	1.383
年龄 B&C	0.343	0.072	0.160	4.797	0.000	0.585	1.711
年龄 D&C	0.143	0.080	0.058	1.789	0.074	0.617	1.622
学科领域 A&C	−0.544	0.113	−0.246	−4.817	0.000	0.249	4.020
学科领域 B&C	−0.412	0.103	−0.205	−4.004	0.000	0.247	4.057
学科领域 D&C	0.487	0.160	0.120	3.037	0.002	0.418	2.393
学习—培训机制因子	0.318	0.028	0.318	11.178	0.000	0.799	1.251
激励—考核机制因子	0.090	0.032	0.090	2.838	0.005	0.640	1.562
交流—合作机制因子	0.333	0.031	0.333	10.614	0.000	0.658	1.520
管理—支持机制因子	0.032	0.029	0.032	1.117	0.264	0.793	1.261

系数[a]

a. 因变量：创业态度型因子

医科的教师在创业态度型因子上要强于人文社科（包含管理学）的创业教育教师。

对于创业态度研究，本书与 Ladeveze（2018）对西班牙173名不同教育水平的教师（主要是通过"激励"来提升创业能力的教师）研究结果类似。Ladeveze 以创业教育自我评估问卷（旨在衡量创业教育的政治实施情况，评估教师的意愿，促进以创业为导向的教学）来收集的数据。结果表明，作为创业能力实施条件的教师态度存在差异，以及私立学校和公立学校的创业教育发展存在显著差异。最后，作者分析指出教师较缺乏实施跨课程能力，因为它受到水平和学科的高度制约。

四　小结

本书基于创业能力把创业教育教师分为创业技能型教师、传统学术型教师、创业态度型教师。基于此研究教师创业能力分类提升机制模型：

创业技能型教师指侧重于创业机会探索、开发以及经营管理、实践指导能力的创业教育教师。其特征："C11 教师具备较强的创业机会开发技能、C12 教师具备较强的经营管理技能、C10 教师具备较强的创业机会探索技能、C9 教师具备较强的创业实践指导技能、C7 教师具备丰富的创业学相关知识。"标准回归方程为：创业技能型因子 $\approx 0.337 *$（学习—培训机制因子）$+0.294 *$（激励—考核机制因子）$+0.255 *$（管理—支持机制因子）+控制变量。其中（交流—合作机制因子）标准化回归系数为 0.021，但在 5% 水平不显著。

传统学术型教师指侧重于传统学术知识，致力于教学和科研的创业教育教师。其特征："C8 教师具备较强的教学组织技能、C5 教师具备丰富的所学学科专业知识、C4 教师具备丰富的教育学相关知识。"传统学术型因子 $\approx 0.333 *$（学习—培训机制因子）$+0.244 *$（管理—支持机制因子）$+0.139 *$（交流—合作机制因子）$-0.128 *$（激励—考核机制因子）+控制变量。均在 1% 水平显著。

创业态度型教师指对创业非常认同，侧重于创业精神、创业意志，但学术知识和创业技能不怎么强的创业教育教师。其特征："C2 教师个人坚韧的创业意志、C3 教师具备较强的创业精神、C1 教师对创业教育的总体认同感。"标准回归方程为：创业态度型因子 $\approx 0.333 *$（交流—合作机制因子）＋0.318＊（学习—培训机制因子）＋0.09＊（激励—考核机制因子）＋控制变量。三个机制因子自变量均在1%水平显著。其中，（管理—支持机制因子）的标准化回归系数为0.029，但在5%水平不显著。

第四节　不同变量下教师创业能力差异分析

一　研究目的和方法

教师专业发展的核心是引导、帮助和推动高校教师多样化、自主式发展。因此我们根据教师多样化、自主式发展目标，结合其不同类型、不同专业发展阶段制定针对性帮扶机制。

上述已经根据控制变量性别、年龄和学科领域分析了它们间教师创业能力的差异。本书的问卷中还设置了关于创业教育教师的来源类型、创业教育活动、创业教育动机等基本情况调查，尽管理论或主观上我们会感觉到创业教育教师年龄和动机、学位和来源类型、创业活动和学校类别等差异的存在，但却较少有实证研究给予支持。本部分主要基于这些多选题项，并结合相关变量对教师的创业能力进行方差分析，这有助于我们更好地把握中国高校创业教育教师的主要特征，从而有针对性地分析出提升对策。

除了基本交叉表的运用，"卡方"和"Phi和克莱姆V"检验，本节对于不同变量下的教师创业能力的差异分析还将运用SPSS25.0进行单因素方差分析法（One Way Anova）。方差分析有三个前提条件：

1. 分布正态性

方差分析与Z检验和T检验一样，需要样本必须来自正态分布的总体。但是范柏乃（2008）又指出在一些教育或公共管理研究领域，大多数变量是可以假定其总体分布是满足正态分布的基本要求的，因此方差分析不需去检验总体分布是否服从正态分布。

2. 效应可加性

即变异是可分解、可加的。该条件一般情况下也能够满足。

3. 方差齐性

在进行方差分析时，需先对方差齐性进行检验，对于方差为齐性的采用LSD的两两t检验结果判断均值是否存在显著差异，用最小显著性差异方法的 t 统计量，两两检验各组均值是否有显著性差异。对于方差非齐性的采用 tamhane 的两两 t 检验结果判断均值是否存在显著差异（马庆国，2010）。

二　样本教师基本情况的交叉分析

1. 样本教师学校类型和从事创业教育工作年限情况交叉分析

通过对教师学校类型和从事创业教育工作年限情况交叉分析，数据显示如图 6—2 所示（图中条形从左至右依次是 2 年及以内；3—5 年；6—9 年；10 年及以上），985、211 高校的创业教育教师多数工作年限在 2 年以内；普通高校的创业教育教师工作年限多数在 6—9 年；而受调查的高职高专院校创业教育工作年限多数在 10 年以上。

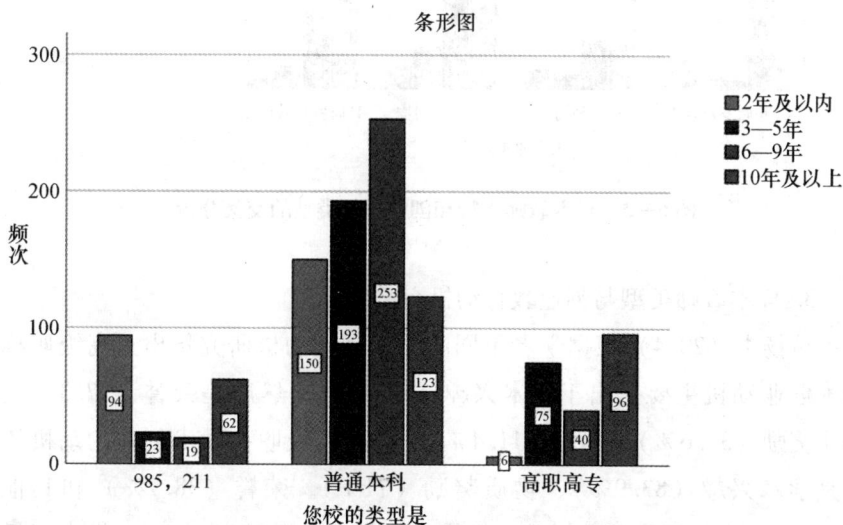

图 6—2　教师学校类型和从事创业教育工作年限情况交叉分析

2. 样本教师年龄和创业教师类型的交叉分析

通过样本教师年龄和创业教师类型的交叉分析，如图 6—3 所示（图中条形从左至右依次是辅导员、团委等学生工作的教师；经济管理（或创业领域）的专业教师；非创业领域的专业教师；未上过创业课的教师），不同年龄段绝大多数的创业教育教师是辅导员、团委等学生工作的教师。其次，除30周岁及以下这个年龄段，其他年龄段排第二的均是来自经济管理（或创业领域）的专业教师。这与中国当前创业教育教师的实际情况非常符合。

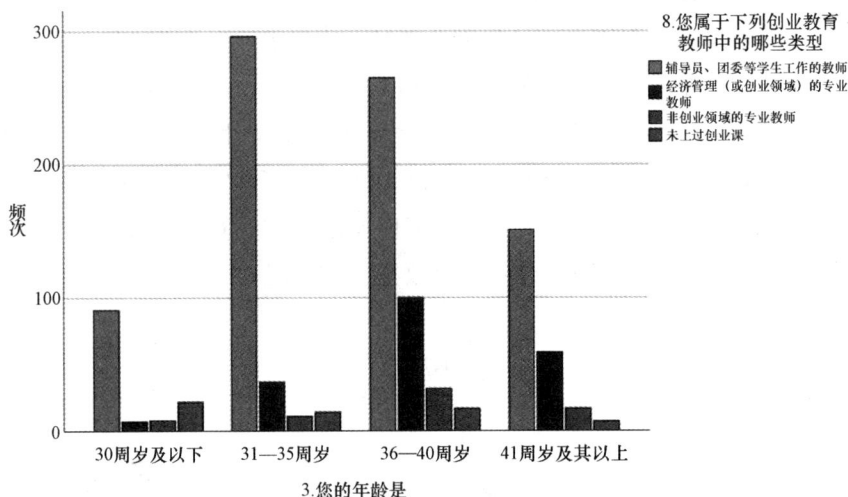

图6—3　样本教师年龄和创业教师类型的交叉分析

3. 样本教师类型与创业教育动机交叉分析

黄扬杰（2014）根据学者不同的学术创业动机研究指出正高级职称学术创业动机主要是出于学术兴趣（94.3%），然后是荣誉（37.3%）、物质奖励（31.6%）、其他（11.4%），而副高级职称学术创业的动机依次是学术兴趣（83.9%）、物质奖励（71%）、荣誉（38.7%）和其他（3.2%），中级职称学术创业动机依次是物质奖励（81.8%）、学术兴趣（68.2%）、荣誉（36.4%）和其他（13.6%）（黄扬杰、黄蕾蕾、李立国，2017）。Lam通过对英国5所研究型大学的735名科学家的调查结果较为接近，Lam发现英国学者参与学术创业的动机主要是出于谜题（puzzle）和声誉（ribbon），而较少出于物质奖励（gold）（Lam A.，2011）（见表6—6）。

本书根据创业教育教师具体工作中的活动类型，分为了："A 创业课专业教师；B 创业教育指导师；C 创业教育研究者；D 创业教育的组织管理者；E自身创办过企业"五种类型，以及教师从事创业教育动机"A自身兴趣；B物质奖励；C个人价值实现；D学校行政（政策）导向；E从事专业的要求"五个选项，最后各自频次及相互间交叉分析显示如下：样本教师中属于"创业教育指导师"的频次最高，为28.3%。教师从事创业教育动机类型如表6—7所示最主要的"学校行政（政策）导向（33.7%）"，其次依次是自身兴趣爱好（26.8%）、自身所从事专业的要求（19.2%）、个人价值实现（15.2%）和物质奖励（5.1%）。

表6—6　　　　　　　　　　样本创业教育教师类型频次

创业教育教师类型频率			
		个案数（名）	百分比	个案百分比
教师类型	创业课专业教师	483	21.4%	46.0%
	创业教育指导师	638	28.3%	60.7%
	创业教育研究者	402	17.8%	38.2%
	创业教育的组织管理者	633	28.0%	60.2%
	自身创办过企业	102	4.5%	9.7%
总计		2258	100.0%	214.8%

表6—7　　　　　　　　　　样本教师创业教育动机频次

创业教育动机频率			
		个案数（名）	百分比	个案百分比
动机	自身兴趣爱好	646	26.8%	58.0%
	物质奖励	123	5.1%	11.1%
	个人价值实现	366	15.2%	32.9%
	学校行政（政策）导向	812	33.7%	73.0%
	自身所从事专业的要求	463	19.2%	41.6%
总计		2410	100.0%	216.5%

通过创业教育教师类型和创业教育动机的交叉分析发现：创业课专业教师的主要动机是学校行政安排（24.0%）；创业教育指导师主要动机是个

人价值实现（32.0%）；创业教育研究者主要动机是自身从事专业的要求（22.3%）；创业教育的组织管理者的主要动机是物质奖励（46.7%）；自身创办过企业的教师主要动机也是物质奖励（34.9%）（见表6—8）。

表6—8 创业教育教师类型和动机交叉分析

			动机					总计
			自身兴趣爱好	物质奖励	个人价值实现	学校行政行为	从事专业要求	
教师类型	创业课专业教师	计数（名）	258	8	216	384	247	1113
		占教师类型百分比	23.2%	0.7%	19.4%	34.5%	22.2%	
		占动机百分比	18.0%	5.3%	21.9%	24.0%	20.2%	
		占总计的百分比	4.8%	0.1%	4.0%	7.1%	4.6%	20.7%
	创业教育指导师	计数（名）	401	12	316	455	373	1557
		占教师类型百分比	25.8%	0.8%	20.3%	29.2%	24.0%	
		占动机百分比	28.0%	7.9%	32.0%	28.5%	30.5%	
		占总计的百分比	7.4%	0.2%	5.9%	8.4%	6.9%	28.9%
	创业教育研究者	计数（名）	284	8	214	258	272	1036
		占教师类型百分比	27.4%	0.8%	20.7%	24.9%	26.3%	
		占动机百分比	19.9%	5.3%	21.7%	16.2%	22.3%	
		占总计的百分比	5.3%	0.1%	4.0%	4.8%	5.0%	19.2%
	创业教育的组织管理者	计数（名）	412	71	209	488	290	1470
		占教师类型百分比	28.0%	4.8%	14.2%	33.2%	19.7%	
		占动机百分比	28.8%	46.7%	21.2%	30.6%	23.7%	
		占总计的百分比	7.6%	1.3%	3.9%	9.1%	5.4%	27.3%
	自身创办过企业	计数（名）	75	53	32	12	40	212
		占教师类型百分比	35.4%	25.0%	15.1%	5.7%	18.9%	
		占动机百分比	5.2%	34.9%	3.2%	0.8%	3.3%	
		占总计的百分比	1.4%	1.0%	0.6%	0.2%	0.7%	3.9%
总计		计数（名）	1430	152	987	1597	1222	5388
		占总计的百分比	26.5%	2.8%	18.3%	29.6%	22.7%	100.0%

三 教师创业能力的单因素方差分析

由于在上述的模型回归分析中，本书已经解决了性别、年龄和学科领域在不同创业能力维度上的差异，因此此节主要重点分析最高学位、职称、创业教育工作年限等变量下教师创业能力的差异。

1. 不同最高学位的教师创业能力差异分析

根据选项"创业教育教师的最高学位"，以创业能力（总）、创业技能型、传统学术型、创业态度型四个为因变量，运用 SPSS25.0 进行单因素方差分析，发现四个因变量的方差均非齐性，根据（马庆国，2010）对于方差非齐性的采用 tamhane 的两两 t 检验结果判断均值是否存在显著差异的方法，结果如表 6—9 所示。

表6—9　　　　　　　　　不同最高学位的教师创业能力差异分析

创业能力	均值差异检验		方差齐性检验	
	F 值	Sig.	Sig.	是否齐性
创业总能力	29.501	0.000	0.000	否
创业技能型	2.163	0.115	0.000	否
传统学术型	40.562	0.000	0.000	否
创业态度型	5.571	0.004	0.000	否

注：方差齐性检验的显著性水平为0.05。

可以看出，创业总能力的 F 值为 29.501，显著性水平为 0.000，所以即表明，此次分析所选的教师的最高学位在创业总能力上存在显著的差异。创业技能型的 F 值为 2.163，显著性水平为 0.115，所以即表明，此次分析所选的教师的最高学位在创业技能型上不存在显著的差异。传统学术型的 F 值为 40.562，显著性水平为 0.000，所以即表明，此次分析所选的教师的最高学位在传统学术型上存在显著的差异。创业态度型的 F 值为 5.571，显著性水平为 0.004，所以即表明，此次分析所选的教师的最高学位在创业态度型上存在显著的差异。

进一步根据 tamhane 的两两比较，发现在创业技能型上，之所以没通过，主要是学士和硕士博士均存在显著差异，但硕士和博士的创业技能不存在显著差异。而在创业态度上，学士和硕士博士均存在显著差异，但是硕士和博士间不存在显著差异。

由于本书调查对象中是学士的样本量非常少（27 位），我们重点看硕士和博士间的差异：发现硕士学位的创业教师在创业总能力、传统学术型、创业态度型上均要强于博士学位的创业教师。在一定程度上说明了硕士学位的创业教师在转型上可塑性更强，或者说我们需要更多创业专业相关的博士。

2. 不同职称的教师创业能力差异分析

根据选项"教师的职称"，以创业能力（总）、创业技能型、传统学术型、创业态度型四个为因变量，运用 SPSS25.0 进行单因素方差分析，发现四个因变量的方差均非齐性，根据（马庆国，2010）对于方差非齐性的采用 tamhane 的两两 t 检验结果判断均值是否存在显著差异的方法，结果如表6—10 所示。

表6—10　　　　　　　不同职称的教师创业能力差异分析

创业能力	均值差异检验		方差齐性检验	
	F 值	Sig.	Sig.	是否齐性
创业总能力	9.251	0.000	0.002	否
创业技能型	17.389	0.000	0.000	否
传统学术型	6.228	0.000	0.000	否
创业态度型	14.234	0.000	0.024	否

注：方差齐性检验的显著性水平为 0.05。

可以看出，不同职称的教师在四个因变量上均存在显著差异。进一步采用 tamhane 的两两比较发现：副高在创业总能力上比中级教师显著要弱（p = 0.000），和正高不显著；副高在创业技能上比中级教师显著要弱，和正高也不显著；副高在传统学术型上要显著弱于正高，和其他两级教师不显著；副高在创业态度上要显著弱于中级，但显著高于初级，和正高级不显著。除了传统学术型维度上的差异比较符合我们真实的认知情况，其他维度上的差异在一定程度上说明了创业教育教师需要自己的一套职称晋升体系，现有这套学术型导向的体系无法真正反映教师创业能力的差异。

3. 不同创业教育工作年限的教师创业能力差异分析

根据选项"创业教育工作年限"，以创业能力（总）、创业技能型、传统学术型、创业态度型四个为因变量，运用 SPSS25.0 进行单因素方差分析，发现四个因变量的方差均非齐性，根据（马庆国，2010）对于方差非齐性的采用 tamhane 的两两 t 检验结果判断均值是否存在显著差异的方法，结果如表6—11 所示。

表6—11　　　　不同创业教育工作年限的教师创业能力差异分析

创业能力	均值差异检验		方差齐性检验	
	F 值	Sig.	Sig.	是否齐性
创业总能力	12.926	0.000	0.000	否
创业技能型	13.547	0.000	0.000	否
传统学术型	9.969	0.000	0.000	否
创业态度型	8.925	.000	0.000	否

注：方差齐性检验的显著性水平为0.05。

可以看出，不同创业教育工作年限的教师在四个因变量上均存在显著差异。进一步采用 tamhane 的两两比较发现：年限3—5 年教师的在创业总能力上要显著高于两年及以内的（p = 0.000），和后面两个年龄段不显著；年限3—5 年教师的在创业技能上要显著高于其他年龄段教师；年限3—5 年教师的在传统学术型上与两年及以内的教师不显著，但要显著弱于其他年龄段教师；年限3—5 年教师的在创业态度上要显著高于两年及以内的（p = 0.26），和其他年龄段不显著。我们大致可以得出结论：从创业能力的角度，工作年限3—5 年的创业教育教师相对来说较为合适。

四　小结

本节基于交叉分析，依次分析样本教师学校类型和从事创业教育工作年限情况交叉分析；样本教师年龄和创业教师类型的交叉分析；样本教师类型与创业教育动机交叉分析。有助于更详细地把握创业教育教师的各种特征，以便更有效地提升其创业能力。

本节还基于方差分析，主要重点分析最高学位、职称、创业教育工作年限等变量下教师创业能力的差异，进一步充实了"帮扶之翼"模型的内容。

第五节　本章小结

本章在"保障之翼"模型的基础上，继续基于1134份问卷的实证分析，验证通过了"帮扶之翼"模型中15个假设验证中的12个，总体理论假设较好（见表6—12）。

表6—12　　　　"帮扶之翼"模型的研究假设检验结果汇总

被解释变量	假设	具体内容	验证情况
创业教育 工作绩效	HP1	教师的创业技能对提升教师的创业教育工作绩效正相关	通过
	HP2	教师的传统学术对提升教师的创业教育工作绩效正相关	通过
	HP3	教师的创业态度对提升教师的创业教育工作绩效正相关	通过
创业技能	H26	学习—培训机制与提升创业教育教师的创业技能正相关	通过
	H27	激励—考核机制与提升创业教育教师的创业技能正相关	通过
	H28	交流—合作机制与提升创业教育教师的创业技能正相关	未通过
	H29	管理—支持机制与提升创业教育教师的创业技能正相关	通过
传统学术	H30	学习—培训机制与提升创业教育教师的传统学术正相关	通过
	H31	激励—考核机制与提升创业教育教师的传统学术正相关	负相关
	H32	交流—合作机制与提升创业教育教师的传统学术正相关	通过
	H33	管理—支持机制与提升创业教育教师的传统学术正相关	通过

被解释变量	假设	具体内容	验证情况
创业态度	H34	学习—培训机制与提升创业教育教师的创业态度正相关	通过
	H35	激励—考核机制与提升创业教育教师的创业态度正相关	通过
	H36	交流—合作机制与提升创业教育教师的创业态度正相关	通过
	H37	管理—支持机制与提升创业教育教师的创业态度正相关	未通过

　　本章还基于创业教师基本情况的交叉分析和教师创业能力的单因素方差分析，进一步充实了"帮扶之翼"模型的内容，为提升创业教育教师的创业能力提供了许多具体化的可操作策略（见图6—4）。

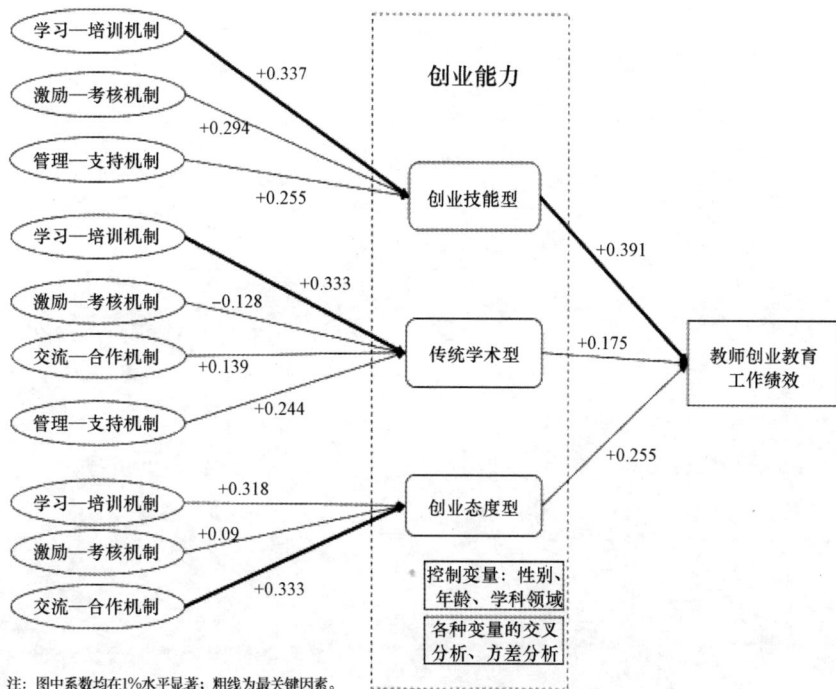

注：图中系数均在1%水平显著；粗线为最关键因素。

图6—4　"帮扶之翼"模型构建的多元回归实证结果

　　综上所述，提升高校创业教育教师的创业能力不仅仅需要"保障之翼"，同时也需要"帮扶之翼"。没有"保障之翼"中的四个机制，要想提升创业教育教师的创业能力困难重重，但仅仅做好这四个机制还远远不够，还需要分类分阶段，根据创业教育教师的差异化特征，进一步提供有针对性的帮扶。

第七章

对策：新时代高校创业教育师资队伍建设研究

前已证实，创业教育教师的创业能力和个人创业教育工作绩效正相关，基于文献、访谈、案例、问卷的综合分析，按照两翼的基本思路：一翼（保障之翼）指"有创业的活力、有创业的动力、有创业的能力"的三有保障机制。另一翼（帮扶之翼）指基于教师多样化和自主式发展原则，针对其不同类型和不同发展阶段，制定针对性的帮扶机制。最后提出五点对策如下。

第一节　更新理念，明确定位，系统打造"一核两翼三维四机制"

首先，当前中国高校的创业师资、课程、创业网络、创业管理等各方面与世界一流创业型大学相比都存在很大差距，但这些差距都只不过是表象，理念上和制度上的差距才是最大的差距。更新对创业的认识，树立"广义的创业"理念，才能使中国更多的学者、学生、企业家、工程师等相关人员参与到创业教育的共同建设大潮中，普及化、专业化的创业教育也才能真正达成预定的计划目标。

其次，实证数据显示，在影响教师创业能力提升的 25 个因素中，"X4 明确教师在创业教育中的角色定位"的平均值（4.51）在所有各因素中排在第一位，如角色认知理论解释的那样：个体通过对"我是谁""我将走向何方"等问题的回答，使个体获得一种不再惶惑迷失的感受。

创业教育教师有创业课教师、指导教师、研究者、管理者、自主创业者等各种类型，许多教师同时承担着好几项任务，被繁重的各种事务压得喘不过气来（数据显示："X2 设计政策让教师创业或实践能有时间"的平均值为 4.40，高居在 25 个指标的第二位）。本书给出的解释是要明确自身定位，忽略指导者、管理者、研究者这种分类，关键是要聚焦到自身创业能力这"一核"的提升上来。而这"一核"通过实证数据分析，共包括 11 个指标（C6 除外），有"创业技能、传统学术、创业态度"三个维度。政府、社会、学校、教师自身都要共同合作来提升教师创业能力的这三个维度。

最后，本书提出了创业能力提升的主要影响因素为"两翼四机制"。在"保障之翼模型"中，实证得出标准化回归方程式为：教师的（总体）创业能力 ≈ 0.569 * （学习—培训机制因子）＋ 0.262 * （交流—合作机制因子）＋ 0.250 * （管理—支持机制因子）＋ 0.170 * （激励—考核机制因子）。可以看出在一般情况下，提升教师总体的创业能力最关键一是要建立好学习—培训机制，二是交流—合作机制，三是管理—支持机制，四是激励—考核机制。因此这四个机制不建设好，创业教育教师肯定会不满意。但是由于学校和教师个体的精力、资源有时候是有限的，创业能力能全面提升固然最好，但是无法面面俱到的情况下，该怎么处理？因此本书随后给出了"帮扶之翼模型"，教师根据自主发展目标，差异化分类提升。具体而言给出了"创业技能、传统学术、创业态度"三种不同类型的提升机制策略：①创业技能型教师指侧重于创业机会探索、开发以及经营管理、实践指导能力的创业教育教师。标准回归方程为：创业技能型因子 ≈ 0.337 * （学习—培训机制因子）＋ 0.294 * （激励—考核机制因子）＋ 0.255 * （管理—支持机制因子）。②传统学术型教师指侧重于传统学术知识，致力于教学和科研的创业教育教师。标准回归方程为：传统学术型因子 ≈ 0.333 * （学习—培训机制因子）＋ 0.244 * （管理—支持机制因子）＋ 0.139 * （交流—合作机制因子）－ 0.128 * （激励—考核机制因子）。均在 1% 水平显著。③创业态度型教师指对创业非常认同，侧重于创业精神、创业意志，但学术知识和创业技能不怎么强的创业教育教师，或者称之为精神领袖型导师。标准回归方程为：创业态度型因子 ≈ 0.333 * （交流—合作机制因子）＋ 0.318 * （学习—培训机制因子）＋0.09*（激励—考核机制因子）。

综上所述，高校创业教育教师创业能力的提升需要系统打造"一核两翼三维四机制"。

第二节　主动学习，积极培训，树立创业典型

实证数据显示，在教师创业（总体）能力提升影响因素中"学习—培训机制"的回归系数为0.569，排第一位。在"创业技能、传统学术、创业态度"三种不同类型的提升机制策略中"学习—培训机制"分别都高居第一位（回归系数为0.337）、第一位（回归系数为0.333）和第二位（回归系数为0.318）。说明教师创业能力的提升最主要的还是靠教师自身积极的学习培训，指标X3、X5、X6、X7、X8均是与此有密切关系的内容，也均通过了实证验证。这与国内学者谢雅萍、黄美娇（2014）的研究较为一致：她们通过小微企业创业者的实证研究指出创业者创业能力是决定创业能否成功的核心要素，创业学习则是发展创业能力的关键，社会关系网络（X7）为创业能力的提升提供了大量的知识资源。

进一步剖析"学习—培训机制"的构成指标按承载系数高到低依次是：X1挖掘树立教师成功创新创业典型；X2设计政策让教师创业或实践能有时间；X3重视创新创业教育理论与实践研究；X5重视在职前教师教育中进行创业教育培训；X4明确教师在创业教育中的角色定位；X7发展省级及以上的创业教师关系网络；X6为创业教师专业发展做科学的职业生涯规划；X8鼓励教师参加创业学专业的硕士和博士学习。选取几个典型指标分析如下：

对于指标"X1挖掘树立教师成功创新创业典型"：可见树立教师成功创新创业典型对提升创业能力的重要性。国外学者Philpott（2011）研究也指出大学要提高创业产出，大学的管理者要更加关注个体的教师层次，尤其克服缺乏创业楷模、缺乏统一的创业文化、缺乏创业相关的学术晋升制度的三大障碍。Van Dam, K.的研究指出影响教师创业行为的几个因素中，职业适应性最关键（Van Dam, K., 2010），因此在创业教

育教师的职业发展生涯过程中，若能有榜样，有良师益友给予针对性帮扶，势必能更有效提升其创业能力。可以借鉴美国案例中的斯坦福大学的教师学徒制，为每位创业教育教师配备一名导师，并设计一套相对应的绩效考核指标，快速成长。

对于指标"X2 设计政策让教师创业或实践能有时间"：这一点在本书的访谈研究中提及次数最多，无论是美国高校还是国内高校的学者，首先提及就是"自身学术任务（教学和科研）很繁重，考核压力也很大，根本就没有多余的时间去参与创业教育的相关工作"。因此中国高校要想提升教师创业能力，在具体的操作中可借鉴 MIT 的"黄金法则"，即一周选择一天专门用于创业相关的工作。再如美国斯坦福大学允许教师每周有一天的时间来进行创业，斯坦福的教职员工可以最长有两年的时间参与到创业的过程中，当然中国高校目前也推出了类似的政策，但多数教师为科研项目或发票报销、表格填写等行政事务依然花费了不少时间，需要学校、学院乃至学科一系列的流程简化改善。

对于指标"X6 为创业教师专业发展做科学的职业生涯规划"：高校创业教育教师的发展需要有科学的职业生涯规划，在教师的科研生涯中，35 周岁普遍被认为是一个较重要的分水岭，而对于创业来说，美国考夫曼基金会数据显示 20 年来不同年龄段成为新创业者的平均比例，35 周岁前（年龄段 20—34 周岁）成为新创业者的比例大幅下降了约 10%，相比 20 年前，2015 年成为新创业者平均比例对应的年龄段分布更加均匀。本书的数据方差分析发现：工作年限 3—5 年的教师在创业总能力上要显著高于两年及以内的（$p = 0.000$），和后面两个年龄段不显著；年限 3—5 年的教师在创业技能上要显著高于其他年龄段教师；年限 3—5 年的教师在传统学术型上与两年及以内的教师不显著，但要显著弱于其他年龄段教师；年限 3—5 年的教师在创业态度上要显著高于两年及以内的（$p = 0.26$），和其他年龄段不显著。我们大致可以得出结论：从创业能力的角度，工作年限 3—5 年的创业教育教师相对来说较为合适。

第三节　按需激励,专门考核,帮扶专业发展

实证数据显示,在教师创业(总体)能力提升影响因素中"激励—考核机制"的回归系数为0.170,排在最后一位。在"创业技能、传统学术、创业态度"三种不同类型的提升机制策略中"激励—考核机制"分别居第二位(回归系数为0.294)、最后一位(回归系数为−0.128,显著负相关)和第三位(回归系数为0.09)。说明"激励—考核机制"在教师创业(总体)能力的提升中起作用。Bekkers(2010)的研究也证实学者是否进行学术创业,取决于他们的学术、创业经验以及所在环境的激励机制。

激励机制在对三类不同能力的影响有较大差异,在对教师创业技能的提升中影响相对于其他类型最明显。值得一提的是该机制对传统学术型起显著的负相关作用。这和学者们批判的学术资本主义以及 Czarnitzki(2010)对美国国家卫生研究院的生物科学家的实证分析结果和 Van Looy & Ranga et al.(2004)针对创业和科学相互干扰的怀疑研究结果相类似。Markman(2004)研究奖励制度对美国大学的创业活动的影响时,也指出若奖励给个人或系部对创业活动是负相关的,若奖励给 TTO 则是正相关的。这也给中国高校的管理者带来了一定的难题,即一味地注重创业的激励—考核机制会对传统学术(教学、科研)产生一定的冲击,因此,对于中国大学政策制定者而言,应充分考虑组织内部的教师创业动机的差异(详见第六章的分析),按教师自主发展目标,按需激励,专门考核,推出组合性的政策,来抵消激励—考核机制的负影响。

进一步剖析"激励—考核机制"的构成指标按承载系数高到低依次是:X11 学校有专门针对创业教师的职称晋升机制;X13 学校有合理的师生共创的考核评价机制;X10 学校有专业教师参与创业教育教学的激励机制;X12 将教师创业教育业绩纳入良好的绩效考核标准;X9 学校有充足专项经费用于激励创业教育工作;X21 有行业企业推动学校创业教育的长效机制。原先设计的指标 X9、X10、X11、X12、X13 均通过了验证,并且多了 X21 指标。选取几个典型指标分析如下:

对于指标"X11 学校有专门针对创业教师的职称晋升机制"。国外学者 Philpott（2011）研究也指出教师个体提高创业产出，和创业相关的学术晋升过程是三大障碍之一。X11 指标在所有 25 个影响因素指标中的平均值排在最后一位（3.41），虽然最终通过了实证检验，但一定程度上也说明受调查教师普遍认为该指标并没有较好地发挥提升教师创业能力的作用，这和中国大部分高校的考核、晋升机制仍是科研导向为主有关。在访谈调查中，我们发现"某高校有一项规定，如果某创业教育教师为第一指导老师，指导学生获得了挑战杯等创业大赛的奖牌，其评职称时的加分等同于一般学者获得一项国家或省级课题的加分。这对一些专门从事创业指导的辅导员、学生工作老师产生了极大的鼓舞，但对传统学术也产生了较大冲击，一些老师反映不公平，一些老师干脆不上课到处拉学生参加竞赛，一名辅导员最后在评副高职称时，其总分远高于一名默默在一线传统科研教学的教师"。因此我们建议有效的激励政策应该是组合性的，比如该访谈高校评职称加分至少还需要非常清晰的学术最低标准，根据激励原则，尽量保持内部公平和外部的竞争性。

对于指标"X21 有行业企业推动学校创业教育的长效机制"，本书原先的理论假设是放在"支持"构面，但最后在"激励"的承载系数更高，所以综合考虑还是归类到了激励—考核机制里面。黄扬杰（2014）研究发现正高级职称教师参与学术创业动机主要是出于学术兴趣（94.3%），然后是荣誉（37.3%）、物质奖励（31.6%）、其他（11.4%），而副高级职称教师参与学术创业的动机依次是学术兴趣（83.9%）、物质奖励（71%）、荣誉（38.7%）和其他（3.2%）。Lam 对英国 5 所研究型大学的 735 名科学家的调查结果也发现英国学者参与学术创业的动机主要是出于谜题（puzzle）和声誉（ribbon），而较少出于物质奖励（gold）。本书的数据交叉分析发现：教师从事创业教育动机类型最主要的"学校行政（政策）导向（33.7%）"，其次依次是自身兴趣爱好（26.8%）、自身所从事专业的要求（19.2%）、个人价值实现（15.2%）和物质奖励（5.1%）。因此从教师的兴趣出发，能从最根本的内在动机去激励教师，而行业企业推动的深度的产学合作对满足教师浓厚的学术兴趣能产生极大的激励。

第四节　双向交流,共赢合作,改变创业态度

实证数据显示,在教师创业(总体)能力提升影响因素中"交流—合作机制"的回归系数为 0.262,排第二位。在"创业技能、传统学术、创业态度"三种不同类型的提升机制策略中"交流—合作机制"分别排第四位(回归系数不显著)、第三位(回归系数为 0.139)和第一位(回归系数为 0.333)。说明教师创业(总体)能力的提升离不开交流—合作机制的作用,教师创业态度的改变最主要靠交流—合作机制,共 6 个指标 X14、X15、X16、X17、X18、X19 通过实证验证的只有 X14、X15、X19。

进一步剖析"交流—合作机制"的构成指标按承载系数高到低依次是:X14 建立了相关教师到企业挂职锻炼制度、X15 建立了完善的校内外师资聘任管理办法、X19 与企业建有先进的创业教育实训中心等交流合作场地。该三个指标最典型的例子就是如曾任斯坦福校长的 J. Sterling 任命 Terman 为副校长时开展的一系列改革:鼓励学生创业,鼓励工程师接受继续教育,鼓励教师课余担任政府或企业部门的顾问,设立斯坦福研究园区(其定位:知识中心和新一代商品孵化器;其目标:为产业界提供和大学接触的机会,为研究者提供在商界一试身手的机会),产业联盟计划(让产业界的研究员和大学师生共同探讨学科前沿问题,双向交流 two-way interchange)(黄扬杰,2014)。这一系列改革为斯坦福走向创业型大学奠定了扎实的基础。

奥尔波特说过:"态度是根据经验而系统化了的一种心理和神经的准备状态,它对个人的反应具有指导性的或动力性的影响。"个体形成一定态度后,由于接受新的信息或意见而发生变化,这个过程叫态度改变。态度改变理论最著名的是认知失调理论、认知平衡理论。①认知失调理论:最早由社会心理学家费斯廷格(Leon Festinger,1957)提出,用于研究人的态度变化过程。他认为每个人的心理空间中包含多种多样的认知因素,比如观念、信仰、价值观、态度等方面。随着当前社会活动的内容不同,各种认知因素之间会存在三种关系,即协调、失调和不相关。当认知因素产生失调状态时,人们可以通过改变或者增加新的认知元素

来调整这种状态，最后达到认知协调。②认知平衡理论：20 世纪 40 年代中期由美国社会心理学家海德提出的一种关于认知结构、过程和变化的理论。他把认知过程分解为认知要素，由此构成一个认知系统，当认知系统出现不平衡、不一致时，会产生一定的心理压力，驱使认知主体设法恢复认知平衡量。海德虽然也是从认知角度探讨态度变化，但他更重视人与人之间的相互影响在态度转变中的作用影响，即重视中间人或传递者对态度改变的影响（高凯，2009）。Laukkanen（2003）也发现教师的无意的、功能障碍性态度是大学追求第三使命的主要问题。Cardon 等（2013）指出态度中的创业认同是创业激情的核心要素，在不同类型创业者之间存在显著的差异（Cardon，M. S.，Wincent，J.，Singh，J.，et al.，2009）。比如真正信徒型、无能型、务实型和勉强型四种类型创业者在成就需求、冒险倾向和承诺三个关键创业特征上存在显著的差异，其中真正信徒型创业者的创业承诺最高（Tang 等，2008）（陈建安、曹冬梅、陶雅，2015），因为其对持有的创业信念坚信不疑，从而对创业事业的认同度较高。

因此，本书建议创业教育教师创业能力的提升离不开"交流—合作机制"，因为实证发现它是影响创业态度的最关键因素，而创业态度决定了后面一系列的创业行为。

第五节　专业管理，持续支持，保障安心发展

实证数据显示，在教师创业（总体）能力提升影响因素中"管理—支持机制"的回归系数为 0.250，排第三位。在"创业技能、传统学术、创业态度"三种不同类型的提升机制策略中"管理—支持机制"分别排在第三位（回归系数为 0.255）、第二位（回归系数为 0.244）和第四位（回归系数不显著）。该构面原先理论设计共 6 个指标 X20、X21、X22、X23、X24、X25，最后通过实证验证的只有 X22、X24、X25，其中指标 X21 由于在激励构面的承载系数更高，最后转为激励—考核机制的指标。

进一步剖析"管理—支持机制"的构成指标按承载系数高到低依次是：X24 学校有专门的创业学院来管理；X22 学校有专门的创业教育工作

领导小组；X25 所在二级学院的考核包含创业教育业绩指标。案例中述及的美国的斯坦福、MIT 等大学有专门的创业管理机构自不必多说。欧盟提倡的"创业型学校"的四个特征：一是创业与学校的教育理念和发展战略相互融合。创业教育不仅仅作为一门课程，而且也嵌入学校的整体课程体系之中。二是学校有专门的管理者来负责创业教育的实施，学校也强调管理者自身在创业教育方面的持续专业发展，且创业教育相关事宜由学校董事会讨论决定。三是学校为创业教育的实施提供丰富资源，学校有专门的协调员来负责协调商业、政府、学生以及教师间的各种关系。四是学校为"创业型教师"提供社群网络和伙伴关系方面的支持，最大限度地为"创业型教师"的教学提供支持，以保证"创业型教师"作用的充分发挥。国内学者朱家德通过研究首批 99 所"示范高校"发现超过七成的高校已成立或拟成立创业学院，这些创业学院有建设主体、组织目标定位、治理结构与运行方式、组织文化具有多样性；多部门协作；跨学科组织设计特征（朱家德，2017）。都说明教师创业能力的提升也离不开学校的专业管理和持续支持。

　　Rasmussen（2008）的研究结论指出，有效的政策和行动应该是多层次和持续的，这些政策应该被嵌入高校和教师的各个层次中去，如大学管理者、研究团队、产业界伙伴等各层次。众所周知，促进美国大学学术创业的是 1980 年颁布的专利法案《Bayh-Dole（贝耶－多尔法案）》和《Stevenson-wydler（斯蒂文森－魏德勒）技术创新法案》，这两个为学术创业扫清了障碍。由于中国高校系统化创新创业教育刚刚起步，广大创业教育教师的活力依然未能充分被激发，一些高校教师型的"创客"和"极客"缺乏，这与这些政策未能充分嵌入地方或个体层次有关，如实践中，全国首部科技人才创业地方法规《南京市紫金科技人才创业特别社区条例》实施，为创业教师收益分配"正名加码"，就极大激发了教师的活力（沈健，2015）。其次，如果没有一个专门的学科力量在背后支撑，普及化、专业化的创业教育是难以有效发展的。截至2015 年，美国有 42 个州（2009 年为 19 个）有创业教育的 K－12 标准及指导方针，同时期，在高中开设创业教育课程的州的数量已从 5 个增加到 18 个。因此让中国创业教育教师有自身的学科归属或者在致力于创业转型的各类学科中设置专门的创业教育教职是当前创业教育教师进一步发展的最关键保障。就在各学科中设置专门的创业教育教职这一策略，黄扬杰和邹晓东就学科组织如何提升学术创业能力做过深入的分析，提出通过资源整合如果能让高校某些学科、系、学院，自身都能转型成为一个创业型单位，那原有这些学科的老师就能成长为专业化的创业教育教师，也比单从管理学学科或辅导员转型而来的教师更能促进专业教育和创业教育的结合，创业能力的提升亦会得到组织自上而下可持续的保障（黄扬杰、邹晓东，2015）。

综上所述，通过系统打造"一核两翼三维四机制"，即紧紧围绕创业能力这"一核"，从保障之翼和帮扶之翼的"两翼"角度，根据创业能力的"创业技能、传统学术、创业态度"三维，通过"学习—培训机制、交流—合作机制、管理—支持机制、激励—考核机制"四大机制的共同作用，从而促进创业教育教师的创业能力提升，大力培养新时代的高质量的高校创业教育师资队伍，最终有效推动中国创业教育的普及化、专业化发展。

第八章

主要结论与展望

深化高校创新创业教育改革是当前和今后一个时期推进高等教育综合改革的重要内容。未来,高质量创业师资短缺将成为阻碍中国高校创业教育发展的主要瓶颈,提升高校创业教育教师的创业能力无疑是较直接有效的办法之一(假设教师都有优秀师德师风的前提下,实证证明,其创业能力和创业教育绩效正相关)。

因此,本书借鉴学术创业理论、创业能力理论、教师专业发展理论和角色认同理论,结合知识图谱、国内外创业教育教师访谈、案例比较、问卷调查、因子分析、多元回归、方差分析,解析高校创业教育教师创业能力的内涵和构成维度,通过系统打造"一核两翼三维四机制",即紧紧围绕创业能力这"一核",从保障之翼和帮扶之翼的"两翼"模型角度,根据创业能力的"创业技能、传统学术、创业态度"三维,通过"学习—培训机制、交流—合作机制、管理—支持机制、激励—考核机制"四大机制的共同作用,最后提出了五点相应的对策,从而有助于高校创业教育教师的创业能力提升,有助于为大力培养新时代的高质量的高校创业教育师资队伍提供新思路,最终有助于推动中国创业教育的普及化、专业化发展。

第一节 主要结论

针对本书致力解决的四个问题。

一　高校创业教育教师的创业能力内涵是什么？有什么特征？

通过紧紧围绕主题关键词的大量国内外文献梳理和知识图谱分析，本书认为高校创业教育教师的创业能力是指高校创业教育教师顺利完成创业教育相关工作所需要的态度、知识和技能三个方面的综合素质。因此包括态度、知识、创业技能三个一级指标。其中态度主要包含创业认同、创业意志、创业精神三个二级指标；知识主要包括教育学相关知识、教师本学科专业知识、创业相关知识三个二级指标；创业的技能主要包括教学组织技能、创业实践指导技能、机会探索技能（技术发明、咨询）、机会开发技能（创办企业、入股）和经营管理技能五个二级指标。

有三大特征：高校创业教育教师的创业能力本质上是个体层次的学术创业；高校教师创业角色的多样性决定了其创业能力提升的不同路径；高校创业教育教师创业能力受多层次因素影响。

二　高校创业教育教师创业能力的提升影响因素有哪些？

首先综合相关文献，基于学术创业、创业能力、教师专业发展和角色认同理论：

通过对 32 份访谈资料（其中 8 份美国学者）的内容分析，初步整合构建了创业教育教师创业能力的提升影响因素的四维度理论模型：学习构面、激励构面、合作构面和支持构面。其次通过对美国、欧盟、中国培养创业教育教师能力的案例综合分析，进一步充实了创业能力的提升影响因素理论模型。然后最后通过对国内较优秀的 1134 位创业教育教师的问卷调查，运用探索性因子分析，验证了创业能力的提升影响因素的四种机制假设，及每个维度的测量指标。

最后结果显示：学习—培训机制因子和 X1 到 X8 的 8 个指标均相关；激励—考核机制因子和 X9 到 X13 的 5 个指标及 X21 相关；交流—合作机制因子与 X14、X15、X19 指标相关，与 X16、X17、X18 指标不相关；管理—支持机制因子与 X22、X24、X25 相关，与 X20、X23 不相关。本书还进一步分析了 5 个未通过验证的影响因素指标可能的原因，提出了系统提升创业教育教师创业能力的重要性。

三 高校创业教育教师创业能力的提升机制模型（影响机制—创业能力—绩效三者间的关系）是什么？

1. 概况了两翼提升基本思路。结合文献综合分析和知识图谱、国内外创业教育教师访谈（32 份）、案例比较，课题对教师创业能力提升概括出两翼的基本思路：一翼（保障之翼）指"教师有创业的活力、教师有创业的动力、教师有创业的能力"的保障机制。另一翼（帮扶之翼）指根据教师多样化、自主式发展目标，结合其不同类型、不同专业发展阶段制定针对性帮扶机制。

2. 一核两翼三维四机制，并细化了两翼模型。根据问卷调查（1134位教师）、因子分析、多元回归、方差分析，提出通过系统打造"一核两翼三维四机制"，即紧紧围绕创业能力这"一核"，从保障之翼和帮扶之翼的"两翼"模型角度，根据创业能力的"创业技能、传统学术、创业态度"三维，通过"学习—培训机制、交流—合作机制、管理—支持机制、激励—考核机制"四大机制的共同作用来提升教师的创业能力。尤其是进一步细化了保障之翼和帮扶之翼模型。

（1）保障之翼模型得出：标准化回归方程式为：教师的（总体）创业能力$\approx 0.569 *$（学习—培训机制因子）$+ 0.262 *$（交流—合作机制因子）$+ 0.250 *$（管理—支持机制因子）$+ 0.170 *$（激励—考核机制因子）$+$控制变量。而对于控制变量，即在其他条件不变的情况下，男老师比女老师的创业能力显著要强；以教师年龄在36—40周岁为参照组，发现年轻的教师比年纪大的教师创业能力显著要强；在学科领域，管理学领域的教师比理工农科领域的教师创业能力显著要弱等。

（2）帮扶之翼模型得出：基于创业能力把创业教育教师分为创业技能型教师、传统学术型教师、创业态度型教师。基于此研究教师创业能力分类提升机制模型：

创业技能型教师指侧重于创业机会探索、开发以及经营管理、实践指导能力的创业教育教师。其特征："C11 教师具备较强的创业机会开发技能、C12 教师具备较强的经营管理技能、C10 教师具备较强的创业机会探索技能、C9 教师具备较强的创业实践指导技能、C7 教师具备丰富的创业学相关知识。"标准回归方程为：创业技能型因子$\approx 0.337 *$（学习—

培训机制因子）＋0.294＊（激励—考核机制因子）＋0.255＊（管理—支持机制因子）＋控制变量。其中（交流—合作机制因子）标准化回归系数为0.021，但在5%水平不显著。

传统学术型教师指侧重于传统学术知识，致力于教学和科研的创业教育教师。其特征："C8教师具备较强的教学组织技能、C5教师具备丰富的所学学科专业知识、C4教师具备丰富的教育学相关知识。"传统学术型因子≈0.333＊（学习—培训机制因子）＋0.244＊（管理—支持机制因子）＋0.139＊（交流—合作机制因子）－0.128＊（激励—考核机制因子）＋控制变量。均在1%水平显著。

创业态度型教师指对创业非常认同，侧重于创业精神、创业意志，但学术知识和创业技能不怎么强的创业教育教师。其特征："C2教师个人坚韧的创业意志、C3教师具备较强的创业精神、C1教师对创业教育的总体认同感。"标准回归方程为：创业态度型因子≈0.333＊（交流—合作机制因子）＋0.318＊（学习—培训机制因子）＋0.09＊（激励—考核机制因子）＋控制变量。三个机制因子自变量均在1%水平显著。其中，（管理—支持机制因子）的标准化回归系数为0.029，但在5%水平不显著。

3. 教师创业能力和教育创业教育绩效的关系研究。教师创业教育工作绩效≈0.391＊创业技能因子＋0.175＊传统学术因子＋0.255＊创业态度因子。即证实了本书最开始的一个假设：创业能力越强的教师，相对应的创业教育工作绩效也越好。

四　新时代高校创业教育师资队伍建设对策

课题最后提出了五点对策：①更新理念，明确定位，系统打造"一核两翼三维四机制"；②主动学习，积极培训，树立创业典型；③按需激励，专门考核，帮扶专业发展；④双向交流，共赢合作，改变创业态度；⑤专业管理，持续支持，保障安心发展。

第二节　政策建议

参考2018年中共中央国务院《关于全面深化新时代教师队伍建设

改革的意见》（以下简称《意见》），结合本书的研究结论，分别对政府、高校、行业和创业教育教师个人提出具体政策建议如下。

一　对政府的建议

兴国必先强师，兴创业教育必须先强创业教育教师，本书建议：

（1）根据《意见》进一步明确提出专门针对高校创业教育教师建设的细化措施，顶层设计，以提升创业教育教师的创业能力为突破口，全面加强学习—培训、激励—考核、交流—合作和管理—支持四大机制建设。如欧盟就将"创业型教师"持续专业发展纳入国家或区域教师职业发展的各项战略中。

（2）支持高水平综合大学开展创业教育教师的博士教育。整合优势学科的学术力量，凝聚高水平的教学团队，重点培养创业教育博士，造就大量知识扎实、创业技能突出、创业态度积极的高素质复合型创业教育教师。鼓励各高校建立创业教育学科，让创业教育教师有学科归属。

（3）在各类奖项或各类人才项目中，比如各省哲学社会科学成果奖，加大创业教育系列的比例。类似国外"全球创业研究奖"那样设置中国学者的创业研究奖，鼓励更多本土化的研究。

（4）政府主导来建设创业教育生态系统。高校创业教育生态系统的利益相关者包括创业者、企业、财务机构、支持服务提供商、孵化器和加速器、学生组织、校友、高校、科技园、政府机构、非政府组织以及其他组织等。国外研究发现创业者和企业代表参与创业教育生态系统频次最高，财务机构、支持服务提供商、学生组织等参与的频次较低。而利益相关者参与创业教育最常见的类型包括讲课和讲故事、组织活动、提供网络、知识交流、辅导和指导等。A省数据实证发现，以政府部门参与贵校创业学院建设的数量、企业参与贵校创业学院建设的数量与高校的荣誉是显著相关的，系数分别为0.40、0.336。中国可以借鉴企业中先进的利益相关者管理方法，政府来主导，能更有效地促进创业教育生态系统的建设。

二　对高校的建议

（1）专门增设创业教育教师的职称晋升考核序列，让创业教育教师可以自主选择成长路线。深入了解青年教师在工资、住房、家庭等各方面的困难和迫切需求，提高时间、经费（待遇）、场地各方面的保障。

（2）建立创业教育教师学徒制，加强团队等学习共同体建设，完善师徒帮扶机制。尤其搭建创业教育教师发展平台，组织研修活动，特别注重新型的教学方法的培养和应用。

（3）基于创业能力全面开展创业教育教师态度、知识和技能的提升培训。实证发现，首先要改变创业教育教师的创业态度，要从交流—合作机制入手；其次走传统学术型或创业技能型路线要鼓励创业教育教师主要通过学习—培训机制来自主发展。

（4）建设橄榄形的创业教育师资队伍。首先，实证发现，年轻的教师创业能力显著要强，因此重点面向新入职教师和青年教师，培育生力军；其次培养创业教育工作年限3—5年教师为中坚力量；最后，各类辅导员由于与学生接触紧密，是创业教育的主力军，要重视各级各类学校辅导员转型为创业教育教师后的专业发展。

（5）完善校内外师资管理办法，加大聘用具有行业企业工作经历教师的力度，鼓励校内教师挂职锻炼，双向交流。

三　对行业的建议

（1）加大信息共享。联合政府、高校，合作建设类似招聘网站、交流论坛的信息共享网络，加速教师在高校—行业双向交流流动。让有志于创业教育事业的企业家能到高校里去传授经验；让高校有知识技术的教师能到企业中解决技术难题或管理难题，提高交流挂职锻炼深度，让双方共赢。

（2）完善成功企业家、管理专家到高校中教学的激励机制。政府在高校教师离岗创业政策上出台了很多有力措施，建议进一步在企业人员到高校中教学也出台一系列措施，予以一定的税收减免或相应奖励措施。

（3）积极参与创业教育生态系统建设。高校创业教育离不开一个科学有效健康的创业教育生态系统，如大自然界的多样性生物一样，找到适合自己生长的空间。这个创业教育生态系统应该包括创业教育战略、执行创业战略的组织结构、创业配套的人、财、物资源支持（众创空间等）、激励师生创业的制度、鼓励创业的校园文化氛围、以学生为中心的创业课程体系、实践课程体系等各方面。当这个创业教育生态系统的所有要素共同合作，自身能不断更新发展完善，才能确保培养一批又一批的高素质创新创业人才，而这系统中，行业企业也有着无可替代的作用。

四 对个体的建议

（1）教师结合自身特点、高校类型明确定位，规划好自身的职业生涯。

（2）充分认识，提供创业能力，最主要的是靠教师自身的学习培训。

（3）重视创业教育理论与实践的研究，提升自身科研水平。

（4）运用设计思维，探索新型创业教育方法，减少学生和教师之间的障碍，创建师生共同的创业教育学习之旅，提升学生满意度和创业教育质量。

（5）积极发展省级及以上创业教师关系网络，既可向有经验的同行请教学习，联合科研攻关，也可满足自身的社交需要。

第三节　研究局限和展望

一 局限和不足

由于个体创业能力的研究本身就是很复杂的课题，而本书的研究对象主要针对的又是高校的创业教育教师，兼具学术和创业属性，导致课题虽然很有特色和价值，但难度也大大增加。具体一些局限和不足如下。

1. 高校创业教育教师的创业能力的构成要素有待进一步识别

本书通过大量的文献、32 份访谈资料，国内外高校案例、1134 份问卷运用因子分析法降维的方式，初步构建了创业能力的三维度模型，开发了其测量问卷，这对后续的相关研究者有一定的参考价值。但是这三维度是否全面、这维度的相对重要性如何，都有待进一步更多更深入的研究，就如心理学的学者研究特质论（Trait Theory）一样。特质是指一种可表现于许多环境的、相对持久的、一致而稳定的思想、情感和动作的特点，它表现一个人人格的特点的行为倾向。那么创业教育教师应该有哪些独特的特质？不同的学者肯定会有非常多不同的答案。

另外，就是一个共性的问题，即各维度的测量指标是否科学，如有问卷受访专家建议"问卷个别选项有点难以抉择"等，都有待进一步的验证和细化深入研究。

2. 几个测量指标未通过验证，有待更多地实证研究

虽然在对样本进行实证研究时，一些测量指标未通过验证是很普遍和正常的现象，本书原先设计的影响因素的 25 个指标有 5 个指标在文献论述、案例分析或我们的普遍认识中均属于较重要的指标，但本次研究并未通过验证，这有多方面的原因，本书亦给予了一定的分析，后续研究将持续关注。

3. 高校创业教育教师的创业能力提升机制模型有待进一步深化

近几年，不同层次研究学术创业的影响因素和绩效的文献越来越多。大学层次、团队层次、个人层次均有自己的学术创业绩效和机制。本书基于个体层次的创业教育教师，提出了"一核两翼三维四机制"，即紧紧围绕创业能力这"一核"，从保障之翼和帮扶之翼的"两翼"角度，根据创业能力的"创业技能、传统学术、创业态度"三维，通过"学习—培训机制、交流—合作机制、管理—支持机制、激励—考核机制"四大机制的共同作用，尤其是对其中的两翼模型进行深入的分析，但肯定还有很多影响因素或控制变量未涉及，限于时间和精力，未能深入地研究。

比如政府近几年一直致力于推进的高校科研人员离岗创业政策、创业利益分配机制等都有待更多的学者来研究。

二 研究展望

当前，中国的创业教育进入深化改革阶段，需要更多本土化的实证研究、调查报告，而不仅仅是思辨性的简单的理论论述，因此从这个角度，展望未来有 3 点研究方向。

1. 关注创业型大学的本土化研究

关于创业型大学的本土化研究，创业型大学必定实施创业教育，而

且创业教育一般比较成熟和有成效，而实施创业教育的大学不一定是创业型大学，后者包含了更多更广的要素。国内已有不少学者展开，如宣勇提出创业型大学呈现出学术导向与市场导向兼顾的二元价值取向（宣勇、张鹏，2012），邹晓东提出"变革式"和"引领式"两种不同创业型大学的概念内涵（邹晓东、陈汉聪，2011）。后续的本土化研究可多关注创业型大学在不同区域的角色或变量差异等。

2. 关注创业精神的研究

关于创业精神的研究，本书是把创业精神作为创业能力的一个指标来研究。但实际细化下去，其本身也有许多内容和机理。国内徐小洲教授提出创业精神是创业教育的核心，创业技能是创业竞争力的基础（徐小洲、张敏，2012）。国外不少学者也提出了国家层面的创业精神指标，通过创业意识（被访者是否认识某人在过去一年开始创业）、机会感知（被访者是否认为在当地区域创业存在的好机会）、创业自我效能感（被访者是否认为他们拥有知识、技能和经历去创业）三个方面来测量。后续的本土化研究可更关注企业家的行为与特征，如企业家的态度、创造力、创新、领导力和自主性以及创业教育影响创业意向的方式等议题，亦需更多关注创业精神、创业意愿如何有效转化为创业行动，创业教育的影响研究，等等。

3. 关注社会创业教育

社会创业是创新性的创造社会价值的活动，它能够发生在商业组织和非营利性组织、公共部门之内或者之间。社会创业在本书国外文献"创业教育""学术创业"的知识图谱的分析中都是学科热点前沿领域。社会创业的内涵，影响因素，作用机制等势必会成为今后国内学者研究的热点。

附 录 一

访谈提纲

高校创业教育教师的创业能力提升机制访谈提纲（中文版）

①请给我们介绍下贵校的创新创业教育特色和您的关键成功（或失败）经验（理念、课程、师资、管理等）。

②提升或推进高校创业教育主要影响因素是什么（或者说关键行为是什么）？

③您认为一名合格的创业教育教师，在能力上应该具备哪些素质（或者更宽泛的，贵校在招聘创业教育教师的时候你们的标准是什么）？

④教师的创业能力是创业教育质量保证的关键，也是当前创业教育质量提升的主要瓶颈，您认为创业教育教师的创业能力主要应该从哪几个方面去提升或培养？

⑤政府、企业、学校、家庭在您进行创业教育过程中各自扮演了什么角色，哪个对您的支持最大？

⑥现在贵学校（政府）实际工作中主要有哪些机制或文化建设来提升创业教育教师的创业能力（或者说来培养创业教育教师）？

⑦您认为应该从哪几个方面去评价教师的创业教育工作绩效？

高校创业教育教师的创业能力提升机制访谈提纲（英文版）*

①Tell me about the current place of university-wide entrepreneurship on

---

* 英文访谈任务由课题成员 2016 年在美国访学期间完成，共访谈了 3 所美国大学的 8 位创业教育相关工作行政人员或教师（附录访谈对象中的 T1—T8），考虑到收集国外更广泛的信息，英文访谈提纲题目均设计为调查"全校性创业"各方面的信息，在这过程再收集整理关于创业教育教师创业能力提升影响因素的相关信息。

campus?

请谈谈贵校全校性创业的现状？

②Does the current leadership support the university-wide entrepreneurship?

您认为您当前的领导是否支持全校性创业？

③What are the key factors（key events）to promote or organize the university-wide entrepreneurship education successfully?

您认为成功提升全校性创业的关键因素（关键事件）是什么？

④Have you been involved in initiating anything related to university-wide entrepreneurship, what are the initiatives? And did you receive support from any person or office on campus? Outside of the campus?

谈谈您参与全校性创业的经历？

⑤Have you encountered any obstacles for the promotion the university-wide entrepreneurship?

您参与全校性创业遇到的障碍有哪些？

附 录 二

访谈对象

编号	受访创业教育教师的基本信息
T1	美国威斯康星大学麦迪逊分校商学院教授、商业计划大赛主管
T2	美国威斯康星大学麦迪逊分校工程学院执行副院长
T3	美国威斯康星大学麦迪逊分校 KCI 项目评价负责人
T4	美国威斯康星大学麦迪逊分校某产品发现总监
T5	美国威斯康星大学麦迪逊分校"创业家倡导联合会"主席
T6	美国威斯康星大学麦迪逊分校某公共服务中心主管
T7	伊利诺伊大学香槟分校从事社会创业教授
T8	华盛顿大学圣路易斯分校创业教育副教授
T9	浙江大学教育学院教授
T10	浙江大学教育学院副教授
T11	浙江大学管理学院教授
T12	浙江大学中国科教战略研究院教授
T13	浙江大学中国科教战略研究院副研究员
T14	浙江大学中国科教战略研究院副研究员
T15	浙江大学中国科教战略研究院创业教育研究博士
T16	浙江省人力资源和社会保障厅负责创业教育工作某行政人员
T17	华东理工大学工程教育系某讲师
T18	丽水学院某创业教育副教授
T19	东北师范大学创业教育教授
T20	东北师范大学创业教育副教授
T21	中国人民大学教育学教授
T22	绍兴文理学院教育学院教授
T23	温州医科大学创业教育教授

续表

编号	受访创业教育教师的基本信息
T24	温州医科大学应用心理系副教授、创业指导师
T25	福建师范大学创业教育副教授
T26	南京航空航天大学经济管理副教授
T27	浙江工业大学现代大学制度研究中心副教授
T28	浙江工业大学技术经济副教授
T29	温州大学创业人才培养学院副教授
T30	华南师范大学创业教育副教授
T31	华中科技大学教育科学研究院教授
T32	温州科技职业学院创业教育副教授

附 录 三

问　　卷

高校创业教育教师的创业能力提升机制研究问卷

尊敬的创业教育（研究 \ 管理 \ 教学 \ 指导等）老师：

　　您好！非常感谢您在百忙之中参与问卷调查。本次调研采取匿名的方式，所有数据仅作为学术研究之用，并将严格保密。请您按照自己的真实情况回答。衷心感谢您的支持！

国家社会科学基金项目课题组 CIA150201

2017 年 3 月

　　基本情况

1. 您所在学校的类型是（　　　）。

A. 985、211 工程院校

B. 普通本科院校（含民办、独立学院）

C. 高职高专院校

2. 您的性别（　　　）。

A. 男　　　　　　　　　　B. 女

3. 您的年龄是（　　　）。

A. 30 周岁及其以下

B. 31—35 周岁

C. 36—40 周岁

D. 41 周岁及其以上

4. 您至今从事创业教育相关工作的年限是（　　　）。

A. 2 年及其以内

B. 3—5 年

C. 6—9 年

D. 10 年及以上

5. 您的最高学位（ ）。

A. 学士　　　　B. 硕士　　　　C. 博士

6. 您所属的主要学科领域是（ ）。

A. 管理学

B. 人文社科（除管理学以外）

C. 理工农科

D. 医科

7. 您的职称（ ）。

A. 正高级　　　B. 副高级　　　C. 中级　　　D. 初级

8. 您属于下列创业教育教师中的（ ）类型。

A. 辅导员、团委等学生工作的教师

B. 经济管理（或创业领域）的专业教师

C. 非创业领域的专业教师

D. 未上过创业课

9. 您从事过下列（ ）创业教育活动（可多选）。

A. 创业课专业教师

B. 创业教育指导师

C. 创业教育研究者

D. 创业教育的组织管理者

E. 自身创办过企业

10. 您从事创业教育的动机有（ ）（可多选）。

A. 自身兴趣

B. 物质奖励

C. 个人价值实现

D. 学校行政（政策）导向

E. 从事专业的要求

二 高校创业教育教师的创业能力构成量表

结合您的实际经历，对您认为的高校创业教育教师的创业能力构成做出判断，请在答案的相应数字上打"√"。

能力构成	非常 不同意	不同意	一般	同意	非常 同意
C1 教师对创业教育的总体认同感	1	2	3	4	5
C2 教师个人坚韧的创业意志	1	2	3	4	5
C3 教师具备较强的创业精神	1	2	3	4	5
C4 教师具备丰富的教育学相关知识	1	2	3	4	5
C5 教师具备丰富的所学学科专业知识	1	2	3	4	5
C6 教师具备丰富的风险投资知识	1	2	3	4	5
C7 教师具备丰富的创业学相关知识	1	2	3	4	5
C8 教师具备较强的教学组织技能	1	2	3	4	5
C9 教师具备较强的创业实践指导技能	1	2	3	4	5
C10 教师具备较强的创业机会探索技能	1	2	3	4	5
C11 教师具备较强的创业机会开发技能	1	2	3	4	5
C12 教师具备较强的经营管理技能	1	2	3	4	5

三 高校创业教育教师的创业能力提升的影响因素量表

结合您的实际经历，对您认为影响高校创业教育教师的创业能力提升的影响因素重要性做出判断，请在答案的相应数字上打"√"。

影响因素	非常 不重要	不重要	一般	重要	非常 重要
X1 挖掘树立教师成功创新创业典型	1	2	3	4	5
X2 设计政策让教师创业或实践能有时间	1	2	3	4	5
X3 重视创业教育理论与实践的研究	1	2	3	4	5
X4 明确教师在创业教育中的角色定位	1	2	3	4	5
X5 重视在职前教师教育中进行创业教育培训	1	2	3	4	5

影响因素	非常 不重要	不重要	一般	重要	非常 重要
X6 为创业教师发展做科学的职业生涯规划	1	2	3	4	5
X7 发展省级及以上创业教师关系网络	1	2	3	4	5
X8 鼓励教师参加创业学专业的硕士和博士学习	1	2	3	4	5
X9 学校有充足专项经费用于激励创业教育工作	1	2	3	4	5
X10 学校有良好的专业教师参与创业教育教学的激励机制	1	2	3	4	5
X11 学校有专门针对创业教师的职称晋升机制（教职岗位）	1	2	3	4	5
X12 将教师创业教育业绩纳入绩效考核标准	1	2	3	4	5
X13 学校有合理的师生共创的考核评价机制	1	2	3	4	5
X14 建立了相关教师到企业挂职锻炼制度	1	2	3	4	5
X15 建立了完善的校内外师资聘任管理办法	1	2	3	4	5
X16 教师所在团队定期进行创业教育交流的知识分享机制	1	2	3	4	5
X17 有鼓励跨学院（学科）的创业教育合作机制	1	2	3	4	5
X18 有鼓励师生合作开展科研创业项目的机制	1	2	3	4	5
X19 与企业建有先进的创业教育实训中心等交流合作场地	1	2	3	4	5
X20 政府部门有推动学校创业教育的支持机制	1	2	3	4	5
X21 有行业企业推动学校创业教育的长效机制	1	2	3	4	5
X22 学校有专门的创业教育工作领导小组	1	2	3	4	5
X23 学校有系统的创新创业教育发展专项规划	1	2	3	4	5
X24 学校有专门的创业学院来管理	1	2	3	4	5
X25 所在二级学院的考核包含创业教育业绩指标	1	2	3	4	5

四　高校创业教育教师个人工作绩效量表

结合您的实际经历，对您个人的创业教育工作绩效做出判断，请在答案的相应数字上打"√"。

工作绩效（结果指标）	非常 不同意	不同意	一般	同意	非常 同意
P1 我的（或主要参与的）创业教育工作质量总体满意度	1	2	3	4	5
P2 我的（或主要参与的）创业教育工作获得较多的省级以上荣誉和奖项	1	2	3	4	5
P3 我的（或主要参与的）创业教育工作产生了较多教学科研成果	1	2	3	4	5
P4 我的（或主要参与的）创业教育工作培养了较多学生成为创业人才	1	2	3	4	5
P5 我的（或主要参与的）创业教育工作培育了较多初创企业	1	2	3	4	5

问卷到此结束，再次衷心感谢您的支持和配合！

附录四

A省高校创业学院评价指标[*]

一级指标	二级指标	具体内涵
一、组织领导 （10分）	领导重视 （4分）	1. 坚持把立德树人作为中心环节，把思想政治工作贯穿创新创业教育全过程； 2. 成立由学校主要领导任组长的创新创业教育工作领导小组； 3. 创新创业教育工作摆上学校工作重要位置，有较为系统的创新创业教育发展专项规划，并纳入学校整体发展规划。
	机构设置 （3分）	1. 创业学院定位清晰，领导班子分工明确； 2. 配备一定数量的专职人员，职责明确； 3. 有专门的运行经费和办公场地。
	工作机制 （3分）	1. 建立教务、学工、人事、科研、团委等多部门职责明确、分工合作的工作机制； 2. 将创新创业教育业绩纳入职能部门的年度考核； 3. 有相关机制积极吸引政府部门、行业企业参与学校创新创业工作。
二、保障机制 （10分）	经费保障 （4分）	1. 设有创新创业教育工作经费，并纳入学校年度预算； 2. 通过多种渠道，建立大学生创新创业基金或创新创业奖学金，用于扶持创业项目或奖励创业学生。
	制度保障 （3分）	1. 建立学分转换、弹性学制和保留学籍休学创业等促进创新创业教育的教学管理制度； 2. 出台大学生创新创业扶持措施和办法； 3. 帮助大学生落实和享受各级政府出台的相关优惠政策。

---

* 课题负责人所在的省哲学社会科学重点基地，参与了该套指标和相关数据调查。A省在创新创业教育实践方面走在全国前列。该指标体系为本书的问卷题项设计提供了重要的理论和实践参考，特此列出，以飨读者。

续表

一级指标	二级指标	具体内涵
二、保障机制 （10分）	条件保障 （3分）	建有配套设施完备的专门用于大学生创新创业孵化的大学生创业园或众创空间或孵化器，能满足本校大学生创新创业的需求。
三、培养体系 （50分）	教育理念 （3分）	1. 根据学校自身的办学特色、学科及专业优势，结合区域经济和社会发展需求，有明确的创新创业教育目标； 2. 形成科学合理、特色鲜明、产教融合的创新创业教育人才培养理念。
	培养方案 （6分）	1. 将创新精神、创业意识和创新创业能力作为各类专业人才培养的重要指标，积极探索人才培养模式改革； 2. 面向全体学生，把创新创业教育融入人才培养方案； 3. 积极探索"3+1"和"2+1"等多种形式的创新创业教育改革模式； 4. 建立专创融合、校企协同以及国际合作的育人新机制。
	课程体系 （5分）	1. 将创新创业教育与专业教育相融合，建立健全创新创业教育课程体系； 2. 面向全体学生单独开设创新创业基础必修课，纳入专业人才培养方案，开发、开设创新创业教育类选修课程（含实践课程）； 3. 建有结合专业的创新创业教育专门课程群，充实创新创业教育案例库等各类资源； 4. 推进创新创业教育信息化建设，建有资源共享的慕课、视频公开课、案例库等在线开放课程； 5. 编有满足学生多样化学习需求的创新创业教材。
	教学管理 （4分）	1. 能够结合学校自身的专业学科特点，设置科学合理的创新创业学分； 2. 为有意愿有潜质的学生制定创新创业能力培养计划，建立创新创业档案； 3. 鼓励学生开展创新实验、发表论文、获得专利和自主创业等活动，制定相应的管理办法和优惠政策。

一级指标	二级指标	具体内涵
三、培养体系 （50分）	师资队伍 （6分）	1. 建立一支数量有保障、高水平、职责明确、专兼结合的创新创业师资队伍； 2. 校内创业师资均有相应的资质证书，有明确的校外师资聘任管理办法； 3. 建立相关教师到行业企业挂职锻炼制度和鼓励教师带领学生创新创业制度，积极组织教师参加或承担省创业导师培育工程，加强教师创新创业教育教学能力建设； 4. 将教师创新创业教育业绩纳入专业技术职务评聘和绩效考核标准。
	实践体系 （6分）	1. 根据学校创新创业教育人才培养目标，建立完善的创新创业实训实践教学体系； 2. 建有支撑创新创业教育的实验室、实训中心等载体； 3. 建立高校与政府、社会、行业企业协同合作开展创新创业教育实践的机制，建有满足大学生创新创业需求的校外实践教学基地； 4. 建有创新创业教育的实践教学信息化平台。
	活动体系 （4分）	1. 积极举办创新创业讲座、论坛、各类科技创新、创意设计、创新创业计划等各类活动； 2. 深入实施大学生创新创业能力提升行动计划、大学生创新创业训练计划、新苗人才计划等各类项目。
	服务指导 （4分）	1. 为学生开展课题研究、学科竞赛、项目训练提供专门化的服务指导，为自主创业学生实行持续帮扶、全程指导、一站式服务； 2. 开设创业模拟、创业技能培训等服务； 3. 提供丰富实用、及时更新的学生创新创业信息服务。
	文化氛围 （4分）	1. 经常性举办大学生创新创业宣传活动，挖掘树立大学生成功创新创业典型，营造氛围浓厚的创新创业文化； 2. 建立大学生创新创业社团组织，开展各类创新创业教育活动； 3. 利用各类媒体，多渠道、全方位宣传和展示创新创业教育成果。

续表

一级指标	二级指标	具体内涵
三、培养体系 （50分）	学术研究 （4分）	1. 重视创新创业教育理论与实践研究，设有创新创业教育教学研究项目，并给予一定的经费支持； 2. 承担各类创新创业教育科研项目，公开发表相关论文、著作等研究成果； 3. 积极开展学术交流，掌握国内外创新创业教育动态和趋势。
	社会服务 （4分）	对接政府、行业企业需求，开展面向社会的各类人才培训、科技成果转化、项目孵化等服务。
四、工作成效 （10分）	学生满意度 （2分）	毕业一年后学生对学校的总体满意度。
	自主创业率 （1分）	毕业一年后学生自主创业率。
	教学成果 （3分）	1. 获得各类创新创业教育教学成果奖； 2. 建成各类创新创业教育（在线）精品课程； 3. 出版各类创新创业教育优秀教材。
	典型案例 （2分）	1. 形成相对稳定且能够在高校间推广的有特色、具有示范效应的机制或举措； 2. 学生参与创业实践的人数逐年增加，在各类创新创业大赛中成绩突出，拥有一批成功创业典型。
	社会影响 （2分）	1. 省级及以上媒体专题报道或在省级及以上会议进行创新创业教育经验分享； 2. 举办全省或全国性的创新创业教育会议或论坛； 3. 典型经验被兄弟院校借鉴； 4. 创新创业教育工作受到上级部门的奖励或表彰。
五、特色创新 （20分）	特色创新 （20分）	学校在创新创业教育的工作机制、人才培养、课程教学、实习实训、服务指导等一个方面或几个方面，形成科学先进、广泛认同、具有学校特色的典型经验和举措，具有可复制、可推广的价值。

参考文献

About the GSB (http://www.gsb.stanford.edu/about/).

About-us (http://www.coneeect.eu/about.htm/).

Achcaoucaou, F., Guitart-Tarres, L., Miravitlles-Matamoros P., et al., "Competence Assessment in Higher Education: A Dynamic Approach", *Human Factors and Ergonomics in Manufacturing & Service Industries*, 2014, 24 (4): 454 –467.

Acs, Z. J., Audretsch, D. B., *Handbook of Entrepreneurship Research: An Interdisciplinary Survey and Introduction (International Handbook Series on Entrepreneurship)*, Springer-Verlag New York, Inc. 2003.

Alvord, S. H., Brown, L. D., Letts, C. W., "Social Entrepreneurship and Societal Transformation an Exploratory Study", *The Journal of Applied Behavioral Science*, 2004, 40 (3): 260 –282.

Anderson, A. R., Hardwick, J., "Collaborating for Innovation: the Socialised Management of Knowledge", *International Entrepreneurship and Management Journal*, 2017, 13 (4): 1181 –1197.

At Church, P. B., "Exploratory and Confirmatory Tests of the Big Five and Tellegen's Three-and Four-dimensional Models", *Journal of Personality and Social*, 1994, 66 (1).

Audretsch, D. B., Lehmann, E. E., Warning, S., "University Spillovers: Strategic Location and New Firm Performance", *Social Science Electronic Publishing*, 2003: 98 –123.

Augier, M., Teece, D. J., "Dynamic Capabilities and Multinational Enterprise: Penrosean Insights and Omissions", *Mir Management International Review*, 2007, 47 (2): 175 – 192.

Austin, J., Stevenson, H., Wei Skillern, J., "Social and Commercial Entrepreneurship: Same, Different, or Both?", *Entrepreneurship Theory and Practice*, 2006, 30 (1): 1 – 22.

Bacanak, A., "Teachers' Views about Science and Technology Lesson Effects on the Development of Students' Entrepreneurship Skills", *Kuram Ve Uygulamada Egitim Bilimleri*, 2013, 13 (1): 622 – 629.

Baggen, Y., Lans, T., Biemans, H., et al., "Fostering Entrepreneurial Learning On-the-Job: Evidence from Innovative Small and Medium-sized Companies in Europe", *European Journal of Education*, 2016, 51 (2SI): 193 – 209.

Basu, S., Sahaym, A., Howard, M. D., et al., "Parent Inheritance, Founder Expertise, and Venture Strategy: Determinants of New Venture Knowledge Impact ", *Journal of Business Venturing*, 2015, 30 (2): 322 – 337.

Bikse, V., Riemere, I., Rivza, B., *The Improvement of Entrepreneurship Education Management in Latvia*, Amsterdam: Elsevier Science Bv, 2013: 69 76.

Bikse, V., Riemere, I., *The Development of Entrepreneurial Competences for Students of Mathematics and the Science Subjects: The Latvian Experience*, Amsterdam: Elsevier Science Bv, 2013: 511 – 519.

Bischoff, K., Volkmann, C. K., Audretsch, D. B., "Stakeholder Collaboration in Entrepreneurship Education: An Analysis of the Entrepreneurial Ecosystems of European Higher Educational Institutions", *Journal of Technology Transfer*, 2017 (3): 1 – 27.

Boari, C., Riboldazzi, F., "How Knowledge Brokers Emerge and Evolve: The Role of Actors' Behaviour", *Research Policy*, 2014, 43 (4): 683 – 695.

Brennan, M., "Academic Entrepreneurship: An Exploratory Case Study", *International Journal of Entrepreneurial Behaviour & Research*, 2006, 12

（3）：144 - 164.

Brinckmann, J. , Salomo, S. , "Gemuenden H G. Financial Management Competence of Founding Teams and Growth of New Technology-Based Firms", *Entrepreneurship Theory and Practice*, 2011, 35 （2）：217 - 243.

Brockhaus, R. H. , "*Entrepreneurship Education: A Global View*", 2001.

Brush, C. G. , Duhaime, I. M. , Gartner, W. B. , et al. , "Doctoral Education in the Field of Entrepreneurship", *Journal of Management*, 2009, 29 （3）：309 - 331.

Burgers, J. H. , Jansen, J. , Van den Bosch, F. , et al. , "Structural Differentiation and Corporate Venturing: The Moderating Role of Formal and Informal Integration Mechanisms", *Journal of Business Venturing*, 2009, 24 （3SI）：206 - 220.

Burke, A. , van Stel, A. , "Entry and Exit in Disequilibrium", *Journal of Business Venturing*, 2014, 29 （1）：174 - 192.

Burke, P. J. , "Identity Processes and Social Stress. ", *American Sociological Review*, 1991, 56 （6）：836 - 849.

Carcamo-Solis, M. D. , Arroyo-Lopez, M. D. , Alvarez-Castanon, L. D. , et al. , "Developing Entrepreneurship in Primary Schools. The Mexican Experience of ' My First Enterprise: Entrepreneurship by Playing ' ", *Teaching and Teacher Education*, 2017, 64：291 - 304.

Cardon, M. S. , Wincent, J. , Singh, J. , et al. , "The Nature and Experience of Entrepreneurial Passion", *Academy of Management Review*, 2009, 34 （3）：511 - 532.

Chen, C. , Ibekwe-Sanjuan, F. , Hou, J. , "The Structure and Dynamics of Cocitation Clusters: A Multiple-perspective Cocitation Analysis", *Journal of the American Society for Information Science & Technology*, 2014, 61 （7）：1386 - 1409.

Chen, M. H. , Chang, Y. Y. , Wang, H. Y. , et al. , "Understanding Creative Entrepreneurs' Intention to Quit: The Role of Entrepreneurial Motivation, Creativity, and Opportunity", *Entrepreneurship Research Journal*, 2017, 7 （3）.

Cheung, C. K. , "Practicing Entrepreneurship Education for Secondary Pupils Through the Operation of a New Year Stall in Hong Kong", *Asia-Pacific Education Researcher*, 2008, 17 (1): 15 – 31.

Chirico, F. , Ireland, R. D. , Sirmon, D. G. , "Franchising and the Family Firm: Creating Unique Sources of Advantage through 'Familiness'", *Entrepreneurship Theory and Practice*, 2011, 35 (3SI): 483 – 501.

Chirico, F. , Salvato, C. , "Knowledge Internalization and Product Development in Family Firms: When Relational and Affective Factors Matter", *Entrepreneurship Theory and Practice*, 2016, 40 (1): 201 – 229.

Chrisman, J. , "Faculty Entrepreneurship and Economic Development: The Case of the University of Calgary", *Journal Business Venturing*, 1995, 10 (4): 267 – 281.

Clarysse, B. , Wright, M. , Bruneel, J. , et al. , "Creating Value in Ecosystems: Crossing the Chasm Between, Knowledge and Business Ecosystems", *Research Policy*, 2014, 43 (7): 1164 – 1176.

Clarysse, B. , "The Impact of Entrepreneurial Capacity, Experience and Organizational Support on Academic Entrepreneurship", *Research Policy*, 2011, 40.

Cohen, J. , "Weighted Kappa: Nominal Scale Agreement Provision for Scaled Disagreement or Partial Credit ", *Psychological Bulletin*, 1968, 70 (4): 213 – 220.

Cohen, B. , "Sustainable Valley Entrepreneurial Ecosystems", *Business Strategy and the Environment*, 2006 (1): 1 – 14.

Cohen, "Links and Impacts: The Influence of Public Research on Industrial R&D", *Management Science*, 2002, 48 (1): 1 – 23.

Colombo, M. G. , Grilli, L. , "On Growth Drivers of High-tech Start-ups: Exploring the Role of Founders' Human Capital and Venture Capital", *Journal of Business Venturing*, 2010, 25 (6): 610 – 626.

Colombo, M. , "The Professional Socialization of Teachers: From a Functional to a Creative approach", *Worcester Papers in Education*, 2004.

Colyvas, J. A. , Snellman, K. , Bercovitz, J. , et al. , "Disentangling Effort and Performance: A Renewed Look at Gender Differences in Commercializing Medical School Research", *Journal of Technology Transfer*, 2012, 37 (4): 478 – 489.

Colyvas, Powell, "From Vulnerable to Venerated: The Institutionalization of Academic Entrepreneurship in the Life Sciences", *Research in the Sociology of Organizations*, 2007 (25): 219 – 259.

Colyvas, "From Divergent Meanings to Common Practices: The Early Institutionalization of Technology Transfer in the Life Sciences at Stanford University", *Research Policy*, 2007 (36): 456 – 476.

Coup, E. T., "Science is Golden: Academic R&D and University Patents", *Journal of Technology Transfer*, 1998 (28): 31 – 46.

Courpasson, D., Dany, F., Marti, I., "Organizational Entrepreneurship as Active Resistance: A Struggle Against Outsourcing", *Entrepreneurship Theory and Practice*, 2016, 40 (1): 131 – 160.

Covin, J. G., Garrett, R. P., Kuratko, D. F., et al., "Value Proposition Evolution and the Performance of Internal Corporate Ventures", *Journal of Business Venturing*, 2015, 30 (5): 749 – 774.

Czarnitzki, D., "Is there a Trade-off Between Academic Research and Faculty Entrepreneurship? Evidence from US NIH Supported Biomedical Researchers", *Economics of Innovation and New Technology*, 2010, 19 (5): 505 – 520.

D. Este, P., Mahdi, S., Neely, A., "Academic Entrepreneurship: What are the Factors Shaping the Capacity of Academic Researchers to Identify and Exploit Entrepreneurial Opportunities", *Danish Research Unit for Industrial Dynamics Working Paper No. 10*, 2010, 5.

Daghbashyan, Z., Harsman, B., "University Choice and Entrepreneurship", *Small Business Economics*, 2014, 42 (4SI): 729 – 746.

Dahlstedt, M., Fejes, A., "Shaping Entrepreneurial Citizens: A Genealogy of Entrepreneurship Education in Sweden", *Critical Studies in Education*, 2017 (1): 1 – 15.

De Clercq, D., Sapienza, H. J., Yavuz, R. I., et al., "Learning and

Knowledge in Early Internationalization Research: Past Accomplishments and Future Directions", *Journal of Business Venturing*, 2012, 27 (1): 143 – 165.

Dees, J. G., "The Meaning of Social Entrepreneurship", *Kauffman Center for Entrepreneurial Leadership*, 1998.

D'Este, P., "Inventors and Entrepreneurs in Academia: What Types of Skills and Experience Matter?", *Technovation*, 2012, 32 (5): 293 – 303.

Deveci, I., "Perceptions and Competence of Turkish Pre-service Science Teachers with Regard to Entrepreneurship", *Australian Journal of Teacher Education*, 2016, 41 (5): 153 – 170.

Di Gregorio, . D, Shane, S., "Why do Some Universities Generate More Start-ups Than Others?", *Research Policy*, 2003, 32 (2): 209 – 227.

Doh, S., Kim, B., "Government Support for SME Innovations in the Regional Industries: The Case of Government Financial Support Program in South Korea", *Research Policy*, 2014, 43 (9): 1557 – 1569.

Donaldson, Townsend, "Higher Education Journals' Discourse about Adult Undergraduate Students", *Journal of Higher Education*, 2007, 78 (1): 27 – 50.

Drori, I., Manos, R., Santacreu-Vasut, E., et al., "Language and Market Inclusivity for Women Entrepreneurship: The Case of Microfinance", *Journal of Business Venturing*, 2018, 33 (4): 395 – 415.

Dutta, D. K., Gwebu, K. L., Wang, J., "Personal Innovativeness in Technology, Related Knowledge and Experience, and Entrepreneurial Intentions in Emerging Technology Industries: A Process of Causation or Effectuation?", *International Entrepreneurship and Management Journal*, 2015, 11 (3): 529 – 555.

Eisenhardt, K. M., "Building Theories from Case Study Research", *Academy of Management Review*, 1989, 14 (4): 532 – 550.

Engelen, A., Kube, H., Schmidt, S., et al., "Entrepreneurial Orientation in Turbulent Environments: The Moderating Role of Absorptive Capacity", *Research Policy*, 2014, 43 (8): 1353 – 1369.

Englund, H. , Frostenson, M. , "Managing Performance Evaluation Uncertainties in Schools: When Teachers Become Struggling Performers", *European Educational Research Journal*, 2017, 16 (6SI): 885 – 906.

Etzkowitz, H. , "Research Groups as 'Quasi-firms': The Invention of the Entrepreneurial University", *Research Policy*, 2003, 32 (1): 109 – 121.

European Commission, Entrepreneurship Education: Enabling Teachers as a Critical Success Factor (http: //ec. europa. eu/DocsRoom/documents/9272/attachments/1/translations/en/renditions/pdf/).

European Commission, Entrepreneurship Education: A Guide for Educators (http: //ec. europa. eu/DocsRoom/documents/7465/attachments/1/translations/en/renditions/pdf/p. 19/).

European Commission, Rethinking Education: Investing in Skills for Better Socio-Economic Outcomes (http: //ec. europa. eu/transparency/regdoc/rep/1/2012/EN/1 – 2012 – 669 – EN – F1 – 1. pdf /).

Eurydice, National Testing of Pupils in Europe: Objectives, Organisation and Use of Results (http: //eacea. ec. europa. eu/education/eurydice/documents/ thematic_ reports/109en. pdf/).

Fernandez-Oliveras, A. , Oliveras, M. L. , *Broadening Teacher Training: Playful Learning in Non-formal Contexts for Science and Mathematics Education*, Nicosia: Future Acad, 2016: 162 – 171.

Ferreira, J. J. , Fernandes, C. I. , Peris-Ortiz, M. , " How Agents, Resources and Capabilities Mediate the Effect of Corporate Entrepreneurship on Multinational Firms' Performance", *European Journal of International Managementt*, 2018, 12 (3): 255 – 277.

Fiet, J. O. , "The Pedagogical Side of Entrepreneurship Theory", *Journal of Business Venturing*, 2001, 16 (2): 101 – 117.

Fortunato, M. , McLaughlin, D. K. , "Interaction and Purpose in Highly Entrepreneurial Communities", *Entrepreneurship Research Journal*, 2012, 2 (1) .

Galvão, A. , Ferreira, J. J. , Marques, C. , " Entrepreneurship Education and Training as Facilitators of Regional Development: A Systematic Litera-

ture Review", *Journal of Small Business & Enterprise Development*, 2017
(2): 17 – 35.

Garcia-Rodriguez, F. J. , Gil-Soto, E. , Ruiz-Rosa, I. , et al. , "Entrepre-
neurial Intentions in Diverse Development Contexts: A Cross-cultural Com-
parison Between Senegal and Spain", *International Entrepreneurship and
Management Journal*, 2015, 11 (3): 511 – 527.

Garcia-Sanchez, E. , Garcia-Morales, V. , Martin-Rojas, R. , "Analysis of
the Influence of the Environment, Stakeholder Integration Capability, Ab-
sorptive Capacity, and Technological Skills on Organizational Performance
Through Corporate Entrepreneurship", *International Entrepreneurship and
Management Journal*, 2018, 14 (2): 345 – 377.

Garud, R. , Gehman, J. , Giuliani, A. P. , "Contextualizing Entrepreneur-
ial Innovation: A Narrative Perspective", *Research Policy*, 2014, 43
(7): 1177 – 1188.

Gibb, A. , "In Pursuit of a New 'Enterprise' and 'Entrepreneurship' Para-
digm for Learning: Creative Destruction, New Values, New Ways of Doing
Things and New Combinations of Knowledge", *International Journal of Man-
agement Reviews*, 2002, 4 (3): 233 – 269.

CLASSMAN, "Academic Entrepreneurship-Views on Balancing the Acropolis
and the Agora", *Journal of Management*, 2003, 12 (4): 353 – 374.

Global Entrepreneurship Monitor (http: //www. gemconsortium. org/).

Gorman, G. , Hanlon, D. , King, W. , "Some Research Perspectives on
Entrepreneurship Education, Enterprise Education and Education for Small
Business Management: A Ten-Year Literature Review", *International Small
Business Journal*, 1997, 15 (3): 56 – 77.

Gregorio, D. D. , Shane, S. , "Why do Some Universities Generate More
Start-ups than Others?", *Research Policy*, 2003, 32 (2): 209 – 227.

Gregov, Z. , Cvitanovic, V. , Zanic, V. , "The Analysis of Certified Teach-
ers/Trainers of Entrepreneurship in Croatia", *5th International Scientific
Conference Entrepreneurship and Macroeconomic Management: Reflections on
the World in Turmoil*, Vol 1, 2011: 433 – 455.

Guerzoni, M., Aldridge, T. T., Audretsch, D. B., et al., "A New Industry Creation and Originality: Insight from the Funding Sources of University Patents", *Research Policy*, 2014, 43 (10): 1697 – 1706.

Gulbrandsen, M., Smeby, J. C., "Industry Funding and University Professors' Research Performance", *Research Policy*, 2005, 34 (6): 932 – 950.

Gurau, C., Dana, L., Lasch, F., "Academic Entrepreneurship in UK Biotechnology Firms: Alternative Models and the Associated Performance", *Journal of Enterprising Communities: People and Places in the Global Economy*, 2012, 6 (2): 154 – 168.

Hargreaves, A., "Development and Desire: A Postmodern Perspective", *Activism*, 1994: 51.

Hartley, M., Morphew, C. C., "What's Being Sold and To What End? A Content Analysis of College Viewbooks", *Journal of Higher Education*, 2008, 79 (6): 671.

Heinonen, J. and Poikkijoki, S., "An Entrepreneurial-directed Approach to Entrepreneurship Education: Mission Impossible?", *Journal of Management Development*, 2006 (25): 80 – 94.

Hietanen, L., "Entrepreneurial Learning Environments: Supporting or Hindering Diverse Learners?", *Education and Training*, 2015, 57 (5): 512 – 531.

Hoelzl, W., Janger, J., "Distance to the Frontier and the Perception of Innovation Barriers Across European Countries", *Research Policy*, 2014, 43 (4): 707 – 725.

Hsieh, C., "Do the Self-Employed More Likely Emerge From Sequential or Parallel Work Experience in Business-Related Functions?", *Entrepreneurship Theory and Practice*, 2016, 40 (2): 307 – 334.

Huggins, R., Thompson, P., "Entrepreneurship and Community Culture: A Place-Based Study of Their Interdependency", *Entrepreneurship Research Journal*, 2012, 2 (1).

Huq, Afreen Gilbert, David, "All the World's a Stage: Transforming Entrepreneurship Education through Design Thinking.", *Education & Training*,

2017, 59 (2): 155 – 170.

Hussler, C. , Piccard, F. , Tang, M. F. , "Taking the Ivory from the Tower to Coat the Economic World: Regional Strategies to Make Science Useful", *Technovation*, 2010, 30: 508 – 518.

Hyytinen, A. , Pajarinen, M. , Rouvinen, P. , "Does Innovativeness Reduce Startup Survival Rates?", *Journal of Business Venturing*, 2015, 30 (4): 564 – 581.

Jack, S. L. , Anderson, A. R. , "The Effects of Embeddedness on the Entrepreneurial Process", *Journal of Business Venturing*, 2002, 17 (5): 467 – 487.

Jacobsson, S. , Lindholm-Dahlstrand, A. , Elg, L. , "Is the Commercialization of European Academic R&D Weak? -A Critical Assessment of a Dominant Belief and Associated Policy Responses", *Research Policy*, 2013, 42 (4): 874 – 885.

Jarvi, A. , Taajamaa, V. , Hyrynsalmi, S. , *Lean Software Startup-An Experience Report from an Entrepreneurial Software Business Course*, Berlin: Springer-Verlag Berlin, 2015: 230 – 244.

Jensen, R. , Thursby, M. , "Facilitating Academic Entrepreneurship", *Analysis*, 2013 (5): 1 – 17.

Jones, R. , Latham, J. , Betta, M. , "Narrative Construction of the Social Entrepreneurial Identity", *International Journal of Entrepreneurial Behaviour & Research*, 2008, 14 (5): 330 – 345.

Kelley, D. J. , Peters, L. , O'Connor, G. C. , "Intra-organizational Networking for Innovation-based Corporate Entrepreneurship", *Journal of Business Venturing*, 2009, 24 (3SI): 221 – 235.

Khavul, S. , Perez-Nordtvedt, L. , Wood, E. , "Organizational Entrainment and International New Ventures from Emerging Markets", *Journal of Business Venturing*, 2010, 25 (1): 104 – 119.

Kirby, D. A. , "Creating Entrepreneurial Universities in the UK: Applying Entrepreneurship Theory to Practice", *Journal of Technology Transfer*, 2006, 31 (5): 599 – 603.

Klofsten, M., Jones-Evans, D., "Comparing Academic Entrepreneurship in Europe— The Case of Sweden and Ireland", *Small Business Economics*, 2000, 14 (4): 299 – 309.

Korhonen, M., Komulainen, K., Raty, H., et al., "Do "Good Students' Make Better Entrepreneurs Than" Bad Learners'? Ninth-grade Pupils' Perceptions of Entrepreneurial Abilities within the School's Discursive Practices", *European Educational Research Journal*, 2016, 15 (2): 175 – 192.

Krasniqi, B. A., Mustafa, M., "Small firm Growth in a Post-conflict Environment: The Role of Human Capital, Institutional Quality, and Managerial Capacities", *International Entrepreneurship and Management Journal*, 2016, 12 (4): 1165 – 1207.

Kreiser, P. M., Patel, P. C., Fiet, J. O., "The Influence of Changes in Social Capital on Firm-Founding Activities", *Entrepreneurship Theory and Practice*, 2013, 37 (3SI).

Kreiser, P. M., "Entrepreneurial Orientation and Organizational Learning: The Impact of Network Range and Network Closure", *Entrepreneurship Theory and Practice*, 2011, 35 (5): 1025 – 1050.

Krippendorff, K., "Reliability in Content Analysis-Some Common Misconceptions and Recommendations", *Human Communication Research*, 2004, 30 (3): 411 – 433.

Krueger, N. F., Reilly, M. D., Carsrud, A. L., "Competing Models of Entrepreneurial Intentions", *Journal of Business Venturing*, 2000, 15 (5 – 6): 411 – 432.

Kungwansupaphan, C., Siengthai, S., "Exploring Entrepreneurs' Human Capital Components and Effects on Learning Orientation in Early Internationalizing Firms", *International Entrepreneurship and Management Journal*, 2014, 10 (3SI): 561 – 587.

Kuratko, D. F., "The Emergence of Entrepreneurship Education: Development, Trends, and Challenges", *Entrepreneurship Theory & Practice*, 2010, 29 (5): 577 – 598.

Lackeus, M. , Lundqvist, M. , Middleton, K. W. , "Bridging the Tradition-al-progressive Education Rift Through Entrepreneurship", *International Journal of Entrepreneurial Behaviour & Research*, 2016, 22 (6): 777 – 803.

Lam, A. , "What Motivates Academic Scientists to Engage in Research Commercialization 'Gold', 'Ribbon' or 'Puzzle'?", *Research Policy*, 2011 (40): 1354 – 1368.

Lee, K. , Hebaishi, G. , Hope, J. , "The Role of Senior Management in Developing and Achieving A Successful Enterprise Education Programme?", *Education and Training*, 2015, 57 (7): 791 – 811.

Levie, J. , Autio, E. , "A Theoretical Grounding and Test of the GEM Model", *Small Business Economics*, 2008, 31 (3): 235 – 263.

Leyden, D. P. , Link, A. N. , Siegel, D. S. , "A Theoretical Analysis of the Role of Social Networks in Entrepreneurship", *Research Policy*, 2014, 43 (7): 1157 – 1163.

Link, Siegel, D. S. , "University-based Technology Initiatives: Quantitative and Qualitative Evidence", *Research Policy*, 2005, 253 – 257 (34).

Louis, K. S. , Blumenthal, D. , Gluck, M. E. , et al. , "Entrepreneurs in Academe: An Exploration of Behaviors Among life Scientists", *Administrative Science Quarterly*, 1989, 34 (1): 110 – 131.

Machin, A. I. , Machin, T. , Pearson, P. , "Maintaining Equilibrium in Professional Role Identity: A Grounded Theory Study of Health Visitors' Perceptions of Their Changing Professional Practice Context. ", *Journal of Advanced Nursing*, 2012, 68 (7): 1526 – 1537.

Mair, J. , Marti, I. , "Social Entrepreneurship Research: A Source of Explanation, Prediction, and Delight", *Journal of World Business*, 2006, 41 (1): 36 – 44.

Majumdar, S. , " 'How do they Plan for Growth in Auto Component Business?' -A Study on Small Foundries of Western India", *Journal of Business Venturing*, 2010, 25 (3): 274 – 289.

Mark Marich, Entrepreneurship Education Increasing in American Schools (http: //www. kauffman. org/blogs/policy – dialogue/2015/november/entrepreneurship – education – increasing – in – american – schools).

Mars, M. , "Academic Entrepreneurship (Re) Defined: Significance and Implications for the Scholarship of Higher Education", *Higher Education*, 2010, 59: 441 –460.

Martin, B. C. , Mcnally, J. J. , Kay, M. J. , "Examining the Formation of Human Capital in Entrepreneurship: A Meta-analysis of Entrepreneurship Education Outcomes", *Journal of Business Venturing*, 2013, 28 (2): 211 –224.

Martin, M. , Picazo, M. , Navarro, J. , "Entrepreneurship, Income Distribution and Economic Growth", *International Entrepreneurship and Management Journal*, 2010, 6 (2SI): 131 –141.

Martin, R. L. , Osberg, S. , "Social Entrepreneurship: The Case for Definition", *Stanford Social Innovation Review*, 2007, 5 (2): 28 –39.

Martinez, A. B. , Galvan, R. S. , Palacios, T. , "An Empirical Study About Knowledge Transfer, Entrepreneurial Orientation and Performance in Family Firms", *European Journal of International Management*, 2016, 10 (5SI): 534 –557.

Martinez, C. , Cummings, M. E. , Vaaler, P. M. , "Economic Informality and the Venture Funding Impact of Migrant Remittances to Developing Countries", *Journal of Business Venturing*, 2015, 30 (4): 526 –545.

Martin-Rojas, R. , Fernandez-Perez, V. , Garcia-Sanchez, E. , "Encouraging Organizational Performance Through the Influence of Technological Distinctive Competencies on Components of Corporate Entrepreneurship", *International Entrepreneurship and Management Journal*, 2017, 13 (2): 397 –426.

Marvel, M. R. , Davis, J. L. , Sproul, C. R. , "Human Capital and Entrepreneurship Research: A Critical Review and Future Directions", *Entrepreneurship Theory And Practice*, 2016, 40 (3): 599 –626.

Mercelis, J. , Galvez-Behar, G. , Guagnini, A. , "Commercializing Science: Nineteenth-and Twentieth-century Academic Scientists as Consultants, Patentees, and Entrepreneurs", *History And Technology*, 2017, 33 (1SI):

4 – 22.

Meuleman, M. , Amess, K. , Wright, M. , et al. , "Agency, Strategic Entrepreneurship, and the Performance of Private Equity-Backed Buyouts", *Entrepreneurship Theory And Practice*, 2009, 33 (1): 213 – 239.

Meyer, G. D. , "The Reinvention of Academic Entrepreneurship", *Journal of Small Business Management*, 2011, 49 (1SI): 1 – 8.

Middleton, K. W. , Donnellon, A. , "Personalizing Entrepreneurial Learning: A Pedagogy for Facilitating the Know Why", *Entrepreneurship Research Journal*, 2014, 4 (2): 167 – 204.

Mishra, C. S. , Zachary, R. K. , "The Theory of Entrepreneurship", *Entrepreneurship Research Journal*, 2015, 5 (4): 251 – 268.

Mishra, C. S. , "Entrepreneurial Orientation", *Entrepreneurship Research Journal*, 2017, 7 (4).

Monferrer, D. , Blesa, A. , Ripolles, M. , "Catching Dynamic Capabilities Through Market-oriented Networks", *European Journal of International Management*, 2015, 9 (3): 384 – 408.

Muniz, J. , Suarez-Alvarez, J. , Pedrosa, I. , et al. , "Enterprising Personality Profile in Youth: Components and Assessment", *Psicothema*, 2014, 26 (4): 545 – 553.

Muzychenko, O. , "Competence-based Approach to Teaching International Opportunity Identification: Cross-cultural Aspects", *European Journal of International Management*, 2008, 2 (4): 418 – 436.

Nabi, G. , Linan, F. , Krueger, N. , et al. , "The Impact of Entrepreneurship Education in Higher Education: A Systematic Review and Research Agenda", *Academy of Management Learning & Education*, 2016, 16 (2): 277 – 299.

Neck, H. M. , Greene, P. G. , "Entrepreneurship Education: Known Worlds and New Frontiers", *Journal of Small Business Management*, 2011, 40 (2): 9 – 21.

Necker, S. , "Scientific Misbehavior in Economics", *Research Policy*, 2014, 43 (10): 1747 – 1759.

Neto, R., Rodrigues, V. P., Panzer, S., "Exploring the Relationship Between Entrepreneurial Behavior and Teachers' Job Satisfaction", *Teaching and Teacher Education*, 2017, 63: 254 – 262.

Neto, R., Rodrigues, V. P., Stewart, D., et al., "The Influence of Self-efficacy on Entrepreneurial Behavior Among K – 12 Teachers", *Teaching and Teacher Education*, 2018, 72: 44 – 53.

Nicolaou, N., Shane, S., "Entrepreneurship and Occupational Choice: Genetic and Environmental Influences", *Journal of Economic Behavior & Organization*, 2010, 76 (1SI): 3 – 14.

Olmos-Penuela, J., Castro-Martinez, E., D'Este, P., "Knowledge Transfer Activities in Social Sciences and Humanities: Explaining the Interactions of Research Groups with Non-academic Agents", *Research Policy*, 2014, 43 (4): 696 – 706.

Ona, R., Paredes, B., Velastegui, A., et al., "Measurement of the Entrepreneurial Attitude in the Students of the Central University of Ecuador", *Revista Publicando*, 2017, 4 (111): 422 – 434.

Oosterbeek, H., Van Praag, M., Ijsselstein, A., "The Impact of Entrepreneurship Education on Entrepreneurship Competencies and Intentions: An Evaluation of the Junior Achievement Student Mini-Company Program", *Ssrn Electronic Journal*, 2008, ti 2008 – 038/3 (3): 442 – 454.

O'shea, R., Thomas J. Allen, O'gorman, C., et al., "Universities and Technology Transfer: A Review of Academic Entrepreneurship Literature", *Irish Journal of Management*, 2004, 25 (2): 11 – 29.

Owen-Smith, J., Powell, W., "The Expanding Role of University Patenting in the Life Sciences: Assessing the Importance of Experience and Connectivity", *Research Policy*, 2003, 32 (9): 1695 – 1711.

Owen-Smith, J., Powell, W., "Knowledge Networks as Channels and Conduits: The Effects of Spillovers in the Boston Biotechnology Community", *Organization Science*, 2004, 15 (1): 5 – 21.

Owen-Smith, J., Powell, W., "To Patent or Not: Faculty Decisions and Institutional Success at Technology Transfer", *The Journal of Technology*

Transfer, 2001, 26 (1 - 2): 99 - 114.

Owen-Smith, J., Riccaboni, M., "A Comparison of U. S. and European U-niversity-Industry Relations in the Life Sciences", 2002, 48 (1): 24 - 43.

Padilla-Melendez, A., Fernandez-Gamez, M. A., Molina-Gomez, J., "Feeling the Risks: Effects of the Development of Emotional Competences with Outdoor Training on the Entrepreneurial Intent of University Students", *International Entrepreneurship and Management Journal*, 2014, 10 (4): 861 - 884.

Parida, V., Lahti, T., Wincent, J., "Exploration and Exploitation and Firm Performance Variability: A Study of Ambidexterity in Entrepreneurial Firms", *International Entrepreneurship and Management Journal*, 2016, 12 (4): 1147 - 1164.

Payne, P. G., "Critical Curriculum Theory and Slow Ecopedagogical Activism", *Australian Journal of Environmental Education*, 2015, 31 (2): 165 - 193.

Peltonen, K., "How Can Teachers' Entrepreneurial Competences be Developed? A Collaborative Learning Perspective", *Education and Training*, 2015, 57 (5): 492 - 511.

Performance-Management (https://cardinalatwork. stanford. edu/learning - stanford/performance - management).

Perkmann, M., Tartari, V., Mckelvey, M., et al., "Academic Engagement and Commercialisation: A Review of the Literature on University-industry Relations", *Social Science Electronic Publishing*, 2013, 42 (2): 423 - 442.

Phillips, W., Lee, H., Ghobadian, A., et al., "Social Innovation and Social Entrepreneurship: A Systematic Review", *Group & Organization Management*, 2015, 40 (3): 428 - 461.

Philpott, K., "The Entrepreneurial University: Examining the Underlying Academic Tensions", *Technovation*, 2011, 31: 161 - 170.

Pihie, Z., Bagheri A., *Teachers "and Students" Entrepreneurial Self-efficacy:*

Implication for Effective Teaching Practices, Amsterdam: Elsevier Science Bv, 2011.

P. J. Burke, J. E. Stets, "Trust and Commitment through Self-Verification", *Social Psychology Quarterly*, 1999, 62 (4): 347 – 366.

Pless, N. M., "Social Entrepreneurship in Theory and Practice—An Introduction", *Journal of Business Ethics*, 2012: 1 – 4.

Qian, H., Acs, Z. J., "An Absorptive Capacity Theory of Knowledge Spillover Entrepreneurship", *Small Business Economics*, 2013, 40 (2): 185 – 197.

Rasmussen, E., Borch, O. J., "University Capabilities in Facilitating Entrepreneurship A Longitudinal Study of Spin-off Ventures at Mid-range Universities", *Research Policy*, 2010 (39): 602 – 612.

Rauch, A., Wiklund, J., Lumpkin, G. T., et al., "Entrepreneurial Orientation and Business Performance: An Assessment of Past Research and Suggestions for the Future", *Entrepreneurship Theory & Practice*, 2010, 33 (3): 761 – 787.

RezaeiZadeh, M., Hogan, M., O'Reilly, J., et al., "Core Entrepreneurial Competencies and Their Interdependencies: Insights from a Study of Irish and Iranian Entrepreneurs, University Students and Academics", *International Entrepreneurship and Management Journal*, 2017, 13 (1): 35 – 73.

Roberts, B. W., Wood, D., *Personality Development in the Context of the Neo-Socioanalytic Model of Personality*, Lawrence Erlbaum Associates Publishers, 2006.

Robinson, L., "Endowed, Entrepreneurial, and Empowered-Strivers: Doing A Lot with a Lot, Doing a Lot with a Little", *Information Communication & Society*, 2014, 17 (5): 521 – 536.

Robinson, S., Neergaard, H., Tanggaard, L., et al., "New Horizons in Entrepreneurship: From Teacher-led to Student-centered Learning", *Education and Training*, 2016, 58 (7 – 8): 661 – 683.

Rodriguez-Gulias, M. J., Rodeiro-Pazos, D., Fernandez-Lopez, S., "The Effect of University and Regional Knowledge Spillovers on Firms' Performance: An Analysis of the Spanish USOs", *International Entrepreneurship and Management Journal*, 2017, 13 (1): 191 –209.

Ronkko, M. L., Lepisto, J., "Finnish Student Teachers' Critical Conceptions of Entrepreneurship Education", *Journal of Enterprising Communities-People and Places of Global Economy*, 2015, 9 (1SI): 61 –75.

Rothaermel, F. T., Agung, S. D., Jiang, L., "University Entrepreneurship: A Taxonomy of the Literature", *Industrial & Corporate Change*, 2006, 16 (4): 691 –791.

Shane, S., "Academic Entrepreneurship: University Spinoffs and Wealth Creation", *Edward Elgar*, 2004.

Sachs, J., "Teacher Professional Identity: Competing Discourses, Competing Outcomes", *Journal of Education Policy*, 2001, 16 (2): 149 –161.

Sanchez-Barrioluengo, M., "Articulating the 'Three-missions' in Spanish Universities", *Research Policy*, 2014, 43 (10): 1760 –1773.

Savetpanuvong P, Pankasem P, "Entrepreneurial University Model: A Theoretical Perspectives on Strategy, Entrepreneurship, and Innovation", *2014 Ieee International Conference on Management of Innovation and Technology (Icmit 2014)*, 2014: 242.

Scaringella, L., "Knowledge, Knowledge Dynamics, and Innovation Exploration of the Internationalization of a Multinational Corporation", *European Journal of Innovation Management*, 2016, 19 (3): 337 –361.

Schumpeter, J. A., Nichol, A. J., "Robinson's Economics of Imperfect Competition", *Journal of Political Economy*, 1934, 42 (2): 249 –259.

Shane, S., Khurana, R., "Bringing Individuals Back in: The Effects of Career Experience on New Firm Founding", *Industrial and Corporate Change*, 2003, 12 (3): 519 –543.

Shea, O., "Universities Technology Transfer: A Review of Academic Entrepreneurship Literature", *Irish Journal of Management*, 2004, 25 (2): 11 –29.

Siegel, D. S., Waldman, D. A., Atwater, L. E., et al., "Commercial Knowledge Transfers from Universities to Firms: Improving the Effectiveness of University-industry Collaboration", *The Journal of High Technology Management Research*, 2003, 14 (1): 111 – 133.

Siegel, D. S., Waldman, D. A., Atwater, L. E., et al., "Toward a Model of the Effective Transfer of Scientific Knowledge from Academicians to Practitioners: Qualitative Evidence from the Commercialization of University Technologies", *Journal of Engineering and Technology Management*, 2004, 21 (1): 115 – 142.

Simatupang, T. M., Schwab, A., & Lantu, D. C., "Building Sustainable Entrepreneurship Ecosystems", *International Journal of Entrepreneurship and Small Business*, 2015 (4): 389 – 398.

Sobel, R. S., King, K. A., "Does School Choice Increase the Rate of Youth Entrepreneurship?", *Economics of Education Review*, 2008, 27 (4): 429 – 438.

Social-Entrepreneurship (http: //research. chicagobooth. edu/sei/students/making – an – impact/social – entrepreneurship).

Social-Entrepreneurship (http: //businessresearcher. sagepub. com/sbr – 1645 – 97806 – 2707772/20151207/social – entrepreneurship).

Song, L., Augustine, D., Yang, J. Y., "Environmental Uncertainty, Prospector Strategy, and New Venture Performance: the Moderating Role of Network Capabilities", *International Entrepreneurship and Management Journal*, 2016, 12 (4): 1103 – 1126.

Sonnino, R., Griggs-Trevarthen, C., "A Resilient Social Economy? Insights from the Community Food Sector in the UK", *Entrepreneurship & Regional Development*, 2013, 25 (3 – 4): 272 – 292.

Souitaris, V., Zerbinati, S., Al-Laham, A., "Do Entrepreneurship Programmes Raise Entrepreneurial Intention of Science and Engineering Students? The Effect of Learning, Inspiration and Resources", *Journal of Business Venturing*, 2007, 22 (4): 566 – 591.

Sozuer, A., Altuntas, G., Semercioz, F., "International Entrepreneurship of Small Firms and Their Export Market Performance", *European Journal of International Management*, 2017, 11 (3SI): 365 – 382.

Spencer, L. M. , Spencer, S. M. , *Competence at Work*: *Models for Superior Performance*, *Wiley*, 1993.

Stam, W. , Elfring, T. , "Entrepreneurial Orientation and New Venture Performance: The Moderating Role of Intra-and Extraindustry Social Capital", *Academy of Management Journal*, 2008, 51 (1): 97 – 111.

Stryker, S. , Burke, P. J. , "The Past, Present, and Future of an Identity Theory", *Social Psychology Quarterly*, 2000, 63 (4): 284 – 297.

Studdard, N. , Darby, R. , "From Social Capital to Human Resource Development: A Cross Cultural Study of the Role of HRM in Innovation and Entrepreneurship in High Technology Organisations", *European Journal of International Management*, 2008, 2 (3): 333 – 355.

Su, X. , "Academic Scientists' Affiliation with University Research Centers: Selection Dynamics", *Research Policy*, 2014, 43 (2): 382 – 390.

Sugrue, C. , Solbrekke, T. D. , "Policy Rhetorics and Resource Neutral Reforms in Higher Education: Their Impact and Implications?", *Studies in Higher Education*, 2017, 42 (1): 130 – 148.

Tavassoli, S. , Bengtsson, L. , Karlsson, C. , "Strategic Entrepreneurship and Knowledge Spillovers: Spatial and Aspatial Perspectives", *International Entrepreneurship and Management Journal*, 2017, 13 (1): 233 – 249.

Teece, D. J. , *Dynamic Capabilities and Strategic Management*, Oxford University Press, 2009.

Teixeira, A. A. C. , Tavares-Lehmann, A. T. , "Human Capital Intensity in Technology-based Firms Located in Portugal: Does Foreign Ownership Matter?", *Research Policy*, 2014, 43 (4): 737 – 748.

Tight, M. , "Student Accommodation in Higher Education in the United Kingdom: Changing Post-war Attitudes", *Oxford Review of Education*, 2011, 37 (1): 109 – 122.

Todd Finkle, Entrepreneurship Education Trends (http//www. aabri. com/ manuscripts/08034. pdf/).

Tuunainen, J. , Knuuttila, T. , "Intermingling Academic and Business Activities: a New Direction for Science and Universities?", *Science*, *Technology*

& *Human Values*, 2009, 34 (6): 684 –704.

Ughetto, E., "Growth of Born Globals: the Role of the Entrepreneur's Personal Factors and Venture Capital", *International Entrepreneurship and Management Journal*, 2016, 12 (3): 839 –857.

Van Dam, K., Schipper, M., Runhaar, P., "Developing a Competency-based Framework for Teachers' Entrepreneurial Behaviour", *Teaching and Teacher Education*, 2010, 26 (4): 965 –971.

Van de Vrande, V., Vanhaverbeke, W., Duysters, G., "External Technology Sourcing: The Effect of Uncertainty on Governance Mode Choice", *Journal of Business Venturing*, 2009, 24 (1): 62 –80.

Van Gils, M., Rutjes, F., "Accelerating Chemical Start-ups in Ecosystems: the Need for Biotopes", *European Journal of Innovation Management*, 2017, 20 (1): 135 –152.

Van LOOY, B., "Entrepreneurial Effectiveness of European Universities An Empirical Assessment of Antecedents and Trade-offs", *Research Policy*, 2011, 40.

Vealey, K. P., Gerding, J. M., "Rhetorical Work in Crowd-Based Entrepreneurship: Lessons Learned From Teaching Crowdfunding as an Emerging Site of Professional and Technical Communication", *Ieee Transactions on Professional Communication*, 2016, 59 (4): 407 –427.

Viera, A. J., Garrett, J. M., "Understanding Interobserver Agreement: the Kappa Statistic", *Fam Med*, 2005, 37 (5): 360 –363.

Walsh, J., Huang, H., "Local Context, Academic Entrepreneurship and Open Science: Publication Secrecy and Commercial Activity Among Japanese and US Scientists", *Research Policy*, 2014, 43 (1): 245 –260.

Weidman, J. C., "Changing Governance and Management in Higher Education: the Perspectives of the Academy", *Higher Education*, 2014, 68 (2): 325 –327.

West, J., Salter, A., Vanhaverbeke W, et al, "Open Innovation: The Next Decade Introduction", *Research Policy*, 2014, 43 (5SI): 805 –811.

Wijnker, M. , van Kasteren, H. , Romijn, H. , "Fostering Sustainable Energy Entrepreneurship Among Students: The Business Oriented Technological System Analysis (BOTSA) Program at Eindhoven University of Technology", *Sustainability*, 2015, 7 (7): 8205 – 8222.

Wilkins, C. , "Education Reform in England: Quality and Equity in the Performative School", *International Journal of Inclusive Education*, 2015, 19 (11SI): 1143 – 1160.

Williams, C. C. , Nadin, S. J. , "Beyond the Entrepreneur as a Heroic Figurehead of Capitalism: Re-representing the Lived Practices of Entrepreneurs", *Entrepreneurship & Regional Development*, 2013, 25 (7 – 8): 552 – 568.

Wood, M. S. , "A Process Model of Academic Entrepreneurship", *Business Horizons*, 2011 (54): 153 – 161.

Wood, M. S. , "Does One Size Fit All The Multiple Organizational Forms Leading to Successful Academic Entrepreneurship", *Entrepreneurship Theory and Practice*, 2009 (7): 929 – 945.

Wood, M. S. , "Does One Size Fit All? The Multiple Organizational Forms Leading to Successful Academic Entrepreneurship", *Entrepreneurship Theory and Practice*, 2009, 33 (4): 929 – 947.

Wright, M. , Birley, S. , Mosey, S. , "Entrepreneurship and University Technology Transfer", *Journal of Technology Transfe*, 2004, 29 (3 – 4): 235 – 246.

Wright, M. , Clarysse, B. , Mosey, S. , "Strategic Entrepreneurship, Resource Orchestration and Growing Spin-offs from Universities", *Technology Analysis & Strategic Management*, 2012, 24 (9SI): 911 – 927.

Yin, R. K. , *Case Study Researeh: Design and Methods*, Thousands Oaks: Sage Publications, 2003.

Yusof, M. , "Categories of University-level Entrepreneurship: A Literature Survey", *International Entrepreneurship and Management*, 2010 (6): 81 – 96.

Zahra, S. A. , Filatotchev, I. , Wright, M. , "How do Threshold Firms Sustain Corporate Entrepreneurship? The Role of Boards and Absorptive Capacity", *Journal of Business Venturing*, 2009, 24 (3SI): 248 – 260.

Zahra, S. A., George, G., "Absorptive Capacity: A Review, Reconceptualization, and Extension", *Academy of Management Review*, 2002, 27 (2): 185 – 203.

Zahra, S. A., Hayton, J. C., "The Effect of International Venturing on Firm Performance: The Moderating Influence of Absorptive Capacity", *Journal of Business Venturing*, 2008, 23 (2): 195 – 220.

Zahra, S. and Nambisan, S., "Entrepreneurship in Global Innovation Ecosystems", *AMS Review*, 2011 (1): 4 – 17.

Zeichner, K., Pena-Sandoval, C., "Venture Philanthropy and Teacher Education Policy in the US: The Role of the New Schools Venture Fund", *Teachers College Record*, 2015, 117 (5).

Zhao, Y. B., Li, Y. A., Lee, S. H., et al., "Entrepreneurial Orientation, Organizational Learning, and Performance: Evidence from China", *Entrepreneurship Theory and Practice*, 2011, 35 (2): 293 – 317.

Zucker, L. G., Darby, M. R., Brewer, M. B., "Intellectual Human Capital and the Birth of U. S. Biotechnology Enterprises", *Nonprofit Policy Forum*, 1998, 88 (1): 290 – 306.

包水梅、杨冬：《美国高校创新创业教育发展的基本特征及其启示——以麻省理工学院、斯坦福大学、百森商学院为例》，《高教探索》2016 年第 11 期。

［美］伯顿·克拉克：《建立创业型大学：组织上转型的途径》，王承绪译，人民教育出版社 2003 年版。

蔡莉、赵镝、朱秀梅：《女性创业特性研究》，《科学学与科学技术管理》2005 年第 9 期。

曾骊、张中秋、刘燕楠：《高校创新创业教育服务"双创"战略需要协同发展》，《教育研究》2017 年第 1 期。

柴旭东、戚业国：《基于隐性知识的大学创业教育研究》，《高等教育研究》2014 年第 8 期。

常涛、廖建桥：《促进团队知识共享的激励机制有效性研究》，《科学管理研究》2008 年第 3 期。

常媛媛：《芬兰基础创业教育课程的实施经验与反思》，《外国教育研究》2015 年第 6 期。

陈艾华、吕旭峰、王晓婷：《研究型大学跨学科科研生产力提升机制实证研究》，《科研管理》2017 年第 11 期。

陈艾华：《研究型大学跨学科科研生产力研究》，博士学位论文，浙江大学，2011 年。

陈超美、陈悦、侯剑华等：《CiteSpace Ⅱ：科学文献中新趋势与新动态的识别与可视化》，《情报学报》2009 年第 3 期。

陈建安、曹冬梅、陶雅：《创业认同研究前沿探析与未来展望》，《外国经济与管理》2015 年第 12 版。

陈劲、王皓白：《社会创业与社会创业者的概念界定与研究视角探讨》，《外国经济与管理》2007 年第 8 版。

陈劲等：《学术型企业家初探》，《科学学与科学技术管理》2004 年第 8 期。

陈久奎、刘敏：《论我国高校教师专业发展及其培训》，《高等教育研究》2012 年第 11 期。

陈瑞英、顾征：《新世纪日本高校的创业教育：现状与课题》，《高等工程教育研究》2010 年第 2 期。

陈少雄：《大学创业教育生态系统培育策略研究——基于广东省高校的调查分析》，《教育发展研究》2014 年第 11 期。

陈寿灿、严毛新：《创业教育与专业教育融合的大商科创业型人才培养》，《中国高教研究》2017 年第 8 期。

《创业教育成全球高等教育的热点在于构建生态系统》，http：//www. xin-huanet. com/info/2016 - 07/29/c_ 135548752. htm。

邓志伟：《知识分享与教师专业发展》，《教育科学》2006 年第 4 期。

丁越勉：《高校创业教育教师角色及素养的再审视》，《黑龙江高教研究》2015 年第 12 期。

范柏乃、蓝志勇：《公共管理研究与定量分析方法》，科学出版社 2008 年版。

范惠明、邹晓东、吴伟：《常春藤盟校工程科技人才创业能力培养模式探究》,《高等工程教育研究》2012 年第 1 期。

方明军、毛晋平:《我国大学教师职业认同现状的调查与分析》,《高等教育研究》2008 年第 7 期。

冯大鸣:《美国、英国、澳大利亚教师专业发展研究新进展》,《教育研究》2008 年第 5 期。

付八军:《创业型大学培育教师创业观念的宣传策略》,《中国高等教育》2017 年第 Z1 期。

付八军:《从教师转型看创业型大学建设的三个命题》,《教育发展研究》2015 年第 9 期。

付八军:《论创业型大学教师转型困难的主观因素》,《大学教育科学》2017 年第 6 期。

付八军:《论大学转型与教师转型》,《教育研究》2017 年第 4 期。

付八军:《学术成果转化:创业型大学教师的历史使命》,《教育发展研究》2017 年第 7 期。

高凯:《基于态度改变理论的大学生人际冲突解决策略》,《辽宁工业大学学报》(社会科学版)2009 年第 4 期。

高树昱、邹晓东、陈汉聪:《工程创业能力:概念框架、影响因素及提升策略》,《高等工程教育研究》2013 年第 4 期。

高树昱、邹晓东:《工程科技人才创业能力培养机制的实证研究》,《高等工程教育研究》2015 年第 1 期。

高文兵:《学术卓越与一流大学》,《中国高等教育》2006 年第 18 期。

宫福清、郭超华、闫守轩:《创业教育的实践迷失与推进方略》,《国家教育行政学院学报》2017 年第 9 期。

《国家层面部署"众创空间"平台支持创业"新四军"》,http://scitech. people. com. cn/n/2015/0303/c1007 - 26626265. html。

何郁冰、丁佳敏:《创业型大学如何构建创业教育生态系统?》,《科学学研究》2015 年第 7 期。

贺美玲、李晓波:《美国公立大学教师专业发展机制研究:以密歇根大学为例》,《外国教育研究》2015 年第 1 期。

胡平、刘俊:《心理契约发展与教师职业生涯管理》,《清华大学教育研究》2007 年第 4 期。

黄首晶、杜晨阳：《试析社会、高校、政府在高校创业教育中的主体功能——基于中美的比较分析》，《比较教育研究》2017 年第 9 期。

黄晓波、柯政彦：《波兰高校创业教育发展及对中国的启示——以克拉科夫经济大学为例》，《高教探索》2011 年第 4 期。

黄扬杰、黄蕾蕾、李立国：《高校创业教育教师的创业能力：内涵、特征与提升机制》，《教育研究》2017 年第 2 期。

黄扬杰、邹晓东：《新美国大学框架下的 ASU 创业实践》，《高等工程教育研究》2011 年第 6 期。

黄扬杰、邹晓东：《学科组织学术创业力与组织绩效关系研究》，《教育研究》2015 年第 11 期。

黄扬杰、邹晓东：《学术创业研究新趋势：概念、特征和影响因素》，《自然辩证法研究》2013 年第 1 期。

黄扬杰、邹晓东：《慕尼黑工大创业教育实践与启示》，《高等工程教育研究》2015 年第 5 期。

黄扬杰：《大学学科组织的学术创业力研究》，博士学位论文，浙江大学，2014 年。

黄扬杰：《国外学术创业研究现状的知识图谱分析》，《高教探索》2013 年第 6 期。

黄攸立等：《学术创业背景下学者角色认同演变模式研究》，《管理学报》2013 年第 3 期。

黄兆信、陈赟安：《内创业者及其特质对我国高校创业教育的启示》，《高等教育研究》2011 年第 9 期。

黄兆信、刘丝雨、张中秋：《新加坡大学生创业教育的成功经验及启示》，《高等工程教育研究》2016 年第 4 期。

黄兆信、王志强：《高校创业教育生态系统构建路径研究》，《教育研究》2017 年第 4 期。

黄兆信、王志强：《论高校创业教育与专业教育的融合》，《教育研究》2013 年第 12 期。

黄兆信、曾尔雷、施永川：《高校创业教育的重心转变——以温州大学为例》，《教育研究》2011 年第 10 期。

黄兆信、黄扬杰：《社会创业教育：内涵、历史与发展》，《高等教育研究》2016 年第 8 期。

黄兆信、王志强、刘婵娟：《地方高校创业教育转型发展之维》，《教育研究》2015 年第 2 期。

黄兆信：《论高校创业教育转型发展过程中的几个核心问题》，《兰州大学学报》（社会科学版）2014 年第 6 期。

季学军：《高校创业教育兼职教师队伍现状与对策探析》，《黑龙江高教研究》2015 年第 11 期。

冀宏、顾永安、张根华等：《应用型人才培养视阈下的创新创业教育探索》，《江苏高教》2016 年第 4 期。

焦豪、邬爱其：《国外经典社会创业过程模型评介与创新》，《外国经济与管理》2008 年第 3 期。

《教育部长陈宝生总结新时代教师队伍建设改革六字真言》，http：//www. sohu. com/a/224904065_ 394097。

雷华：《从管理到治理转型：高校教师聘任工作"多元参与治理"模式》，《江苏高教》2017 年第 7 期。

李超平、毛凯贤：《变革型领导对新员工敬业度的影响：认同视角下的研究》，《管理评论》2018 年第 7 期。

李春燕、林海、袁虎廷等：《教师专业发展语境下高校教师创新能力发展研究》，《中国成人教育》2013 年第 16 期。

李洪修、马罗丹：《美国大学创业课程建设的经验与启示》，《高等工程教育研究》2017 年第 1 期。

李华晶、肖玮玮：《机会识别、开发与资源整合：基于壹基金的社会创业过程研究》，《科学经济社会》2010 年第 2 期。

李华晶：《学者、学术组织与环境：学术创业研究评析》，《科学学与科学技术管理》2009 年第 2 期。

李晶：《组织创业气氛及其对创业绩效影响机制研究》，博士学位论文，浙江大学，2008 年。

李骏骑、李春燕、李峻巍：《关于教师专业发展中的主体性思考》，《教育理论与实践》2005 年第 18 期。

李明建：《创新创业型人才的人格特征及其培养》，《中国高校科技》2014 年第 8 期。

李默、刘伟：《组织内部知识共享的激励机制设计》，《科技进步与对策》2010 年第 4 期。

李伟铭、黎春燕、杜晓华：《我国高校创业教育十年：演进、问题与体系建设》，《教育研究》2013 年第 6 期。

李文英、王景坤：《澳大利亚高校创业教育模式探析》，《比较教育研究》2010 年第 10 期。

李旭辉、胡笑梅、汪鑫：《高校创新创业教育效果评价体系研究——基于群组 G1 法的分析》，《教育发展研究》2016 年第 21 期。

李月云、杨文艺：《强化协同：新建本科高校创新创业教育改革的路径选择》，《国家教育行政学院学报》2016 年第 2 期。

刘穿石：《创业能力心理学》，陕西师范大学出版社 2004 年版。

刘容志、郑超、赵君：《创业者的身份内涵：研究述评与展望》，《经济管理》2016 年第 6 期。

刘有升、陈笃彬：《政产学三螺旋对创业型人才培养绩效的影响》，《科学学研究》2017 年第 8 期。

刘原兵：《社会创业视域下日本大学社会服务的考察》，《比较教育研究》2015 年第 6 期。

刘振亚：《美国高校创业教育生态化对我国的启示》，《中国高教研究》2014 年第 2 期。

刘志成、吴能全：《中国企业家行为过程研究——来自近代中国企业家的考察》，《管理世界》2012 年第 6 期。

罗晓芳、徐旭英：《我国高等职业院校创业教育师资建设的基本问题》，《高等教育研究》2011 年第 8 期。

马庆国：《管理统计：数据获取、统计原理、SPSS 工具与应用研究》，科学出版社 2002 年版。

马永斌、柏喆：《大学创新创业教育的实践模式研究与探索》，《清华大学教育研究》2015 年第 6 期。

毛洪涛：《高校教师教学能力提升的机制探索》，《中国高等教育》2011 年第 23 期。

梅伟惠、徐小洲：《中国高校创业教育的发展难题与策略》，《教育研究》2009 年第 4 期。

梅伟惠：《创业人才培养新视域：全校性创业教育理论与实践》，《教育研究》2012 年第 6 期。

缪子梅：《切实加强高校校内创业教育师资队伍建设》，《中国高等教育》2013 年第 24 期。

倪锋、胡晓娥：《基于认知的创业能力发展理论模型初探》，《企业经济》2007 年第 10 期。

倪好：《高校社会创业教育的基本内涵与实施模式》，《高等工程教育研究》2015 年第 1 期。

邱学青、李正：《基于知识管理视角的高校教师专业发展策略研究》，《高等工程教育研究》2013 年第 6 期。

《认同理论的发展——认同控制理论及其应用研究》，http：//www. so-hu. com/a/133172296_ 652510。

任其平：《论教师专业发展的生态化培养模式》，《教育研究》2010 年第 8 期。

阮娟：《高校生涯教育师资队伍建设——以福州大学为例》，《高教发展与评估》2017 年第 6 期。

沈国琴：《奥地利格拉茨高校的创业教育及其启示》，《国家教育行政学院学报》2016 年第 12 期。

沈健：《高校教师创新创业教育能力建设——江苏的理解、实践与构想》，《中国高等教育》2015 年第 17 期。

施永川：《大学生创业教育面临的困境与对策》，《教育发展研究》2010 年第 21 期。

石变梅、陈劲：《可持续创新：美国史蒂文斯理工学院 AE 模式》，《高等工程教育研究》2011 年第 1 期。

石君齐、叶菊艳：《论"实践—引导—反思"取向的高校教师专业发展路径》，《教师教育研究》2017 年第 6 期。

时勘、王继承、李超平：《企业高层管理者胜任特征模型评价的研究》，《心理学报》2002 年第 3 期。

宋东林、付丙海、唐恒：《创业型大学的创业能力评价指标体系构建》，《科技进步与对策》2011 年第 9 期。

苏虹：《新教师专业成长中的"高原现象"分析与对策》，《现代教育论丛》2003 年第 4 期。

孙冬梅、梅红娟：《从"学者"到"创业者"——论学术资本主义背景下高校教师角色的转变》，《江苏高教》2010 年第 2 期。

孙健敏等：《管理心理学》，中国人民大学出版社 2017 年版。

谭贞：《多措并举，营造良好创新创业文化生态》，《中国高等教育》2015 年第 24 期。

汪忠、廖宇、吴琳：《社会创业生态系统的结构与运行机制研究》，《湖南大学学报》（社会科学版）2014 年第 5 期。

王成城、刘洪、刘善堂：《同一性理论视角下的组织有效性研究综述》，《外国经济与管理》2009 年第 2 期。

王红雨、闫广芬：《师生认知视野下的高校创业课程体系：问题描述与改进策略》，《教育发展研究》2014 年第 5 版。

王洪才、刘隽颖：《大学创新创业教育核心·难点·突破点》，《中国高等教育》2017 年第 Z2 期。

王晶晶、王颖：《国外社会创业研究文献回顾与展望》，《管理学报》2015 年第 1 期。

王平：《社会创业家是怎样炼成的》，《中国社会组织》2015 年第 12 期。

王晓莉：《教师专业发展的内涵与历史发展》，《教育发展研究》2011 年第 18 期。

王占仁、常飒飒：《欧盟"创业型教师"教育研究》，《比较教育研究》2017 年第 6 期。

王占仁：《"广谱式"创新创业教育的体系架构与理论价值》，《教育研究》2015 年第 5 期。

王占仁：《中国创业教育的演进历程与发展趋势研究》，《华东师范大学学报》（教育科学版）2016 年第 2 期。

王志强、杨庆梅：《我国创业教育研究的知识图谱——2000—2016 年教育学 CSSCI 期刊的文献计量学分析》，《教育研究》2017 年第 6 期。

韦铭、葛玲玲：《南京理工大学：教师创业经历可用来评职称》，《人才资源开发》2012 年第 1 期。

魏军锋：《高校青年教师职业认同对工作满意度影响的实证分析》，《黑龙江高教研究》2015 年第 10 期。

吴伯志、唐滢、欧颖：《高校创新创业教育再认识》，《国家教育行政学院
　　学报》2017 年第 10 期。

吴慧、金慧：《促进高校青年教师专业发展团队建设机制研究》，《教育发
　　展研究》2013 年第 17 期。

吴明隆：《问卷统计分析实务：SPSS 操作与应用》，重庆大学出版社 2010
　　年版。

吴秋芬：《教师专业性向与教师专业发展》，《教育研究》2008 年第 5 期。

吴伟、邹晓东、王凯等：《拓展与参与：美国公立大学功能的新变化》，
　　《高等教育研究》2013 年第 6 期。

谢雅萍、黄美娇：《社会网络、创业学习与创业能力——基于小微企业创
　　业者的实证研究》，《科学学研究》2014 年第 3 期。

熊华军：《百森商学院创业教育的运行机制》，《比较教育研究》2018 年
　　第 2 期。

熊华军：《美国专职创业教育教师队伍建设的经验与启示》，《比较教育研
　　究》2014 年第 2 期。

徐思彦、李正风：《公众参与创新的社会网络：创客运动与创客空间》，
　　《科学学研究》2014 年第 12 期。

徐小洲、梅伟惠：《高校创业教育的战略选择：美国模式与欧盟模式》，
　　《高等教育研究》2010 年第 6 期。

徐小洲、倪好、吴静超：《创业教育国际发展趋势与我国创业教育观念转
　　型》，《中国高教研究》2017 年第 4 期。

徐小洲、张敏：《创业教育的观念变革与战略选择》，《教育研究》2012
　　年第 5 期。

徐小洲：《社会创业教育：哈佛大学的经验与启示》，《教育研究》2016
　　年第 1 期。

徐雄伟：《民办高校教师专业发展影响因素的实证研究——以上海为例》，
　　《教育发展研究》2017 年第 7 期。

徐旭英、邹晓东、张炜：《斯坦福大学创业教育实施的特点与启示》，《高
　　等工程教育研究》2018 年第 2 期。

徐志强：《高校创业型人才培养的双螺旋模式》，《教育发展研究》2015
　　年第 5 期。

许昆鹏：《创业榜样对创业意愿的影响机制》，《技术经济与管理研究》2017 年第 7 期。

宣勇、张鹏：《论创业型大学的价值取向》，《教育研究》2012 年第 4 期。

宣勇：《高校内部治理变革的逻辑起点》，《探索与争鸣》2017 年第 8 期。

薛成龙、卢彩晨、李端淼：《"十二五"期间高校创新创业教育的回顾与思考——基于〈高等教育第三方评估报告〉的分析》，《中国高教研究》2016 年第 2 期。

严毛新：《高校创业教育功能认知偏差与应对》，《教育发展研究》2014 年第 1 期。

严毛新：《走向差异：高校创业教育的应有格局》，《高等工程教育研究》2015 年第 2 期。

阳泽、杨润勇：《自组织：教师专业发展的重要机制》，《教育研究》2013 年第 10 期。

杨海燕、李硕豪：《回顾与前瞻：我国高校教师专业发展问题研究十年——基于 2005—2014 年国内高校教师专业发展的文献资料》，《中国大学教学》2015 年第 4 期。

杨俊、张玉利、刘依冉：《创业认知研究综述与开展中国情境化研究的建议》，《管理世界》2015 年第 9 期。

姚飞、王大海：《科研人员向创业者转型路径的双案例研究》，《科研管理》2011 年第 12 期。

姚飞：《学者向创业者转型过程释意的多案例研究》，《南开管理评论》2013 年第 1 期。

姚金凤、张芬：《高职院校创业教育教师成长研究》，《教育与职业》2013 年第 18 期。

易高峰：《我国大学衍生企业发展的影响因素分析》，《清华大学教育研究》2010 年第 4 期。

尹奎、孙健敏等：《研究生科研角色认同对科研创造力的影响：导师包容性领导、师门差错管理氛围的作用》，《心理发展与教育》2016 年第 5 期。

于泽：《教师专业发展视野中的高师课程改革》，《高等教育研究》2004 年第 3 期。

袁金祥:《高校"校园内嵌式创业":增强创业教育"情境性"的新探索》,《教育发展研究》2015 年第 23 期。

张涵、康飞、陶春:《科技创业孵化成员关系强度、知识共享对联盟绩效的影响——成员能力的调节作用》,《科技进步与对策》2017 年第 18 期。

张翔、杨川:《高校创新创业教师的素质要求及培育路径》,《教育研究》2018 年第 5 期。

张兄武、徐银香:《探索分层递进式创业教育体系》,《中国高等教育》2016 年第 19 期。

张英杰:《高校创业教育教师的学术创业能力评价及提升路径》,《高校教育管理》2018 年第 2 期。

张拥军:《美国大学生创业教育的借鉴与启示——以马里兰大学帕克分校为例》,《国家教育行政学院学报》2016 年第 12 期。

张育广、刁衍斌:《高校体验式创新创业教育模式的探索》,《中国高等教育》2017 年第 6 期。

郑刚:《高校创业教育向斯坦福学什么?》, http://www.mbachina.com/html/jsgd/201601/91043.html。

周海涛、董志霞:《美国大学生创业支持政策及其启示》,《高等教育研究》2014 年第 6 期。

周建松:《提高质量:高职院校师资队伍建设的着力点》,《教育研究》2012 年第 1 期。

周晓虹:《认同理论:社会学与心理学的分析路径》,《社会科学》2008 年第 4 期。

周永康:《大学生角色认同实证研究》,博士学位论文,西南大学,2008 年。

朱飞:《基于反思视角的高校创业教育研究》,《国家教育行政学院学报》2015 年第 6 期。

朱飞:《协同学视阈下的高校多元协同创业教育研究》,《高等工程教育研究》2016 年第 5 期。

朱家德:《高校创业学院的组织特征分析——基于首批深化创新创业教育改革示范高校的实证数据》,《中国高教研究》2017 年第 11 期。

朱旭东、周钧:《教师专业发展研究述评》,《中国教育学刊》2007 年第

1 期。

朱旭东：《论教师专业发展的理论模型建构》，《教育研究》2014 年第 6 期。

卓泽林、赵中建：《高校全校性创业教育：美国经验与启示》，《教育发展研究》2017 年第 17 期。

卓泽林：《坦桑尼亚大学开展创业教育的机遇与挑战》，《比较教育研究》2017 年第 9 期。

邹斌：《大学教师专业发展与分配制度改革》，《中国高教研究》2013 年第 5 期。

邹晓东、程春子：《区域教育中枢建设：理念、模式与路径——马来西亚、卡塔尔和新加坡典型案例比较研究》，《比较教育研究》2017 年第 11 期。

邹晓东、韩旭、姚威：《科教融合：高校办学新常态》，《高等工程教育研究》2016 年第 1 期。

邹晓东、姚威、翁默斯：《基于设计的工程教育（DBL）模式创新》，《高等工程教育研究》2017 年第 1 期。

邹晓东、陈汉聪：《创业型大学：概念内涵、组织特征与实践路径》，《高等工程教育研究》2011 年第 3 期。

后　记

　　2014 年，我参加完导师邹晓东教授的国家自然科学基金课题"研究型大学创业与科学能力集成发展研究"，完成了一本著作，名为《大学学科组织的学术创业力研究》，该书基于学科组织层次提出了学术创业力的概念，并借鉴知识管理理论、组织能力理论和三螺旋理论，认为学科组织的学术创业力四种构成能力中资源整合能力最关键，其次依次是学术支撑能力、机会探索能力和管理支持能力。并根据其实证调查，有针对性地提出了系统打造学科组织的学术创业力对策，为双创和双一流模式背景下的学科建设提供一种新思路。当时调研访谈了数十位高层次人才（包括数名院士），收获了许多学术创业方面的真知灼见，意犹未尽。

　　学术创业是多层次的，大学、组织、个人都有各自的影响因素和提升机制。于是，完成了组织层次的学术创业影响因素和提升机制研究后，我马上在 2015 年申请的该课题继续从个人层次研究（学术）创业能力的提升机理，并有幸获得全国教育规划办国家青年课题的资助（CIA150201）。这对一位高校青椒来说，那种感激之情是无法用言语形容的。因此特别由衷感谢并重视全规办给予的这次机会。

　　笔者自身就是作为高校创业教育教师队伍中的一员，获得的是管理学博士，对企业管理的一系列内容战略管理、人力资源管理、市场营销、生产管理等都颇为熟悉，也均给本科生上过这些课程。现职是在高校的创新创业教育学院（所在的团队为长江学者团队、省哲学社会科学重点研究基地，日常有着大量创业教育相关的研究和调研、教学等工作）担任专职教师，自身有过创业教育科学研究、竞赛指导讲座（指导学生获得过省级奖项等，荣获过市级优秀创业导师等）、创业教育专业课（承担多门必修和选修课）、自主创业等各种经历，也接受过各种创业教育培训（如 KAB、创业教育资格证书、省级导师培育工程等），因此对创业教育教师生存和成长的压力感，以及自身创业能力提升的紧迫感尤为深刻。历时 3 年多，走访美国和国内多所大学的创业教育专家、教师，以及花费一年多时间收集问卷，在课题组成员共同付出了大量的努力后才有这近 30 万字的著作，每一个课题最开心的时刻无非于得知立项和写后记的那一刻，一为开始一为即将结束。因此借此机会特别感谢为课题付出过努力和帮助我的各位：

感谢我的博士导师浙江大学邹晓东教授，一直以来鼓励着我坚持在"学术创业"领域持续深入地研究下去，并在理论和实践方面提供了很多指导和支持，认为该著作是重要成果，值得高度肯定。

感谢我在教育经济管理领域尤其是学术创业领域的启蒙恩师宣勇教授，一直默默无私给予我莫大的帮助。宣老师才华横溢，为本书提供了许多重要观点，如保障机制就受他一课题成果启发。

感谢课题在研究初期时提供宝贵意见和资料的诸位专家：华中科技大学张应强教授、华东师范大学阎光才教授、东北师范大学王占仁教授、温州医科大学黄兆信教授、华中师范大学王坤庆教授、东北师范大学柳海民教授。

感谢课题组成员俞林伟、黄蕾蕾、王志强、卓泽林、高树昱、范惠明、吴伟、翁默斯等以及我的硕士学生张艳姿、余双、董耀等付出的大量努力。

亦特别感谢师门浙江大学中国科教战略研究院的各位兄弟姐妹：姚威、陈蝉、陈艾华、宋扬、王锋雷、范惠明、高树昱、张丽娜、张子法、陈勇、吴婧姗、李肖婧、李晨等以及浙江大学教育学院的徐小洲教授、梅伟惠副教授、王林祥博士等提供的支持和帮助。感谢浙江工业大学的张鹏副教授、汤临佳副教授、华中农业大学胡瑞副教授等在探讨中提供的观点启发。特别感谢温州医科大学、创新创业教育学院黄兆信院长、李雨惠、刘燕楠等各位同事的支持和帮助。

感谢出版社编辑赵丽、张依婧等为本书付出的巨大努力。

感谢我家人一直默默无私的支持，唯有更努力予以回报！

　　结束亦是开始！祝读者在本著作中有所收获，书中难免有不足之处，恳请多多批评指正。

于杭州西湖

2018 年 8 月 8 日